权威·前沿·原创

皮书系列为
"十二五""十三五""十四五"时期国家重点出版物出版专项规划项目

BLUE BOOK

智 库 成 果 出 版 与 传 播 平 台

北京蓝皮书
BLUE BOOK OF BEIJING

北京数字经济发展报告 (2022~2023)

ANNUAL REPORT ON DIGITAL ECONOMY OF BEIJING (2022-2023)

建设全球数字经济标杆城市

北京市社会科学院

主　编／谢　辉

副主编／仝海威　鲁　亚　葛红玲

　　　　李　伟　毕　娟

社会科学文献出版社
SOCIAL SCIENCES ACADEMIC PRESS (CHINA)

图书在版编目（CIP）数据

北京数字经济发展报告. 2022~2023 / 谢辉主编；
仝海威等副主编. --北京：社会科学文献出版社，
2023.6
（北京蓝皮书）
ISBN 978-7-5228-1825-2

Ⅰ.①北⋯　Ⅱ.①谢⋯②仝⋯　Ⅲ.①信息经济-经
济发展-研究报告-北京-2022-2023　Ⅳ.①F492

中国国家版本馆 CIP 数据核字（2023）第 084680 号

北京蓝皮书
北京数字经济发展报告（2022~2023）

主　　编 / 谢　辉
副 主 编 / 仝海威　鲁　亚　葛红玲　李　伟　毕　娟

出 版 人 / 王利民
组稿编辑 / 邓泳红
责任编辑 / 吴　敏
责任印制 / 王京美

出　　　版 / 社会科学文献出版社·皮书出版分社（010）59367127
　　　　　　 地址：北京市北三环中路甲 29 号院华龙大厦　邮编：100029
　　　　　　 网址：www.ssap.com.cn
发　　　行 / 社会科学文献出版社（010）59367028
印　　　装 / 天津千鹤文化传播有限公司

规　　　格 / 开　本：787mm×1092mm　1/16
　　　　　　 印　张：19　字　数：280 千字
版　　　次 / 2023 年 6 月第 1 版　2023 年 6 月第 1 次印刷
书　　　号 / ISBN 978-7-5228-1825-2
定　　　价 / 158.00 元

读者服务电话：4008918866

主要编撰者简介

谢 辉 北京市社会科学院党组书记，教授，管理学博士。主要研究领域是党建和思想政治教育、高等教育管理、创新发展等。主持或参与完成"完善体现科学发展观和正确政绩观要求的高校领导干部考核评价体系问题研究""大学科技园创新能力及其构建研究""习近平新时代中国特色社会主义思想是中华文化和中国精神的时代精华"等国家和省部级科研课题20余项，发表《推进世界一流大学和一流学科建设的思考与实践》等论文60余篇，主持编写《与团队共同成长的日子》等著作8部。

仝海威 北京市经济和信息化局总工程师，高级工程师，长期从事北京软件与信息服务业、制造业等高精尖产业发展研究，先后参与和主持《北京市推进两化深度融合推动制造业与互联网融合发展行动计划》《加快科技创新发展新一代信息技术等十个高精尖产业的指导意见》《北京市高精尖产业登记指导目录》《北京市关于加快建设全球数字经济标杆城市的实施方案》等的编制与发布实施工作。

鲁 亚 北京市社会科学院党组成员，副院长，北京市社会科学院系列皮书、集刊、论丛编辑工作委员会常务副主任。近年来，著有《北京社会生活创新》等著作，组织落实多项重大研究任务，组织开展数十部蓝皮书、集刊、论丛等研创工作。

葛红玲 北京工商大学国际经管学院教授，博士生导师，北京工商大学数字经济研究院执行院长。获评北京市优秀教师，首都劳动奖章获得者。主要研究方向为数字经济、数字金融、数字货币。出版学术著作 10 余部，发表学术论文 60 余篇，主持完成国家级、省部级以及地方政府、企事业单位课题百余项。近期主持完成"中央银行数字货币的国际实践及影响研究"重大课题、国家发改委"数字经济与实体经济深度融合创新举措研究"、中关村管委会"数字经济监管与政策支持研究"、国务院研究室"保持我国产业链、供应链稳定研究"、北京市科协"北京市数字经济发展对策研究"等课题。

李 伟 北京伟世通经济咨询公司总经理，北京市协同发展服务促进会秘书长。为政府、公共组织和企业提供战略规划、政策研究等专业服务，主要研究方向为产业经济、区域经济、数字经济和城市治理等。近十多年来，累计完成北京市区各级规划政策课题百余项。2009 年率先研究"中关村科学城发展战略"；2011 年参与起草《关于中关村国家自主创新示范区建设国家科技金融创新中心的意见》；2013 年研究提出"怀柔创新城"（现怀柔科学城）战略构想；2020 年作为副主编完成编制《北京科技 70 年（1949—2019）》；2021 年开展北京数字经济发展相关研究，参与起草《北京市关于加快建设全球数字经济标杆城市的实施方案》。

毕 娟 北京市社会科学院管理研究所副所长，副研究员。主要研究方向为公共管理、科技政策与管理、数字经济治理。主持完成"北京科技公共服务体系建设研究""北京推进金融科技创新与监管沙盒试点研究""北京科技创新对京津冀辐射带动能力提升研究""文化因素影响下北京科技创新驱动的实现机制研究"等多项课题。出版著作《北京文化与科技融合的模式及路径》《跨国公司技术转移研究——北京案例》，连续多年作为副主编参与《北京蓝皮书：北京公共服务发展报告》编撰工作。近年来，发表学术论文和研究报告 40 多篇。曾获得北京市哲学社会科学优秀成果二等奖及北京市社会科学院优秀成果二等奖、三等奖。

习近平总书记关于数字经济的论述摘录（2022～2023）

"近年来，数字经济发展速度之快、辐射范围之广、影响程度之深前所未有，正在成为重组全球要素资源、重塑全球经济结构、改变全球竞争格局的关键力量。面向未来，我们要站在统筹中华民族伟大复兴战略全局和世界百年未有之大变局的高度，统筹国内国际两个大局、发展安全两件大事，充分发挥海量数据和丰富应用场景优势，促进数字技术和实体经济深度融合，赋能传统产业转型升级，催生新产业新业态新模式，不断做强做优做大我国数字经济。"

"发展数字经济是把握新一轮科技革命和产业变革新机遇的战略选择。数字经济健康发展，有利于推动构建新发展格局，有利于推动建设现代化经济体系，有利于推动构筑国家竞争新优势。"

"同世界数字经济大国、强国相比，我国数字经济大而不强、快而不优。"

"要加强关键核心技术攻关，加快新型基础设施建设，推动数字经济和实体经济融合发展，推进重点领域数字产业发展，规范数字经济发展，完善数字经济治理体系，积极参与数字经济国际合作。"

——习近平：《不断做强做优做大我国数字经济》，《求是》2022年第 2 期

"要加快重点领域立法。加强国家安全等重要领域立法，加快数字经济等领域立法步伐，努力健全国家治理急需、满足人民日益增长的美好生活需要必备的法律制度。发挥依规治党对党和国家事业发展的政治保障作用，形成国家法律和党内法规相辅相成的格局。"

——习近平：《坚持走中国特色社会主义法治道路，更好推进中国特色社会主义法治体系建设》，《求是》2022年第4期

"加快发展数字经济，促进数字经济和实体经济深度融合，打造具有国际竞争力的数字产业集群。优化基础设施布局、结构、功能和系统集成，构建现代化基础设施体系。"

——2022年10月16日习近平在中国共产党第二十次全国代表大会上的报告

"全球贸易、数字经济、绿色转型、反腐败是促进全球发展的重要因素。我们要继续维护以世界贸易组织为核心的多边贸易体制，积极推动世界贸易组织改革，推进贸易和投资自由化便利化，推动建设开放型世界经济。中方在二十国集团提出了数字创新合作行动计划，期待同各方一道营造开放、公平、非歧视的数字经济发展环境，缩小南北国家间数字鸿沟。"

——2022年11月15日习近平在二十国集团领导人第十七次峰会第一阶段会议上的讲话

"战略性新兴产业是引领未来发展的新支柱、新赛道。要加快新能源、人工智能、生物制造、绿色低碳、量子计算等前沿技术研发和应用推广，支持专精特新企业发展。要大力发展数字经济，提升

常态化监管水平，支持平台企业在引领发展、创造就业、国际竞争中大显身手。"

——习近平：《当前经济工作的几个重大问题》，《求是》2023 年第 4 期

"要坚持把发展经济的着力点放在实体经济上，深入推进新型工业化，强化产业基础再造和重大技术装备攻关，推动制造业高端化、智能化、绿色化发展，加快建设制造强省，大力发展战略性新兴产业，加快发展数字经济。要按照构建高水平社会主义市场经济体制、推进高水平对外开放的要求，深入推进重点领域改革，统筹推进现代化基础设施体系和高标准市场体系建设，稳步扩大制度型开放。"

——2023 年 3 月 5 日习近平在参加十四届全国人大一次会议江苏代表团审议时强调

前　言

在全球面临数字技术普及与产业数字化转型的背景下，数字经济正在成为重组全球资源、重塑全球经济结构、改变全球竞争格局的关键力量。党的二十大报告中明确指出了加快发展数字经济，促进数字经济和实体经济深度融合，打造具有国际竞争力的数字产业集群。2023年2月，中共中央、国务院印发《数字中国建设整体布局规划》，从整体布局上为中国经济社会数字化转型勾勒了发展蓝图。"数字中国"建设是数字时代推进中国式现代化的重要引擎，是构筑国家竞争新优势的有力支撑。大力发展数字经济是实现我国经济社会高质量发展的新生动力。

2022年5月，北京市经济和信息化局发布《北京市数字经济全产业链开放发展行动方案》，作为彻底贯彻落实市委、市政府关于加快建设全球数字经济标杆城市和"两区"建设全产业链开放发展、全环节改革的工作部署要求制定的行动方案，着力构建数字驱动未来产业发展的数字经济新体系。2023年1月，《北京市数字经济促进条例》正式实施，对于北京市积极推进数字产业化与产业数字化、建设全球数字标杆城市提出了明确指导意见和具体要求，对促进数字经济与实体经济深度融合、推动传统实体企业数字化转型具有重要意义。

过去一年以来，北京市数字经济规模仍处于全国领先地位，数字经济总量持续攀升，数字核心产业优化升级。北京市高度重视数字经济发展，在宏观调控、战略布局、协同合作方面，从多维度、多领域、多视角构建数字经济系统化发展格局。北京市出台多项数字经济市场机制规范，扎实推进数字

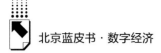

经济立法工作，已取得初步成效。在重点产业领域布局方面，北京市着力提升数字基础设施建设水平，重点打造数字产业聚集园区，推动数字经济高质量发展。北京市依托现有资源优势，积极引导社会资本参与，全面推进智慧城市建设与数字化转型。

深入探索数字经济改革发展模式、打造新型数字化应用场景、培育具有创新力的数字化标杆企业是北京市实现全球数字经济标杆城市建设的关键举措。目前北京市数字经济发展仍然面临挑战。在部分核心技术研发上仍存在突破空间，针对重点领域仍需加大研发力度，需要凝聚实现重大技术突破的攻坚力量，积极引入高质量复合型人才，培育壮大数字经济产业相关科创企业。同时，数字经济对社会治理与创新带来了诸多挑战，制度保障是发展数字经济的重要措施和关键抓手。数字经济与实体经济融合需要完善的制度体系与统一的监管标准，以推动产业数字化转型。未来仍需审时度势、攻坚克难，采取有力措施寻求新的发展机遇。

回首过往，硕果喜人，展望未来，千帆竞发。我们希冀通过此书系统研判当前北京建设全球数字经济标杆城市的总体形势，为当下北京市数字经济建设中所面临的挑战提出建议，以期寻求未来北京市数字经济工作新的发展方向。为加快建成全球数字经济标杆城市，积极探索数字中国的发展道路，努力实现我国数字经济高质量发展而不懈奋斗。

摘　要

当今，全球正处于新一轮科技革命与深层次产业变革的关键时期。随着我国产业数字化的不断推进，我国数字经济进入新一轮快速发展阶段，数字经济已成为我国国民经济中的重要动能。党的二十大强调，加快发展数字经济，促进数字经济和实体经济深度融合，打造具有国际竞争力的数字产业集群，明确了未来数字技术、数字经济和实体经济的发展重点与发展方向，数字经济的崛起与繁荣赋予我国经济社会发展新动能。2023年2月，中共中央、国务院印发了《数字中国建设整体布局规划》，从整体上为我国经济社会数字化勾勒了发展蓝图，"数字中国"建设站在统筹规划中华民族伟大复兴战略全局的高度，在数字化环境下，利用数字经济、数字平台为实现中华民族两个一百年奋斗目标，实现高质量发展贡献重要力量。

北京市作为我国重要的政治、经济中心，具有坚实的经济基础和强大的创新力量。数字经济业已成为支撑北京市经济增长的关键动能。近年来，北京市牢牢把握首都城市战略定位，加强"四个中心"功能建设、提高"四个服务"水平，着眼于建设全球数字经济标杆城市。2022年5月，为全面贯彻落实北京市委、市政府关于加快建设全球数字经济标杆城市和"两区"建设全产业链开放发展、全环节改革的工作部署要求，北京市经济和信息化局发布《北京市数字经济全产业链开放发展行动方案》，着力推动北京市数字经济全产业链开放发展，充分释放数据要素价值，激发数字经济活力。2021年8月，在全球数字经济大会上发布的《北京市关于加快建设全球数字经济标杆城市的实施方案》，明确了八项主要任务，形成了开放领先的新型数字社会生态，率先构建面向未来的数字经济新体系，将"五子"联动融入新发展格局，形成具有首都特点的现代化经济体系。2023年1月，《北京市数字经济促进条例》正式实施，针对数字经济发展的"三要素"，加强数字基础设施建设，完善数字经济治理，促进数字经济高质量发展。

因此，为系统研判当前数字经济发展趋势，及时展示北京市数字经济发展成果，总结提炼北京市建设全球数字经济标杆城市的优秀经验，动态追评当前北京市数字经济发展水平，全面整理北京市数字经济的发展规律和特点，汇集国内国际数字经济发展的成功案例，系统分析未来北京市深化数字经济的发展方向和具体路径，北京市社会科学院牵头组织编撰《北京数字经济发展报告（2022~2023）》。

《北京数字经济发展报告（2022~2023）》的年度主题是"建设全球数字经济标杆城市"，分为总报告、评价篇、理论篇、专题篇、比较篇、展望篇和附录七大部分。其中，评价篇立足于国际视野，着眼于全球数字经济标杆城市的"六大特征"，横向对比当前全球数字经济标杆城市的发展状态，就北京市数字经济发展现状进行总结归纳，为后续建立健全顶层设计提供政策依据。理论篇就目前我国数据治理与数据基础制度建设提出观点，深入探索当下我国数据要素市场改革对加速构建新发展格局所起的作用，针对数实融合助力产业高质量发展提出有效的方法与路径建议，并探讨了数据交易市场体系建设问题。专题篇邀请多名业内知名学者结合北京市数字经济标杆城市未来布局规划的重点领域进行深入研究，包括2022年北京市数字经济标杆城市八大任务进展、六大引领工程进展、北京数字技术创新与重大突破性成果及其应用情况、北京四类重点数字经济标杆企业案例分析、北京围绕数字经济产业加快数字人才布局情况、打通数字经济全产业链情况等内容。比较篇从国际视角出发，选择美国、韩国、英国、新加坡、加拿大、意大利、西班牙等数字经济发展较为成熟的国家及地区以及国内上海、广东、成都等数字经济产业发展前沿省市，对全球数字城市经济发展的新实践做出总结，并深入分析我国各地数字经济创新发展行动的实践与启示。展望篇基于对当前新一轮科技革命与产业变革所引发的社会各领域"数字蝶变"进行深入反思，重点研判全球数字经济标杆城市建设未来形势。附录收集整理了我国和北京市数字经济领域的相关政策。

　　继续推进产业数字化转型，实现数字经济与实体经济深度融合，完善数字经济制度保障体系和立法保护，聚焦前沿数字技术将成为未来我国数字经济发展的重点方向。本书希望能为北京数字经济发展提供理论和科学决策支撑，助力我国数字经济高质量发展。

关键词： 数字经济　北京　标杆城市　标杆企业　数字经济人才

目 录 ⟆

Ⅰ 总报告

Ⅱ 评价篇

Ⅲ 理论篇

Ⅶ 附录

皮书数据库阅读**使用指南**

总 报 告

General Report

B.1

2022年北京全球数字经济标杆城市建设
发展总体情况

课题组*

摘　要： 建设数字中国成为新时期的国家重大战略。北京立足"四个中心"功能定位，积极融入数字中国建设大局，推动数字经济实现新跃升。本报告着眼于全球数字经济发展新趋势，总结回顾过去一年全球数字经济标杆城市建设取得的新进展，深入分析当前发展中亟待破解的新问题，围绕组织、项目、制度、标准等关键因素，提出七大推进路径，为未来全球数字经济标杆城市建设提供参考。

---

* 课题组主要执笔人为毕娟、李伟、王鹏、邰启霞。毕娟，博士，北京市社会科学院管理研究所副所长、副研究员，主要研究方向为公共管理、科技政策与管理、数字经济治理；李伟，北京伟世通经济咨询公司总经理，主要研究方向为产业经济、区域经济、数字经济和城市治理等；王鹏，博士，北京市社会科学院管理研究所副研究员，中国人民大学高礼研究院特聘研究员，主要研究方向为数字政府、数字经济；邰启霞，北京伟世通经济咨询公司数字经济部门经理，主要研究方向为数字经济、公共政策。

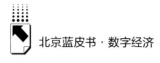

关键词： 数字经济 标杆城市 北京

数字经济发展不断加速，正在成为引领经济社会发展和影响国际竞争格局的重要力量。面对新一轮国际竞争，北京持续推动"全球数字经济标杆城市"建设，是顺应时代大势、抓住机遇、乘势而上的前瞻之举，也是推动经济高质量发展的关键所在，更是构筑数字时代新型竞争力的战略使然。

一 全球数字经济发展呈现纵深推进新趋势

（一）世界各国纵深化布局数字经济

当前，数字经济在全球范围蓬勃兴起，各国推动数字经济发展也已从总的战略设计转入具体领域、细分赛道的博弈竞争，由顶层设计布局走向落地实施的新阶段。人工智能、数据要素、数字化转型、新技术产业、融合发展、法规标准等成为各经济体战略布局的重点焦点。美国数字经济发展聚焦前沿数字技术，关注人工智能和云计算，相继出台如数字现代化战略国家人工智能战略计划、人工智能和量子信息研发计划等数字技术发展规划，把握数字产业链的高附加值环节，提升国家创新能力；欧盟以推动建立数字单一市场为主体，构建全方位数据法律框架，对数据进行密集治理，并加强人工智能等技术前沿探索；德国发挥强大制造优势，制定"工业战略2030""高科技战略2025"等综合战略，瞄准科学技术创新和高端制造业发展，打造数字化转型标杆；日本主要弥合数字鸿沟，发布"6G综合战略""Beyond 5G推进战略"等，布局前沿技术，全面推动数字化转型。

我国深刻把握新时代机遇，高度重视数字经济在增强经济发展动能、推动建设现代化经济体系、构筑国家竞争优势等方面的重大意义，全面制定数字经济发展战略。党的十八大以来，国家从顶层设计和细分领域等不断出台推动大数据、云计算、物联网等数字经济发展相关的政策方案，完善做强做优做大数字经济的中国方案。党的二十大报告提出，要加快发展数字经济，促进数字经济和实体经济深度融合，打造具有国际竞争力的数字产业集群；2022年1月出版的第2期《求是》杂志发表了习近平总书记署名文章《不断做强做优做大我国数字经济》，指出发展数字经济是把握新一轮科技革命和产业变革新机遇的战略选择，强调要不断做强做优做大我国数字经济。2022年，国务院印发《促进大数据发展行动纲要》《"十四五"数字经济发展规划》等，推动国家战略层面数字经济规范有序发展。

（二）数字经济成为稳增长的重要引擎

在信息技术的快速演进中，数字经济已成为经济发展的全新原动力，成为支撑产业增长的关键动能，助力重组全球要素资源、重塑全球经济结构和竞争格局。根据中国信息通信研究院测算，2021年，全球47个主要国家数字经济增加值规模达到38.1万亿美元，较2020年增长5.1万亿美元，同比名义增长15.6%，高于同期GDP名义增速2.5个百分点，占GDP的比重为45%。德国、英国、美国数字经济占GDP比重均超过65%，有力支持了全球经济复苏。从规模看，2021年美国数字经济规模达到15.32万亿美元，蝉联世界第一的位置；德国数字经济规模为2.88万亿美元，位居第三。此外，日本、英国、法国数字经济规模均超过1万亿美元。[①] 我国数字经济规模为7.06万亿美元，占47个主要国家总量的18%以上，位居第二。

过去几年，我国数字经济呈现数字产业化和产业数字化协同并进态势，2016~2021年，数字经济规模稳步提升（见图1、图2）。特别是近三年，在受到疫情和国际形势冲击经济面临较大下行压力时，我国数字经济仍保持平稳快速增长态势。数字经济在提振经济、结构优化、科技创新、扩大内需、带动双循环等方面发挥了全局性作用，成为我国实现"六稳""六保"目标、经济平稳向好的关键力量。2022年，北京市全年数字经济实现增加

[①] 中国信息通信研究院：《全球数字经济白皮书（2022年）》，2022年12月。

值 17330.2 亿元，占地区生产总值的比重达到 41.6%；① 湖北省数字经济增加值达到 2.4 万亿元，对经济增长的贡献率超过 60%；江西省数字经济增加值突破万亿元，占 GDP 的比重提高到 35%；福建省数字经济增加值达 2.6 万亿元；湖南省数字经济连续五年保持两位数增长、规模突破 1.5 万亿元；贵州省数字经济增速连续七年居全国第一。

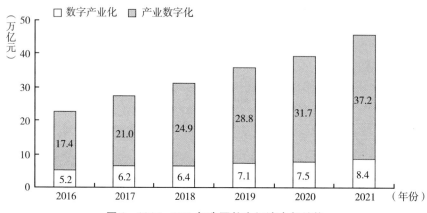

图 1　2016~2021 年我国数字经济内部结构

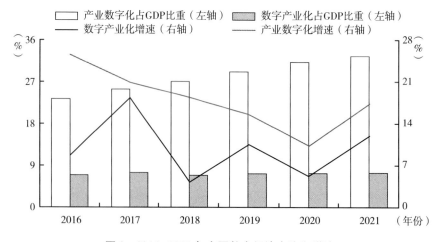

图 2　2016~2021 年中国数字经济占比和增速

___

① 数据来源于北京市统计局。

（三）数据要素市场化建设如火如荼

当前，全球数据"井喷式"生产为数据资源化奠定了基础，数据驱动数字经济发展的引擎性作用逐渐凸显。据国际数据公司（IDC）预测，2025年全球产生的数据量将达到 175ZB。各国都将加快推进数据资产化、发展数据要素市场作为发展数字经济的关键。美国积极探索 C2B、B2B、B2B2B 等多种交易模式，不断调整数据开放政策，政府数据开放水平世界领先。欧盟重视数据立法顶层设计，在《欧洲数据战略》的框架下制定了一揽子配套法律措施，强化数据治理。美欧等以宣介民主价值观为由加快构建技术联盟，设立相关职位机构统筹网络外交，从数据流动议题入手率先构建"数据自由流通圈"。德国通过打造数据空间，构建安全可信的数据交易流通体。日本通过设立数据银行，推动个人数据价值释放，增强数据交易流通市场活力。

我国深入实施国家大数据战略，工业和信息化部于 2021 年 11 月印发《"十四五"大数据产业发展规划》，明确推动大数据产业高质量发展的保障措施；2022 年 12 月，国务院发布《关于构建数据基础制度更好发挥数据要素作用的意见》，在数据产权、流通、交易、使用、分配、治理、安全等领域提出了要求；2023 年 2 月，国务院发布《数字中国建设整体布局规划》，将数据要素放到更加重要的位置。部分地区制定《大数据发展应用促进条例》《大数据开发应用条例》《促进大数据发展应用条例》《大数据安全保障条例》等，把发挥数据要素作用和大数据创新应用放在重要位置。各地陆续筹建各类新型数据交易所，深圳数据交易所、北京国际大数据交易所、上海大数据交易所等数据交易机构先后成立，贵阳大数据交易所开启重组提升进程并正式发布全国首个交易激励计划，数据交易市场 2.0 时代的大幕正式拉开。

（四）数字新基建布局全面加速落地

数字基础设施不仅成为各国发展数字经济的底座和基石，也逐渐成为数字经济新生态的重要势能。全球各国加快 5G、大数据中心、物联网、数字公共基础设施等领域的投资和布局。Omdia 的《数字基础设施市场评估》显示，2030 年亚洲的 ICT 资本支出预计将从 2018 年的 1930 亿美元增至 3690 亿美元。全球 5G 商业化进程加速，截至 2022 年 10 月，全球已有 230 多家运营商推出了 5G 商用服务，共部署了 300 多万个 5G 站点，5G 用户达到 7 亿。全球空天一体化信息网络加速布局，全球卫星互联网竞赛进入白热化阶段，欧盟宣布投入 60 亿欧元布局卫星互联网。据国际主流卫星星座规划数据统计，截至 2023 年 4 月已累计发射超 4000 颗卫星，用户数量已突破百万，超过 7.4 万颗卫星将被发射，太空低地球轨道将更加拥挤。数据中心等算力基础设施增长势头强劲，市场研究公司 Dell'Oro Group 报告显示，2022 年全球数据中心资本支出增长了 15%，达到 2410 亿美元。

我国深入实施"宽带中国"战略，建成全球最大的光纤和移动宽带网络。截至 2022 年 11 月底，我国累计开通 5G 基站总数达 228.7 万个，占全球 5G 基站总数的 60% 以上。网络基础设施全面向 IPv6 演进升级，IPv6 活跃用户数达 6.97 亿。我国全面实施"东数西算"工程，构建全国一体化大数据中心体系，截至 2022 年底，我国数据中心机架总规模达 670 万标准机架，建成 153 家国家绿色数据中心，行业内先进绿色中心电能使用效率降至 1.1 左右，达到世界领先水平。

（五）数字新技术取得重大成果突破

在新一轮世界科技革命和深层次产业变革带动下，生成式人工智能、区块链、元宇宙、Web3.0 等数字技术蓬勃发展，取得一系列颠覆性成果。人工智能成为新一轮技术变革的中坚力量，步入技术融合、落地应用新阶段。AI 与 5G、区块链、边缘计算等技术融合发展，并在生物学、物理学等自然科学领域不断取得突破，走向深度智能、认知智能、通用智能等领域，逐步形成类脑智能、脑机接口、量子智能、光子智能等新一代智能体系，超大规模深度学习预训练模型加速构建。"大数据+大算力+强算法"结合下的 AI 大模型成为全球科技公司的"角逐场"，ChatGPT-4 模型、百度文心大模型、阿里云大模型通义千问等相继发布，迎来了 AI 开发新范式时代。

在元宇宙、高阶无人驾驶、沉浸式拓展增强/虚拟现实、高精工业互联网等新兴智能应用快速推进的背景下，世界各国加快 6G 技术研究部署，对通信、计算和感知等深度融合，以更好地满足未来多样化场景的应用需求。开源开放夯实技术创新基座，以容器、Serverless 等为代表的云原生技术在开源生态中快速发展。以区块链为底座的 Web3.0，重塑互联网生态，基于 Web3.0 搭建的 NFT 及元宇宙等应用场景逐渐步入商业化运营阶段，推动数字藏品、虚拟人、VR 场景等成为重要赛道。量子信息技术在提升计算困难问题运算处理能力、加强信息安全保护能力、提高传感测量精度等方面表现出超强潜力，应用场景逐渐向纵深拓展。日本首台国产量子计算机已正式投入使用，大学等科研院校的研究人员可通过云端使用这台量子计算机，助力研发。我国超导量子计算原型机"祖冲之号"问世，量子测控一体机、超导量子计算操控系统等产品也相继发布。

（六）数字化转型步入生态共转阶段

目前，全球数字化转型从交易型、关系型环节逐步延伸到生产、制造、服务等过程型环节，进入万物互联、泛在智能的新时代。生产端，数字技术赋能生产过程数据感知、收集、分析，驱动互联网平台化、产品服务定制化、供应链协同化、制造智能化等新的生产模式产生。消费端，伴随着人工智能及平台等技术的普及应用，数字化交付、跨平台消费、个性化推进成为新的消费模式。伴随着生产端及消费端模式变革，全球数字化变革从单个企业、单个环节发展为产业上下游产业链、供应链、创新链融合与企业联合共建的生态型发展。美国注重数字技术创新合作共享，通过有计划地实施一系列数字战略，大力推动数字技术进步和广泛应用，形成了以技术领先为牵引、以推进数字技术应用为支持、公私部门合作、公众共同参与的战略路径，大规模的数字化转型正在向全产业渗透。德国积极践行"工业 4.0"战略，提出了跨部门跨行业的"智能化联网战略"，建立开放型创新平台，打造了政府与企业协同创新的生态。在我国数字化发展的过程中，众多企业开始构建生态化用户经营体系，打造数字生态圈场景平台成了各行业关注的

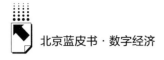

重点。

数字技术加速向传统产业渗透，以数字技术提升企业生产和运营管理水平、通过网络化连接实现制造资源的优化配置、规模化定制等新型商业模式不断涌现，数据驱动的产品和服务创新带来新的价值增长点。服务业数字化呈爆发式增长态势，以电子商务、在线订餐等为代表的生活性服务业正加速向以智慧物流、金融科技等为代表的生产性服务业数字化拓展。全球金融科技用户平均采用率由2015年的16%上升至2019年的64%；[①] 2017年至2021年上半年，全球新增金融科技专利8.54万件，超过7000家公司参与了专利申请。[②] 制造业数字化转型深入推进，产业数字化引领全球数字经济发展，数字产业化进程加速。2021年，全球47个主要经济体数字产业化规模为5.7万亿美元，占数字经济的比重为15%，占GDP的比重为6.8%，产业数字化规模为32.4万亿美元，占数字经济的比重为85%，占GDP的比重较上年提升1个百分点，约为38.2%。[③] 农业数字化持续渗透，借助数字化感知设备，实现农业生产流程精准跟踪监测；利用农业云平台，汇聚管理农业数据；利用网络化营销手段，农产品网络销售得到进一步推广。

（七）数据治理成国际竞合热点议题

数字治理成为当前国际社会的共同选择，世界多国不断提升数字经济监管能力，监管框架日趋完善。数字治理能力也成为营商环境、政府安全的重要标志。全球数字治理协同机制不断完善，联合国启动全球数字契约制定工作，世界贸易组织电子商务谈判取得积极进展，数字金砖为全球治理注入新动力；亚太区域数字经济伙伴关系网络加速构建，经贸协定持续扩围，数字生态建设合作成为重点方向；国际标准组织和产业联盟加快合作步伐，其影响力持续提升。[④] 英国不断完善政策布局，以数字政府建设引领数字化发

① 安永：《2019全球金融科技采纳率指数》，2019年7月。
② 零壹智库：《2021年全球金融科技企业专利质量TOP10》，2021年12月。
③ 中国信息通信研究院：《全球数字经济白皮书（2022年）》，2022年12月。
④ 中国信息通信研究院：《全球数字治理白皮书（2022年）》，2023年1月。

展，早在 2012 年就推出了《政府数字战略》，并在近几年推出了《数字英国》《数字经济法案》《数字经济战略》《国家数据战略》，推进政府数据开放共享，打造政府一体化数字平台。欧盟持续强化数字治理规则探索，致力于培育国内有竞争力的数字创新型企业，加大对消费者合法权益和市场公平的保护力度，精细化各行各业数据保护、数字促进的法律法规。美国以技术创新巩固数字经济全球竞争力，国家层面出台了《美国创新与竞争法案》《平台竞争和机会法案》等，地方层面各州出台了相应的数字经济促进法规。

我国持续完善数据管理制度，不断强化数字管理，2016 年以来，陆续颁布《网络安全法》《数据安全法》《个人信息保护法》，保障网络和信息安全。我国电子商务、移动支付、短视频等数字生活方式快速普及，驱动政务服务、经济监管和社会治理的数字化转型，以广东、浙江、福建为代表的地方探索数字技术与政府治理融合创新，数字政府改革试点取得明显成效，"互联网+"政务服务、数字政府、城市大脑建设发展迅速且成果显著，成为全球数字治理的引领者。

二 北京全球数字经济标杆城市建设取得新进展

（一）数字经济规模质量实现"双提升"

数字经济已成为支撑北京经济增长的关键动能。从总量上看，数字经济规模持续提升。北京市统计局数据显示，2022 年，北京数字经济实现增加值 1.7 万亿元，占 GDP 的比重达 41.6%，比上年提高 1.2 个百分点（见图 3）。从结构上看，数字经济产业结构持续优化。其中，数字经济核心产业增加值 9958.3 亿元，同比增长 7.5%，占全市 GDP 的比重为 23.9%，同比提高 1.3 个百分点。全市规模以上数字经济核心产业企业 8307 家，实现营业收入 4.6 万亿元，同比增长 2.8%。数字经济核心产业收入 4.6 万亿元，比 2021 年增长 2.8%。核心领域创新主体加速聚集，京东、小米、百度等 2022 年度北京数字经济百强企业营收总额达到1.92万亿元,同比增长14.7%,①北京市数字经济核心产业的经济效益呈现强劲增长态势。

图3 2015~2022年北京数字经济增加值及其占比

资料来源:北京市统计局。

(二)数字经济"1+3+N"制度框架初步构建

为加快推动全球数字经济标杆城市建设,北京市出台了数字经济系列政策,推动数字经济持续健康发展。以地方数字经济立法为统领,以政策开放、标准创制和测度体系为支撑,以多个垂直领域示范为目标的"1+3+N"制度框架体系初步构建。其中,2022年12月14日发布的《北京市数字经济促进条例》,对建设全球数字经济标杆城市提出了明确的指导意见和具体要求,是加强新兴领域"促进型"立法的一次重要实践。2022年6月1日发布的《北京市数字经济全产业链开放发展行动方案》,着力激发数字经济活力。2022年8月5日发布的《北京市促进数字人产业创新发展行动计划(2022—2025年)》,是国内首个数字人产业专项支持政策,并发布两项数字人标准。促进数字贸易高质量发展措施、软件和信息服务业高质量发展政

---

① 北京企业联合会、北京市企业家协会:《2022北京数字经济企业100强》,2022年12月。

策、新型智慧城市感知体系建设实施方案、平台经济和电竞产业健康发展规范等细分政策措施印发实施，推动智能网联客运巴士和无人配送车管理等多项全国首创政策发布。

（三）新型数字基础设施底座不断夯实

加快建设基础设施，筑牢数字经济发展根基。2022年北京基础设施投资同比增长5.2%。固定资产投资实现同比增长3.6%、超额完成年初预期目标，全年共推动585项市区重点工程实现开工。截至2022年底，新增5G基站2.4万个，千兆固网累计接入129.6万用户。万人5G基站数、算力规模指数、卫星互联网集聚企业数量、商业卫星数量等均领先全国。"七通一平"基础设施建设全面启动，"京通"提供525项服务；"京办"注册用户实现67个市级部门、16+1区全覆盖；"京智"接入1471项城市运行监测指标。完成经开区核心区60平方公里范围内EUHT专网建设，开放自动驾驶测试道路323条，共1143.78公里。建成国家工业互联网大数据中心和顶级节点指挥运营中心，顶级节点接入二级节点和主动标识数量均居全国首位。

（四）数据要素在多个领域实现"首"破

培育数据要素市场，推动数据要素价值充分释放，实现多个率先突破。贯通数据汇聚—开放—登记—交易全链条，全市无条件开放13.48亿条数据，有条件开放58.38亿条数据。加大公共数据和社会数据要素开放力度，将公共数据分为四级，截至2022年7月推动开放数据总量已达13.48亿条。国际大数据交易所逐步完善基于自主知识产权的交易平台，上架数据产品1364个，参与主体329家，交易调用7.73亿笔。发布全球首个基于真实场景的车路协同自动驾驶数据集，面向境内用户提供下载使用服务。成立的全国首个数据资产登记中心发布首份数据资产评估报告，落地全国首笔千万级数据资产评估质押融资贷款。支持设立数据跨境安全与产业发展协同创新中心，积极推进数字贸易港纳入中欧等双、多边数字领域高层对话。

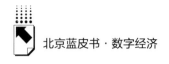

（五）未来标杆产业先行培育持续推动

2022年，全市信息传输、软件和信息技术服务业实现增加值7456.2亿元，增长9.8%；高技术产业投资增长35.3%，其中，高技术制造业投资在集成电路、生物医药领域带动下增长28.3%，高技术服务业投资在互联网相关服务领域带动下增长41.3%。全市人工智能产业产值规模超千亿元，区块链产业发展水平居全国第一。大力发展信创产业，国家网络安全产业园三个园区全部开园，累计落地300余家企业，形成基础硬件、基础软件、芯片、集成服务等全产业链生态体系。工业互联网核心产业规模超千亿元，国家级智能制造系统方案供应商数量居全国第一。建设全球首个网联云控式高级别自动驾驶示范区，初步形成"车路云网图"五大体系，建立智能网联汽车政策先行区，开放国内首个出行服务商业化试点，目前已启动500平方公里的3.0阶段建设。编制"数字化车间""智能工厂"评价标准，"新智造100"项目全面推开。北京城市副中心挂牌"北京法定数字货币试验区"。创建"数字+"消费新生态，推进王府井、CBD等商圈打造示范型数字商圈试点。

（六）数字经济标杆工程建设添能蓄势

标杆工程布局规模化拓展，聚焦基础性、关键性环节，逐步实现从技术突破到场景应用再到产业培育的贯通。城市空间计算操作系统共性技术、数字原生应用技术不断迭代，2022年9月完成海淀区百万平方米试点建设，打造了城市、园区、商圈3类示范场景。推动超大规模人工智能模型训练平台和区块链先进算力实验平台建设，多家单位联合发布"北京算力互联互通验证平台"，初步形成跨服务商、跨地区、跨架构的算力互联互通能力。持续优化北京国际大数据交易所功能、构建数商生态，推动国内首个可支持企业数据跨境流通的数据托管服务平台投入使用、首个全国性权威"数据资产登记中心"成立。高级别自动驾驶商业化场景逐步落地，截至2022年7月，北京市高级别自动驾驶示范区2.0阶段已建设完成，3.0阶段（500平方公里）的建设正在进行，目前已布设智能路口329个、覆盖经开区面积达 60 平方公里。跨体系数字医疗建设取得积极成效，截至 2022 年 12 月北京共建设 44 家互联网医院，有 167 家医疗机构通过自建或与第三方企业合作的方式提供线上诊疗服务。数字社区试点建设有序推进，2022 年回天大脑 2.0 建设实施方案发布，累计建成基层治理应用场景 10 余个、指挥调度场景 12 个。

（七）多项数字技术创新成果迭代涌现

推动标杆技术突破创新，逐步形成了以公共平台、底层技术、龙头企业等为核心的多样化数字技术创新生态。百比特超导量子芯片、区块链专用加速芯片，以及 RISC-V、GPU、AI 等高端芯片技术不断突破。统信 UOS 操作系统桌面端市占率超七成；OceanBase、GoldenDB 实现金融核心系统数据库国产化升级；建设国家通用软硬件适配中心，基于国产操作系统完成包括开源软件、商业软件、硬件外设在内的适配产品各千余款。研制国内首个 6G 新型空口基带试验平台，上线首个超导量子计算云平台。"悟道 3.0"发布国际首创支持 9 种语言的多模态大模型。构建了国内唯一自主可控、开源开放的软硬件一体化区块链技术体系长安链，成功研发海量存储引擎 Huge，中文名为"泓"，该引擎可支持 PB 级数据存储，是目前全球支持量级最大的区块链开源存储引擎。

（八）数字人才引进创新举措成效显著

北京坚持首善标准，吸引广大科技创新人才及高水平创新团队参与各类科研机构的前沿研究。一方面，陆续推出适应科研规律的改革举措，持续深化科技领域的"放管服"改革，始终坚持"市场化、法治化、国际化"和"简约"原则，有效激发了科研人员的积极性和创造性，为解决"卡脖子"难题的科研工作在科研经费、团队管理等方面"松绑"，同时扩大用人自主权，组建跨机构、大协同、高强度的科研团队，鼓励自由探索。另一方面，面向全球吸引集聚战略科技人才，会聚了一批突破关键核心技术制约和"卡脖子"问题的世界顶级科学家及人才团队，不断优化科研环境，出台科

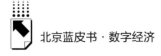

技人才住房、医疗、子女入学等配套保障制度，保障科研人员心无旁骛地进行科学研究。赋予新型研发机构经费使用自主权，探索实行"负面清单"管理，推出基础研究税收试点、科技成果"先使用后付费"、职务科技成果单列管理等试点政策。

（九）数字经济全产业链开放探索突破

2022 年 5 月 30 日，北京市经济和信息化局发布《北京市数字经济全产业链开放发展行动方案》。此后，北京市制定试点措施，持续丰富数字经济增长点。数据开放方面，依托公共数据开放平台无条件开放 13.48 亿条数据，开放车路协同自动驾驶数据集，创新公共数据运营，深化公共数据开放、数据交易流通，推动全国首个公共数据授权运营模式在京落地；数字贸易方面，积极发展跨境电子商务，推动数字贸易港在跨境数据流动领域的国际合作，加快建设北京国际大数据交易所，制定数据交易标准合同指引，逐步构建起数据资产评估、交易撮合、登记结算、争议仲裁等市场运营体系；数据跨境交易方面，建设数据跨境服务中心，北数所研发建设的北京数据托管服务平台正式投入使用，成为国内首个可支持企业数据跨境流通场景的数据托管服务平台。

（十）"一区一品"特色发展格局引导构建

坚持市区两级联动，把构建全市各区错位协同的发展格局作为重点工作，引导助力各区布局数字经济特色领域，共同打造数字产业集群。16 区和北京经济技术开发区均已印发实施数字经济三年行动计划，全市基本形成"1+2+5+N"的数字经济区域结构。"1"是海淀数字经济规模领跑全市。"2"是朝阳、经开两大新兴引擎区，朝阳着力发展数据交易服务产业，推进数字贸易发展；经开区积极推进智能网联汽车产业发展，并已形成信创、集成电路产业集群。"5"是东城、西城、石景山、丰台、昌平积极构建先行示范区，重点聚焦数字文化、数字金融、虚拟现实、数字资产和智能智造等领域。顺义、大兴、房山、通州、怀柔、平谷、延庆、门头沟、密云等各区加快塑造特色优势品牌，聚力发展智能网联、数字贸易、数字医疗、数字文旅等新兴特色产业（见表1）。

表1　北京市各区数字经济标杆城市主要建设情况

领域	区	内容
数字经济领跑区	海淀区	海淀区数字经济规模领跑全市，数字经济核心产业规模以上企业数量居各区之首，全市数字经济核心产业收入前100企业中的五成以上位于海淀，五成以上的标杆企业位于海淀。数字经济核心产业增加值约占全区GDP的53%。建设数字贸易示范区，编制《海淀区关于打造数字贸易示范区实施方案》，字节、快手等数字贸易重点企业在美国、日本、新加坡等50余个国家和地区开展国际合作。创新数字经济制度，中关村新一轮先行先试改革中的又一配套政策向全国推广
数字经济新兴引擎区	朝阳区	朝阳区数字经济重点产业集群发展。国际大数据交易所落地朝阳，在全国首推"可用不可见，可控可计量"新型数据交易范式，建成基于自主知识产权的数据交易平台IDeX，成立全国首个数据交易联盟，签署首个数据托管服务协议，建设引领全国数据要素市场发展的"北京样板"。空间地理信息领域，中关村朝阳园入选国家首批地理信息服务出口基地，引进国家卫星互联网链主企业中国星网二级企业创新院、应用院；集成电路领域建成全市首个硅光快速封测线，搭建光子集成技术公共服务平台；知道创宇、三未信安等网络信息安全产业集聚效应初步形成；人工智能产业链企业数量占全市的1/4
数字经济新兴引擎区	经济技术开发区	经济技术开发区数字经济产业集群化发展。推进新能源智能汽车产业发展，落地运营长城全球研发中心、国创中心整车能效开发试验室、车规级芯片测试认证中心等。做强新一代信息技术产业，落地新松半导体、京东方B20等重大项目，打造显示和物联网技术创新策源地。突破机器人和智能制造产业，星网宇达无人机产业化扩产，海尔未来智造等项目落地。建设元宇宙前沿技术体验中心应用场景，打造智慧电竞赛事中心，完成科技冬奥5G+8K应用示范任务
数字经济先行示范区	东城区	东城区启动实施数字经济标杆城市建设三年行动计划，数字经济占GDP的比重达到43.5%。培育"文化+科技"产业集群，将东城文化遗产、景观人物内容IP进行数字化开发，建设"故宫以东"文商旅融合生态圈；开展老字号守正创新工程，珐琅厂、吴裕泰、信远斋等重点老字号企业开展各类特色直播活动
数字经济先行示范区	西城区	西城区数字金融发展优势凸显，承担多个国家金融数字基础设施重大项目，在全国29家重要国家金融基础设施机构中，注册地在金融街的有14家；新引入中移金科控股等10余家头部企业，累计引进155家重点金融科技（数字金融）企业和专业服务机构。数字经济活力显现，成功举办"全球数字经济大会西城分论坛"，打造马连道国际·茶·数字孪生街区，启动全球数字经济产业园联盟链建设

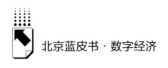

续表

领域	区	内容
数字经济先行示范区	石景山区	石景山区聚焦虚拟现实和数字创意产业,建成中关村虚拟现实产业展示中心,成立元宇宙与数字经济创新联合体,北航、华为等虚拟现实全国重点实验室和创新中心落户,虚拟现实企业触幻科技获国内首张"VR医疗器械证书"。数字创意产业聚集亿元以上企业22家,实现产业收入230亿元
	丰台区	丰台区重点推动数字金融、轨道交通数字化先行先试。以丽泽金融商务区为依托,聚焦数字货币、数字监管、数字资产等领域,聚集了央行数字货币研究所、银河证券等重点金融机构以及央企重点金融板块和重点协会组织,推出"丽泽"数币一卡通全市首个政务服务数字人民币应用场景,成立数字金融创新发展联盟,着力打造数字货币与数字资产创新发展先行区;加快轨道交通数字化发展,推进先进轨道交通协同创新平台建设,形成轨道交通工业互联网标准化体系
	昌平区	昌平区2022年数字经济规上企业收入增长31.1%,智能制造产业集群发展,北京两家"灯塔工厂"三一重工北京桩机工厂和福田康明斯工厂均位于昌平,小米智慧产业园建成投用;北航未来区块链与隐私计算中心等数字技术创新项目落地。数字治理领域推进新一轮回天行动计划落地,"回天大脑"荣获中国领军智慧城区奖;"昌平云"政务系统集约率达100%
数字经济特色发展区	顺义区	顺义区建设智能网联汽车创新生态示范区,举办2022年世界智能网联汽车大会暨全国智能驾驶测试赛(北京赛区),并正式签约落地交通强国、百度自动驾驶、上汽人工智能实验室、京东物流无人车、万晟底盘、延锋(北京)汽车零部件、海斯坦普二期、汽车杂志等12个项目。智能制造、地理信息及卫星互联网等标杆产业示范发展,15家企业获北京市智能工厂及数字化车间认证,数量居全市第二;以国家地理信息科技产业园为基础,集聚了北斗卫星导航、北斗产业化应用、用户终端研发及服务、数字地图、测绘地理等产业;北京元航天汇硬科技智造谷集聚了航空航天、人工智能、新材料、新能源、装备制造、信息技术等行业企业
	大兴区	大兴区打造国际贸易数字化示范区,开展国际自贸协定规则对接先行先试,搭建京津冀首个跨境数据合规服务平台。着力发展数字医疗、智慧物流、跨境电商等数字服务,在跨境金融服务、电子认证、在线消费者权益维护等领域,参与构建引领全球的跨境电商规则体系
	房山区	房山区智能制造产业加速聚集,深耕"前店后厂"模式,智能应急装备产业园已聚集企业20余家。构建数字经济发展基础,编制实施数字经济标杆城市建设行动方案,建设5G基站300个,智慧文旅数字化平台上线试运行,京东方数字医院土地即将挂牌
	通州区	通州区编制完成《北京城市副中心(通州区)"十四五"时期智慧城市规划》,是全市唯一入选全国首批智能建造试点的;发布《北京城市副中心元宇宙创新发展行动计划(2022—2024年)》,元宇宙应用创新中心基本建成,中联资产集团等全国首批数据评估机构注册落户,全国首笔千万级数据资产抵押贷款合作落地,法定数字货币试验区加快建设

续表

领域	区	内容
数字经济特色发展区	怀柔区	怀柔区聚焦视听传媒、动漫游戏、创意设计及直播电商等领域,打造影视数字产业高地;成立影视文化科技数字产业专班,在影都开展打造数字经济标杆城市"桥头堡"工作。持续推进智慧城市建设,审核备案怀柔区韧性城市技术迭代平台和综合运行监测中心项目、怀柔区数字档案馆建设项目等29个政府投资信息化建设项目;建设韧性城市运行监测服务体系,构建一站式服务 App"怀柔通"
	平谷区	平谷区重点打造数字农业、智慧物流产业。运用云计算、大数据等前沿技术,布局数字果园、智能温室、无人农场等应用场景,深化发展农村电商直播。以马坊物流园区为依托推进建设智慧物流园区,完善软硬件数字基础设施,数字供应链产业园、农副产品动态储备暨流通加工中心、华北新零售智慧产业园等建成投用
	延庆区	延庆区推动智慧延庆建设,5G 网络实现全域覆盖。积极发展数字体育产业和数字文旅产业,延庆区北京世园公园将与国体数字体育空间(公园)研究院共同创建国家智慧户外运动公园;积极推进冬奥赛后利用。数字经济新兴主体发展势头强劲,数字经济新注册市场主体数量增速位于全市前列
	门头沟区	门头沟区积极推进人工智能产业和数字文化产业聚集。组建清华 AI 大模型团队,启动建设中关村(京西)人工智能科技园,并新引入人工智能企业 39 家。中央广播电视总台"5G+8K"超高清示范园完成供地准备,央广传媒集团成功落户,带动产业链上下游企业加速聚集;与中国移动研究院打造"数字长城—元宇宙体验平台";打造亚洲顶级"数字高尔夫"科技馆消费新地标
	密云区	密云区推进方恒科技超算与金融云计算基地、电信易通新一代互联网云计算产创基地建设。推动清华大学密云水库元宇宙建设,创新密云城市虚拟数字人"密哥""云妹"等 IP 形象。发展智慧农业、电商直播等数字化农业基地。发展数字生态,推进无人机、无人船联网在密云水库库区巡查管护工作中的应用,助力实现水库全流域、全天候、无缝隙、全覆盖管护

北京在推进全球数字经济标杆城市建设的过程中形成了一些数字经济区域发展特色经验。第一,坚持规划先行,突出战略引领。北京市高度重视数字经济系统发展,从宏观层面统筹布局,构建多领域、多维度的系统化发展战略。一是将数字经济作为"五子"联动的重要"一子"予以推进,并致力于国际消费中心城市建设,从消费端以供给侧结构性改革引领和创造新需求,布局新型消费发展新业态、新形式,为数字经济发展提供多元应用场景。二是出台多份行动规划和工作方案,围绕产业聚集、技术研发、基础设

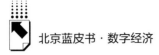

施、智慧城市、平台建设、数据链条等方面统筹安排。《北京市促进数字经济创新发展行动纲要（2020—2022 年）》重点安排数字经济发展六大方向，实施九项重点工程；2022 年发布的《北京市数字经济全产业链开放发展行动方案》系统布局关键领域核心技术发展创新与应用、数字技术生态与应用场景构建、数据共享开放建设等方面。第二，聚焦重点领域，优先试点突破。近年来，北京市争取国家先行先试政策支持，逐步形成了平台支撑、数据驱动、产业聚集的创新开放发展模式。北京 CBD、中关村朝阳园等重点园区着力推动经济发展提质增效，朝阳区印发《中国（北京）自由贸易试验区国际商务服务片区（朝阳组团）发展建设三年行动计划》和《中关村朝阳园发展建设三年行动方案》，促进重点园区特色化发展，为"两区"建设高质量发展加码；聚焦数字基础设施、数据资源两大支撑，在数据交易和数据要素聚集方面，出台《北京国际大数据交易所设立工作实施方案》，规划设计了北京大数据交易基础设施建设内容，推动数据要素的网络化共享、集约化整合、协作化开发和高效化利用，引导数据要素向先进生产力集聚，助力北京产业升级和经济高质量发展。第三，联动多元主体，引导社会参与。作为中国首都和国际科技创新中心，北京具有独特的政策环境和超前的数字技术优势。可依托科研院所、高校平台、研发机构、龙头企业等得天独厚的创新资源优势，以及众多国际机构、数字平台融资企业，有效建立技术研发、产业链、资金链、供应链的协同平台，实施更具活力和包容性的产业政策，积极引导社会资本的融合发展、广泛参与。同时，统筹社会层面的治理数字化转型，全面推进智慧城市建设，出台配套政策保障数字经济健康有序发展，推动城市治理体系和治理能力现代化。

三　数字经济标杆城市建设需要破解的新问题

（一）关键"卡脖子"技术如何突破的问题

目前，北京市大力推进核心技术研发工作并取得了一定成果，但在部分核心技术，如芯片技术、光刻机、人工智能算法、生物智能、软硬件等研发上仍存在短板，与国际顶尖前沿相比差距较大，也在一定程度上钳制了制造业等产业升级进程。北京作为国际科技创新中心，在数字技术方面具有领先优势。但科技创新联合攻关的积极性、主动性等还未被全面调动，大量创新联合体仍基于原有的合作团队进行开拓。在技术联合攻关中，存在资源配置及联合攻关后成果转化的问题。企业特别是央企和国企在联合攻关中未充分发挥主力军作用。因此，在国外技术专利壁垒高筑、数字经济发展迫切需要的背景下，北京市需围绕重点领域，从制度、设备、人才等诸多方面持续加大研发力度，力争成为国际领先的"北京队"，凝心聚力实现重大技术突破。

（二）制度创新与落实如何强化的问题

大量技术创新和商业创新不断涌现，对数字经济相关制度规范的更新、迭代和调整提出了更高要求。然而目前很多体制机制和标准规范并没有根据新的发展情况进行更新或修改，部分管理方法并不符合实际情况，与富有创新活力的数字技术发展需求不匹配。比如，北京市各区均出台了落实《北京市关于加快建设全球数字经济标杆城市的实施方案》的相关行动计划，但在具体落实过程中还未有具体的执行政策出台，以及未形成一系列长效的配套机制，各区在政策落实方面存在难点。此外，对于在建设全球数字经济标杆城市过程中的问题未进行梳理从而形成问题清单，对落实相关的规则制度形成制约。

（三）数实融合赋能潜力如何挖掘的问题

当前，数实融合正在成为每个行业领域的必答题，但是北京在推进数字经济与实体经济融合发展过程中仍面临一些问题，制约了经济高质量发展效能的发挥。一是现有数字经济与实体经济融合的指标体系不统一，数字经济与实体经济各有一套自成体系的测算指标，不利于科学有效地评估二者的融合水平。二是北京市不同行业的数字化转型程度和数字化水平有较大差距，数字经济对不同行业的赋能作用存在明显差异。从制造业看,北京数字产品制造业增加值占数字经济的比重不足5%,数字制造企业技术合同成交额占全市的比重仅为0.3%。金融经济、电子商务、在线教育等领域的数字化渗透率高,而部分传统的制造业、服务业的数字化发展水平相对较低,尤其是仍有大量中小微企业和传统行业企业与数字经济结合较少。

(四)数字人才供需缺口如何弥补的问题

人才是推动北京市数字经济发展的重要力量和核心要素,要发展壮大数字经济,突破技术困境,从根本上就需要突破人才困境。目前,北京市数字经济人才供给整体存在一定缺口,尤其是精通新兴技术的复合型人才较为稀缺,企业需求与现有人才培养方向不匹配,校企人才输送低效,能力岗位难以适配。随着数字经济发展的深入,在金融、医疗、城市建设、公共管理等多方面对数字技术人才的需求急剧增加,在国际关键技术领域,美国对中国的供应链"硬脱钩"持续升级,对数字经济技术发展造成压力。然而当前传统学科的单一领域人才供给较多,"卡脖子"技术领域攻关人才缺乏,且复合型数字经济领域人才的培养方案仍在探索中,尚未形成符合市场需求的高效规划。

(五)数据要素市场活力如何激活的问题

数据要素的高效配置是推动数字经济发展的关键环节,也是数字经济发展的重要基础。目前,北京市已搭建起公共数据对外开放平台,但数据要素市场化交易与流通仍存在一些难点。一是数据管理缺乏统一标准,如国家和行业层面能源数据管理缺乏统一的规范化标准,各部门自建的信息化系统按照各自业务需求和标准建立,数据无法共享,更无法与公众充分互动。二是存在数据泄露问题,导致一些企业开放共享数据的动力不足。三是数据披露机制与法律制度不够完善规范。四是共享数据实用性不足,与实际需求之间的匹配程度不高。五是数据出境后可能遭遇篡改、破坏、泄露、非法利用等风险,数据出境安全网待筑牢。

（六）各区数字经济发展如何协调的问题

各区数字经济发展仍不平衡，特色发展路径尚未打通。目前，全市数字经济核心产业主要集中分布于中心城区。开发区、海淀区、西城区和东城区企业分别依托智能制造、信息服务业发展、数字金融、数字文化等产业发展，信息通信技术应用水平较高，达到50%以上；房山区、通州区、怀柔区信息通信技术应用水平较低，不足40%，其中怀柔区为27%，多区并未实现高效利用自身资源禀赋发展信息化、数字化产业。各区数字经济发展不平衡，区域协同效应尚未充分显现。

（七）中小企业数字化如何破解的问题

企业是经济发展的重要支柱，数字经济的发展离不开企业，北京为建设全球数字经济标杆城市提出培育四类标杆企业，并发布相关政策予以支持，带动企业特别是科技企业的培育和产业发展。但中小企业仍面临由"不能转、不想转、不会转、不敢转"造成的数字化转型困境：一是"专精特新"中小企业培育难，如创新发展研发费用投入大、研发成果转化周期长等，导致企业在竞争中处于弱势地位，影响企业的发展壮大。二是企业间协作关系不协调。大中小企业间的组织关系较松散，大企业在发展过程中未能有效地为中小企业提供资金、技术、管理等方面的支持。三是中小企业融资困难，致使中小企业发展缺乏资金支持。

四 推进全球数字经济标杆城市建设的展望

为深入贯彻落实习近平总书记关于推进数字经济发展的重要指示精神，加快建设全球数字经济标杆城市，推动数字中国建设，建议立足北京数字经济资源禀赋、积极回应数字经济发展的客观需求，以"七个"范式，推进北京数字经济提速发展。

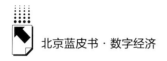

（一）加快构建多元共生的创新组织生态

数字经济时代，组织呈现出创新参与主体大众化、创新组织机构开放化、创新行业跨界化等特征。中共中央、国务院印发的《数字中国建设整体布局规划》指出，要支持数字企业发展壮大，健全大中小企业融通创新工作机制。北京建设全球数字经济标杆城市，要把产业组织创新作为数字产业创新的重要基础予以强化。一是以培育创新体系为主线，构建"企业集聚+平台赋能+应用驱动+群体突破"的协同创新、联合攻关模式，建设创新引领、模式示范的数字经济企业创新基地，形成链条完整、体系完备的产业创新格局。二是加快健全大中小企业融通创新工作机制，充分利用新型、大型等企业的链主作用，协助中小企业"强链""补链"，促进企业供应链产业链协同创新发展，推动中小企业的创新创业发展。三是构建小核心、大协作的创新生态系统，推动基础性、开放性平台与京外、国际企业的合作，构建跨界融合发展生态。四是构建对数字经济创新主体包容的创新环境，进一步丰富创新主体的内涵，不仅包括新型研发机构，也包括创客等主体。五是进一步开放北京创新资源，帮助创新主体对接全球创新资源，推动创新主体有资源进行技术创新。

（二）统筹打造协同联动的工程实施范式

标杆工程是推动数字经济建设的重要抓手。目前，北京在推进全球数字经济标杆城市建设过程中实施的项目存在散点布局、多点开花等现象。为更好地以标杆工程为牵引，带动北京市数字经济发展，需要进一步总结高级别自动驾驶示范区建设等先行经验，在标杆场景工程打造上持续创新实践。一是建立推进标杆工程建设的统筹协调机制，推动跨部门协同和上下联动，推进北京各区各部门强化资源整合和力量协同，加快推动六大标杆工程实施。二是深化探索彰显数字经济特点的项目建设管理模式，借鉴国内外项目管理经验，构建北京特色项目管理机制，通过试行领导挂包责任制、成立市级数字经济重大项目专班等，推动项目高效高质建设。三是基于高级别自动驾驶示范区等相对成熟的工程，探索完善数字医疗、数字化社区建设模式，谋划互联网3.0、产业数字化转型等新标杆工程。四是探索标杆工程和重点项目带动产业发展路径，形成"创新技术导入、标杆工程引领、标杆产业培育、标杆企业集聚"的发展范式。五是加强智慧工厂、智慧城市等场景建设，通过场景开放，突出重点领域、先行先试，挖掘发现一批新技术、新产品、新模式的重大项目。六是构建一套数字经济标杆工程项目清单，建立项目从发现、准入、落地、建设、跟踪、评价到退出环环相扣的完整机制体系，提高数字经济项目的挖掘和实施效能。

（三）推动构建纵横衔接的政策落实机制

数字经济的良性发展需要好的制度环境。虽然国家和北京层面均已制定出台了一系列数字经济政策，推动数字经济发展，但政策覆盖面有待拓展。为推动北京数字经济快速发展和全球数字经济标杆城市深化建设，仍需要在制度建设上久久为功。一是落实落细《数字中国建设整体布局规划》《"十四五"数字经济发展规划》《北京市关于加快建设全球数字经济标杆城市的实施方案》《北京数字经济促进条例》等国家及北京相关数字经济政策。二是加快数字安全等领域政策的制定出台，支持各区政策措施靠前发力、适当加力，推动前瞻性政策出台和已有政策落地见效。三是加快制度规则创新，研究数字经济领域的相关政策，完善与数字经济、数字社会、数字政务、数字文化、数字生态等相适应的规章制度。四是加快数字经济制度创新试点建设，制定建立数据产权制度、数据分类分级保护基础制度，完善与数字政务相适应的规章制度，争取数字中国建设相关制度试点。五是加大对数字经济园区基础设施建设、标杆工程等的政策支持力度。并在数字经济发展的相关需求方面，积极争取国家试点政策。六是持续加强政策解读，惠及各类企业等主体，促进数字经济建设主体形成合力，共同推动全球数字经济标杆城市建设。七是制定更加细化的政策措施，促进全行业数字化转型，研究制定企业数字化场景建设指南、数字基础设施建设支持措施等政策细则，推动标志化、深度化、场景化的数字场景应用创新，加快智慧城市建设。

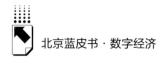
（四）加快完善引领国际的先进标准研制

数字经济的发展离不开各个领域标准的构建，推动标准创制既是数字技术创新应用的必然结果，也是国际社会参与全球数字治理的制高点。进入数字经济时代，目前各个产业发展规则、标准发生变化，原有的标准已不适用于现有经济发展，亟须构建适应数字经济发展的新标准。北京作为首都，应在国际上争夺数字经济的话语权，推动高质量标准体系建设尤为重要。一是深化落实《首都标准化发展纲要2035》，重点推动数字技术、数字治理等共性地方标准创制，打造地方标准示范城市。二是积极参与国际标准制定，充分发挥我国在国际标准化组织（ISO）、国际电工委员会（IEC）作为常任理事国的组织优势，推动更多北京标准化创新成果上升为国际标准。三是充分发挥北京市数字经济标准化技术委员会的纽带作用，围绕产业数字化转型共性解决方案、模式等制定一批标准和规范，率先在全国形成行业引领示范。四是加快制定各行业通用的数字化转型国际和国家标准、团体标准等，为北京乃至全国企业数字化转型提供标准规范，同时加快数据、工业互联网等领域数字化标准规范的先行先试。五是积极开展5G基站、数据中心、云计算基地等基础设施标准化前沿研究工作，实施新型基础设施标准化专项行动，推动数字基础设施标准统一和互联互通。

（五）积极融入开放合作的全球分工体系

统筹开放和安全，打造更大范围、更宽领域、更深层次的高水平对外开放新格局，是数字经济条件下全球要素分工趋势进一步强化的必然要求。北京通过不同方式加大开放力度，推动数字经济发展和全球数字经济标杆城市建设。北京作为我国国际交往中心，要把数字经济开放作为重要议题予以强化。一是夯实开放基础，聚焦开放资源，完善开放功能，突出国际枢纽、制度创新，打造辐射北京周边、国内及服务全球的数字经济对外合作开放高地。二是高标准建设"中国（北京）自由贸易试验区""国家服务业扩大开放综合示范区"，推进传统外贸企业数字化，加快培育跨境电商等外贸新生态，拓展电子签名、数字支付、智能关务等贸易数字化应用新场景，开发ICT服务、数字金融、数字医疗等数字贸易新产品，提升开放水平。三是加强数据跨境流动探索，优先推动公共领域数据跨境合作，以工业互联网、车联网、金融等重点领域为突破口，加强流动认证等信任机制建设，推动数据要素市场培育。四是深度参与全球数字经济创新合作，支持企业与国外企业、研究机构合作，推动建设世界级数字研发机构和创新中心，推动新技术新产品的发布。五是提升重点开放平台的吸引力和影响力，通过设置主宾国等方式，吸引更多国家参与，汇聚有影响力的先进企业和个人加入全球数字经济大会、中国数字治理学术年会等平台，推动企业与国外相关企业合作。

（六）加强打造产教融合的人才引育高地

北京作为全国科技创新中心及数字经济发展高地，人才是最大的资源优势和最重要的发展动力之一，也是持续推进经济高质量发展、不断强化城市创新力最不可或缺的资源保障。要贯彻党的二十大关于一体化推动教育、科技、人才发展的战略部署，加强数字经济人才培育工作。一是推动各层次教育体系联动，将本科、研究生教育和更偏实践的大中专教育结合，培养兼具扎实理论基础和丰富实践经验的优秀人才。二是优先试点教研制度及内容创新，在市属大中专院校、高职高专院校研究开设数字经济理论及实践课程，结合北京数字经济产业发展需求，搭建复合型学科平台，将优秀培养方案向全市推广，推动数字人才供给量质齐升。三是以环境优化加强人才引进，优化科研院所、在京高校、实验室、新型研发机构等科研机构的研究环境，完善科研体制机制、审批管理流程、软硬设备等，并积极筹备人才引进项目，吸引汇聚世界顶尖人才。结合企业需求形成高端人才需求清单，不断拓宽企业引才渠道，助推重点产业蓄势夯基，实现数字经济高质量发展。

（七）引领构建特色互补的协同发展格局

实施区域协调发展战略是新时代国家的重大战略之一，北京建设全球数字经济标杆城市是各个区域协同联动的系统性工作，只有结合各区域资源特色，推进各区域高质量发展，全球数字经济标杆城市愿景才能实现。要把协同作为引导各区之间、京津冀之间、北京与其他地区发展的战略遵循，优化产业布局引导。一是强化北京各区域之间的联动协同发展，支持中心城区聚焦存量提升、创新效率，进一步完善空间布局，做好创新资源合理分布；其他区域提升产业空间利用效率，打造更多疏解资源的承载体和产业基础，提升城区综合承载能力，有序承接中心城区功能的梯次转移，促进地区间产业资源流通和产业发展效率提升。二是打造特色企业服务体系，结合各区重点产业和企业聚集特点，鼓励各区对接区域企业服务需求，为企业提供定制化、差异化惠企服务。三是充分协调外部资源，为北京数字经济发展提供数据、算力等要素支撑，统筹规划布局京津冀数据中心建设，加强三地产业链和创新链的有效衔接，携手打造高速互联、数据流通、优势互补的世界级数据中心"集聚圈"，提高北京的科研成果在京津冀的应用转化效率。四是紧紧围绕构建以国内大循环为主体、国内国际双循环相互促进的新发展格局，发挥北京数字经济服务和融入新发展格局的积极作用，围绕数据、算力加强与山西、内蒙古等地的链条合作，围绕数字产品的产业链、供应链深化与长三角、大湾区等地的合作，支持北京企业深度参与国内、国际产业分工合作。

参考文献

张劲松：《树数字经济标杆　塑首都发展典范》，《前线》2022 年第 12 期。

中国信息通信研究院：《全球数字经济白皮书（2022 年）》，2022 年 12 月。

中国信息通信研究院：《全球数字治理白皮书（2022 年）》，2023 年 1 月。

王鹏、贾映辉、李秋爽：《数字经济标杆城市建设视角下智慧北京发展策略研究》，《数字经济》2022 年第 8 期。

《市经信局局长张劲松：北京将布局数字经济"一区一品"新格局》，《新京报》2023 年 1 月 17 日。

评 价 篇

Evaluation Subjects

B.2
全球数字经济标杆城市发展
评价报告（2023）

葛红玲 李波 张灵 李惠璇*

摘 要： 全球数字经济标杆城市建设为一国在数字经济领域确立全球竞争优势增添砝码。本报告立足于国际视野，着眼于全球数字经济标杆城市的"六大特征"，即从数智基础支撑、数据要素配置、数字产业引领、数字创新策源、数字治理领先、数字开放合作六个维度，评价全球主要城市作为数字经济标杆城市的发展情况，并对比分析北京建设全球数字经济标杆城市的进展。研究发现，旧

* 葛红玲，北京工商大学国际经管学院教授、博士生导师，北京工商大学数字经济研究院执行院长，主要研究方向为数字经济、数字金融、数字货币；李波，北京工商大学经济学院副教授，硕士研究生导师，主要研究方向为金融科技、数字经济和货币金融；张灵，博士，首都经济贸易大学城市经济与公共管理学院讲师，主要研究方向为区域经济、数字经济；李惠璇，北京工商大学经济学院讲师、硕士生导师，北京大学国家发展研究院金融学博士，主要研究方向为数字经济、资产定价、劳动力市场。本报告在研究、撰写过程中，北京市统计局核算金融处处长郑艳丽和刘志颖、北京工商大学数字经济研究院副教授方盈赢和程悦参与了讨论，并就指标体系构建、选择以及数据处理等提出了参考建议。

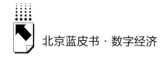

金山全球数字经济标杆城市总指数值为 0.8010，最接近标杆值
1，为"全球领跑城市"。北京市全球数字经济标杆城市总指数
值为 0.6931，居美国旧金山之后，处于第一梯队，且不断向标
杆值趋近。然而，北京在数字治理领先和数字开放合作两个方面
表现不理想，排名相对靠后，成为北京市建设全球数字经济标杆
城市中的短板。为此，本研究力图为北京市打造全球数字经济标
杆城市的顶层设计提供政策依据。

关键词： 全球数字经济标杆城市　监测评估　数据要素

一　引言

数字经济引领的全球经济发展和产业变革，正在深刻影响世界经济结
构，变革全球竞争格局。近年来，随着在移动互联网、大数据、人工智能
等方面的现代信息技术不断取得突破，数字经济与实体经济深入融合，不
仅带动了各行业数字化转型、重塑产业形态，也促进了经济社会发展各领
域的"数字蝶变"。全球主要经济体争先布局数字经济新赛道、抢占未来
制高点。我国数字经济规模连续多年位居世界第二，在数字基建、数字产
业创新、数字化转型等方面进展明显，提升了数字领域的全球竞争力。面
对国内外新形势新变化，党的二十大报告提出建设数字中国，加快发展数
字经济，促进数字经济和实体经济深度融合，打造具有国际竞争力的数字产
业集群，为实体经济寻找新的增长点。2022 年 11 月，习近平总书记在二十
国集团领导人第十七次峰会上的讲话中强调，营造数字经济发展环境，在数
字产业化、产业数字化方面推进国际合作，释放数字经济推动全球经济增长
的潜力。

在数字全球化趋势下，数字经济是改变全球城市竞争格局的关键力
量，数据成为全球数字经济标杆城市的核心。数据作为核心生产要素，

有利于提升社会资源配置效率，支撑城市数字经济发展，而城市是数字经济发展的载体，是新兴产业和创新活动的主要集聚地。在全球经济由资本全球化向数字全球化转变的进程中，数字技术改变经济发展方式，数据重组要素资源，掌握数据资源的多寡以及数据要素配置能力就成为未来全球城市竞争的制高点。当数据要素成为数字经济全球化的主导要素，能够聚集关键数据资源并向世界提供服务的城市、在全球范围内掌控数据要素配置功能的核心节点城市，将成为影响和控制全球数字经济的中心。

全球数字经济标杆城市建设为确立数字经济全球竞争优势增添砝码。在世界格局加速演变下，全球主要经济体依托其中心城市的数字经济发展优势，加快建设全球数据要素流动的关键节点与数据资源配置的枢纽城市，以此确立在未来全球数字经济市场格局中的优势地位，成为全球数字经济发展中的引领性力量。可见，全球数字经济标杆城市必将是在数字经济领域取得显著成效，对全球数据要素资源配置权、所有权和定价权具有掌控能力，在全球范围内具有先进性、示范性和代表性的城市。面临数字全球化发展趋势，北京市提出"建设全球数字经济标杆城市"，既是基于全球数据要素配置中心、全球科技创新中心功能的主动战略选择，也是顺应数字时代全球竞争变化的客观要求，更是北京主动构筑未来数字经济领域全球竞争新优势、标杆引领全球数字经济发展的"先手棋"。

本报告基于上年度《北京蓝皮书：北京数字经济发展报告（2021～2022）》中提出的全球数字经济标杆城市内涵和评价指标体系，深化理论研究，拓展评价的世界维度、国际尺度和全球坐标，以全球数据要素配置能力为核心，构建全球数字经济标杆城市指标体系，评价全球主要城市作为数字经济标杆城市发展情况，并对比分析北京建设全球数字经济标杆城市进展。具体地，本报告聚焦数据资源，从数智基础支撑、数据要素配置、数字产业引领、数字创新策源、数字治理领先、数字开放合作六个维度，剖析全球数字经济标杆城市内涵，并尝试构建全球数字经济标杆城市指标体系，评价其建设进展。通过与全球其他数字经济标杆城市建设状况进行多层比较与

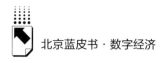

综合分析，总结和评价北京在全球范围内发挥数字经济标杆城市的引领作用的现状与挑战。

本报告力求实现以下三个目标。第一，为全球数字经济标杆城市建设提供路径参考。本研究所构建的指标体系以理论研究为基础，从应然角度提出了构建全球数字经济标杆城市的理论逻辑，设计全球数字经济标杆城市建设的多维度框架，并以此为基准审视实践中的优势与不足，为后续发展指明方向。第二，通过与全球主要城市比较，科学评估全球数字经济标杆城市建设进展。本研究的指标体系覆盖了全球主要城市各个维度的数字经济相关量化指标，力求指标具有代表性、可比性和前沿性。第三，总结经验，补齐短板，打造全球数字经济发展"北京标杆"。本研究的指标体系能够在全球范围内识别数字经济发展的先驱城市，阐述北京市建设数字经济标杆城市的机遇与挑战及其发展定位。全球数字经济标杆城市指数评估结果可以全面呈现全球主要城市在数智基础支撑、数据要素配置、数字产业引领、数字创新策源、数字治理领先、数字开放合作六个方面取得的阶段性成果，为北京市打造全球数字经济标杆城市的顶层设计提供政策依据。

二 相关理论与实践进展

（一）全球数字经济标杆城市的相关理论

全球数字经济标杆城市是以数字经济为核心引擎的全球城市，数字经济产生、发展以及引发社会变革的一系列理论构成全球数字经济标杆城市建设的基本理论内核。

1. 数字经济理论

数字经济是以数字技术为核心驱动力，通过新技术形成新产业、新产业催生新模式、新技术赋能传统产业三条路径，全面改造经济生产方式和社会生活方式。① 在数字经济时代，云计算、大数据、物联网、人工智能、区块链、量子计算等新技术创新推动了生产力革命。一方面，数字技术全面改造了传统生产要素，即资本、人力资本转变为数字化的资本和数字化的人力资本，并与数据这一新的生产要素深入融合，通过改变生产函数，重构人类经济版图。伴随着数字化生产要素作用于生产函数，数字技术主导生产力革命，以数字技术为基础的新一代产业模式逐渐形成，一批数字经济标杆企业站在技术革新和商业业态的最前沿，同时促使传统产业借助数字技术改造研发、设计、生产、营销的全流程，实现传统产业的数字化转型，创造更高的经济价值。

另一方面，数字技术也正在深入影响社会治理领域。数字技术不仅提高了生产力，也在改造生产关系，改变人们的生活方式和社会组织模式。例如，数字社会的劳动者越来越依赖于计算机、互联网、社交媒体等工具，越来越多的劳动者依附于数字平台，由此催生出全新的劳动关系；社交媒体的发展也改变了人与人之间的社会网络联系。可见，在数字经济时代，社会生活、政府部门都面临着数字化改造，政府治理模式和民众生活模式都在发生深远的变革。

2. 全球城市理论

"全球城市"（Global City）是经济层面的概念。由 Cohen 于 1981 年提出，他将全球城市定义为"新的国际分工协调和控制中心"。2001 年 Scott 予以进一步拓展并提出"全球都市区"概念。1986 年 Friedmann 以国际劳动分工的视角为全球城市研究提供了基本的理论框架。Friedmann 和 Wolff 于 1982 年提出全球城市应该是全球资本的集聚地以及全球经济的控制中心，具有控制和指挥全球经济的各种战略功能，组织协调着全球生产体系和市场体系。1991 年 Sassen 更为系统地解释了全球城市，认为全球城市是组织和协调全球经济的中心城市，作为"生产服务综合体"，为跨国公司的运作和

---

① 李晓华：《数字经济新特征与数字经济新动能的形成机制》，《改革》2019 年第 11 期；陈晓红、李杨扬、宋丽洁、汪阳洁：《数字经济理论体系与研究展望》，《管理世界》2022 年第 2 期。

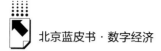

管理提供生产性服务，是金融服务业等高级生产性服务业和创新产业的主要集聚地，也是跨国公司总部的集聚地。1995 年 Simon 提出判断全球城市的标准是看其是否为全球资本流和信息流的汇集地。

随着通信技术逐渐改变国际生产分工体系，经济全球化载体增加了信息流这一要素，为此，需要重新阐述信息时代全球城市的内涵和形成机制。1993 年Batten 提出信息已经成为促进经济发展的战略要素，先进通信设施的建设及其衍生的远程通信网络和服务，更大程度地提升了要素空间集聚的效率，进一步推动了全球城市的发展。可见，在通信技术快速发展的时代，全球城市不仅具有难以取代的全球资源配置的核心功能，也是全球的信息中心、创新资源的集聚中心。在不同的全球化时代，资源要素和经济活动的内容及其表现形式的差异使得全球城市的内涵及其范围不断变化，但从本质上来看，全球城市仍然是指那些集聚当时全球最重要资源并在世界范围内提供最重要服务的城市或空间。

综上，基于过往的理论研究可以发现，学术界开始在通信网络信息技术快速发展的背景下重新审视国际分工、世界经济发展以及全球城市的内涵，这些内容对于扩展全球城市内涵以及城市竞争力理论将产生划时代的影响。尤其是在数字技术快速发展的时代，全球数字化背景下的数字经济引领全球经济发展和产业变革将是必然趋势，掌控数据要素配置能力将成为全球城市竞争、构建国际新格局的核心力量。然而，相关研究正处在起步阶段，还没有形成系统性、一致性的理论体系。

（二）国内外数字经济城市指数

我国各级政府高度重视数字经济发展。2021 年 12 月，国务院印发《"十四五"数字经济发展规划》，提出了优化升级数字基础设施、充分发挥数据要素作用、大力推进产业数字化转型、加快推动数字产业化、持续提升公共服务数字化水平、完善数字经济治理体系、健全数字经济安全体系、有效拓展数字经济国际合作等要求。《北京市关于加快建设全球数字经济标杆城市的实施方案》提出了打造全球领先的数字经济新体系的总体思路：加强数字城市基础设施建设，围绕数据资产，推动数字技术创新，打通数据生成—汇聚—交易—消费—应用全链条，培育数据驱动的未来产业，建立数字经济规则和发展测度体系，形成开放领先的新型数字社会生态。

目前各机构对数字经济的测度分为两类：一类是直接法，直接估计数字经济的规模和体量；另一类是对比法，利用多维度指标体系评价、对比数字经济具体领域的发展情况。对于数字经济评价指数的相关研究则更关注后者。在国外，欧盟和 OECD 较早开启了数字经济相关指标体系的构建。随后，OECD 等组织发布各自的数字经济指标体系，在国内中国信通院、赛迪顾问提出的区域或城市数字经济指数具有较大影响力（见表1）。

综合以往关于指标体系构建的国内外研究，不难发现，关于全球数字经济城市的评价体系主要聚焦单一的"数字经济"发展层面的城市比较，包含基础设施、数字技术创新、数字技术应用（或者称为数字技术促进经济，国内称为数字产业化、产业数字化）等模块，国内指标体系侧重于产业、政府政策和治理，国外指标体系侧重于人力资本、数字技术赋能社会。然而，在数字经济时代，对全球数字经济城市的理解则更需要将数字经济的发展规律纳入全球城市的内涵范畴，围绕数据资源配置能力创新全球城市相关理论，构建全球数字经济城市评价指标体系。

本报告基于以往文献和政策走向，编制全球数字经济标杆城市指数。既有文献和报告仅将城市作为比较数字经济发展的区域维度，研究的重点在于不同城市的数字经济发展状况。本报告将数字经济城市作为一个整体概念来界定，研究的重点和落脚点是以数字经济为引擎的城市全面数字化创新发展的程度和状态。为此，本报告以全球数据要素配置能力为切入点，将"数字经济"嵌入"城市竞争力"和"全球城市"相关理论，并结合政策层面的"标杆引领"，剖析全球数字经济标杆城市的内涵，阐释全球数字经济标杆城市的六大特征，并基于此构建全球数字经济标杆城市指标体系，评价全球主要城市作为数字经济标杆城市的建设进展。

表1 国内外数字经济相关指标体系一览

区域	指数	发布方	一/二/三级指标数（个）	首次发布年份	出处
国际	数字经济与社会指数（DESI）	欧盟	5/12/31	2014	DESI 2017：Digital Economy and Society Index
	有关数字经济的评测建议	美国商务部数字经济咨询委员会	无	2016	Measuring the Digital Economy-BEA
	衡量数字经济	经合组织（OECD）	4/38	2014	Measuring the Digital Economy：A New Perspective
	网络准备度（NRI）	世界经济论坛	4/10/53	2002	The Global Information Technology Report 2016
	ICT发展指数（IDI）	国际电信联盟	3/11	1995	Measuring the Information Society Report 2017
	数字经济规模及参透情况	G20组织	4/36	2018	Toolkit for Measuring the Digital Economy
	美国新经济指数报告	美国信息技术与创新基金会	5/26	1999	The 2020 Stata New Economy Index
	B2C电子商务指数	联合国贸发会议	4	2018	UNCTAD B2C E-COMMERCE INDEX 2019
	电子政务发展指数 EGDI	联合国经济和社会事务部	3/9	2001	E-Government Survey 2022
国内	数字经济指数 DEI	中国信通院	3/23	2017	《中国数字经济发展白皮书》
	数字经济指数 DEDI	赛迪顾问	5/34	2017	《2017中国数字经济指数（DEDI）》
	全球数字经济竞争力指数	上海社科院	4/12/24	2017	《全球数字经济竞争力发展报告（2017）》
	"互联网+"数字经济指数	腾讯发展研究院	4/14/135	2017	《中国"互联网+"数字经济指数2017》
	中国数字经济指数 CDEI	财新传媒和数联铭品	4/18	2017	《中国数字经济指数》（试行版）
	中国城市数字经济指数	新华三集团	4/12/36	2017	《中国城市数字经济指数白皮书（2017）》
	中国（苏州）数字经济指数	苏州大学等	3/8/27	2017	《基于大数据的苏州数字经济》
	全球联接指数	华为	4/20/40	2014	《全球联接指数2020》
	全球数字经济标杆城市定基指数	中国科学院大学等	6/19/48	2022	《基于高质量发展的数字经济监测评估体系构建——以北京市全球数字经济标杆城市建设为例》
	全球数字经济指数	北京工商大学	6/19/120	2022	《北京蓝皮书:北京数字经济发展报告（2021～2022）》
	全球数字经济标杆城市指数	首都经济贸易大学	3/10/27	2022	《全球数字经济评估报告》

资料来源：徐清源、单志广、马潮江：《国内外数字经济测度指标体系研究综述》，《调研世界》2018年第11期。

三 全球数字经济标杆城市指标体系构建

（一）指标选取原则

1. 前瞻性和引领性原则

关于数字经济的内涵和外延仍没有达成一致的看法，加上数字技术更新迭代速度很快，对数字经济的计量难以用传统的统计方式进行测度。本报告的指标体系将力求站在数字技术和数字新兴业态的前沿，挖掘衡量数智基础设施、数字化平台、智慧城市管理等新生事物发展情况的指标，测度全球各主要城市在这些前沿领域的标杆地位和引领作用。

2. 全面性和代表性原则

数字经济发展是经济生产方式和社会生活方式全面变革的过程，涉及诸多维度。本报告将数字经济城市作为统一体，在借鉴既有城市数字经济指标体系的基础上，建立全面覆盖数智基础支撑、数据要素配置、数字产业引领、数字创新策源、数字治理领先、数字开放合作六大维度的指标体系，并选取最有代表性的指标，衡量全球数字经济标杆城市的引领作用。

3. 可比性和可操作性原则

为了保证评价指标的可比性和可操作性，本指标体系的数据来源于全球范围内公开、可获取的指标信息。一方面，从国际组织和机构发布的报告中收集客观统计指标，从中选取与评价全球数字经济标杆城市密切相关的指标；另一方面，挖掘上市公司数据库、独角兽企业数据库、Aminer 等多个数据来源，设计了具有前沿性、可比性及可操作性的度量指标。

（二）指标体系的研究设计

1. 指标体系的理论基础

本报告将"数字经济"发展特征融入"全球城市"的相关理论思想，

围绕全球数据要素配置能力，将全球数字经济标杆城市的含义理解为"在全球范围内城市数字经济发展取得显著成效，不仅具有先进性、示范性和代表性，且更关键的是具有一般全球城市难以取代的全球数据资源配置核心功能的核心节点城市"。在数字经济时代，数据是数字化时代的新生产要素，是城市发展数字经济的核心资产。作为一种核心生产要素，数据成为影响全球数字经济业态发展、改变城市竞争格局的关键。未来国际制度性话语权将增加数据要素配置能力的权重，那些在全球范围内成为数据流动的核心节点与数据资源配置枢纽的城市，将掌控全球数据资源的配置权、所有权和定价权，从而主导未来全球数字经济发展。

全球数字经济标杆城市的"标配"源自"全球城市"、"数据资源配置"和"标杆引领"三个主要功能，使其成为其他一般全球城市不可复制、难以取代的全球数据资源配置主导者。由此，全球数字经济标杆城市应该具有以下六个特征（见图1），即立足于这"六种能力"引领全球数字经济发展。

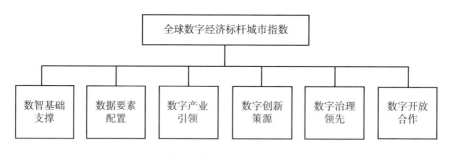

图1　全球数字经济标杆城市指数的设计框架

第一，最先进的数智基础支撑力。数智基础设施是数字经济的底层支撑，是发展数字经济的前提条件。一方面，数字化和智能化是相伴而生的，城市作为数字经济的重要空间载体，先进的数字智能基础设施表现为新一代信息技术和城市基础设施的深度融合，实现城市数字化由数字孪生跃升到数字原生。另一方面，基础设施的联通促进数据要素在全球范围内流通，提高数据要素挖掘、储存、处理和应用的掌控能力，对打造全球数据要素流通节点城市而言至关重要，为建设全球数字经济标杆城市提供充分条件。

第二，最高效的数据要素配置力。海量数据聚合、加工产生的价值，是数字经济发展的原动力。有开发没有流动就不能发现价值，有流动不能有效配置就不能实现价值最大化。数据要素必须在流通中发挥更大价值，发挥优化配置的作用，现实中，数据资产的流通可以分为两种形式——共享和交易。全球数字经济活动必须依托具有协同作用的全球性数据要素交流平台，承载关于数据相关业务的洽谈、合约缔结、结算清算等活动，是可以进行全球数据相关业务操作的大市场、线上线下大平台，全球数字经济标杆城市成为数据要素流动与配置的主导者。

第三，最高端的数字产业引领力。新兴数字产业的集聚与发展是城市数字经济的核心内容。数字技术主导生产力革命，催生了一批数字标杆企业，站在技术革新和商业业态的最前沿，同时也推动了传统高端产业的数字化改造。数字产业是数字经济的现实载体，对数据要素的使用能力是数字产业的核心优势。一方面，随着城市产业集聚，经济地理格局将被重塑，数字产业所产生的集聚效应将得到进一步深化，并促进数据要素配置能力集中，为成为全球数据要素配置枢纽城市奠定基础。另一方面，高端制造业、服务业与数据要素加速融合，并通过数据要素赋能传统生产要素，形成新兴产业集群，畅通数据要素对产业发展产生叠加作用的核心渠道，进一步在全球范围内提升城市竞争力与数字经济发展水平，促进城市成为全球数据要素配置的核心枢纽。

第四，最强大的数字创新策源力。创新性是数字经济的突出特征。数字技术创新是数字经济的进化基石，是数字经济的关键驱动力，也是数字经济的源头活水。只有通过创新才能合理配置资源，配置资源的效率才会不断提高。全球城市聚集了人才、资金、基础技术等创新资源，有更强的知识外溢效应，更有能力突破"卡脖子"和前沿核心技术，推出一流的首创技术。通过强化技术创新实现数据资源的更新迭代，为数字经济发展提供新鲜"血液"，提高数据资源配置效率，以内生持续的更新迭代能力使全球城市

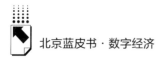

在数字经济领域的竞争格局中始终保持主导和领先优势。

第五，最领先的城市数字治理能力。数据作为新型生产要素，是数字化、网络化、智能化的基础，以数字变革引领产业、城市、生态、社会全方位转型，政务服务、社会生活都面临着数字化改造。通过新型数字设施与数字技术手段的创新应用，能够全面提升城市运行各领域的感知能力、决策能力、协同能力和创新能力，能够将分散的政府部门和社会资源融合为一个整体，提升政府管理城市效能。全球数字经济标杆城市也意味着政府城市治理模式和民众生活模式的前沿探索，构建以数字化为特征的现代化治理体系。

第六，最包容的数字开放合作能力。全球数字经济标杆城市一定是包容、开放和合作的，这样才能融入全球数字经济活动、发挥全球数据要素配置功能、参与制定和执行全球标准与规则。一方面，开展全球数字经济相关业务，对外输出数字技术、数字服务、数字产品；另一方面，标准和规则与国际接轨，并在国际数据治理机制与跨境数据流动制度安排中起到引领作用。

2. 指标体系构建

基于对全球数字经济标杆城市内涵和特征的理解，借鉴国内外数字经济指数的构建方法，从数智基础支撑、数据要素配置、数字产业引领、数字创新策源、数字治理领先、数字开放合作六个维度选取指标，构建全球数字经济标杆城市指数。一级指标、二级指标的设计框架如表2所示。需要注意的是，在数字经济领域，有许多新生事物，某些指标缺乏公开统计数据。在本次指标测算中一些细分指标暂未纳入。实际引用的指标包括6个一级指标、16个二级指标、30个细分指标。在此框架下，数字经济标杆城市6个一级指标的设计和阐释如下。

（1）数智基础支撑

数智基础支撑模块包括两个二级指标：①网络基础是数字传输的基础。目前，互联网宽带、移动互联网普及，千兆光纤网络、IPv6处于全球网络基础设施建设的前沿，三级指标包括互联网普及率、网速和IPv6普及率。

②算力支撑是数字存储和计算的重要支撑。

（2）数据要素配置

数据要素配置模块包括3个二级指标：①数据资源汇集，衡量产业数据的积累量。产业数据是互联网平台和各类工商企业在日常生产、服务经营过程中积累的数据资源。由于产业数据总量难以被直接测算，使用头部平台企业用户数来测度。②数据要素共享，衡量公共数据的政府内部共享和面向公众开放程度。使用联合国电子政务调查报告公布的政务数据开放指数度量。③数据资产交易，衡量数据要素市场的发育程度，包括国际数据交易所以及大数据公司数量、市值。

（3）数字产业引领

数字产业引领模块包括3个二级指标：①数字核心产业集聚，是数字经济发展的核心内容。数字核心产业集聚使用全球市值 TOP100 的数字企业数量和市值来测度。②高端产业融合，是数字化产业集聚的重要途径。数字经济与高端产业融合是利用数字技术对传统产业进行全方位、多角度、全链条的改造，提高生产、运营和管理效率，发挥数字技术对经济发展的叠加作用。三级指标包括数字化平台、智能制造（灯塔工厂数量）、工业互联网和金融科技。③新兴数字产业培育，是数字产业引领的关键，使用全球市值 TOP100 的数字标杆独角兽企业数量和估值来度量。

（4）数字创新策源

数字创新策源模块包括3个二级指标：①创新基础，衡量数字技术创新的直接源头要素。创新基础主要包括人才、制度、科研设施。三级指标包括全球 TOP500 高校和科研机构数量和领军人物（AI 2000 全球人工智能学者）。②创新投入，衡量数字技术创新的资本投入和人力投入，三级指标使用数字企业研发投入强度和城市研究与开发指数度量。③创新产出，衡量数字技术创新成果，体现为科技论文、专利、软件著作权登记量、数字产业新产品销售收入等，三级指标包括计算机科学论文高被引数量、核心技术专利数量、全球科技中心创新（发展）指数。

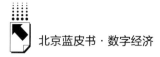

（5）数字治理领先

数字治理领先模块包括 3 个二级指标：①数字政务建设，以数字技术为基础，打造高效、透明的政务运行体系从而提高政府治理能力。三级指标包括电子参与指数和在线服务指数。②数字城市治理，将数字技术与城市管理相结合，能够大幅提升城市居民生活便利度和城市治理智能化水平。三级指标包括数字城市建设和智慧城市管理。③数字化公共服务，数字经济时代的公共服务更突出数字化、智能化和融合化，提升公共服务数字化水平，能够实现数字经济发展红利的全民共享。使用营商环境便利度作为代理指标反映数字化公共服务。

（6）数字开放合作

数字开放合作模块包括两个二级指标：①跨境数字贸易与投资，衡量数字产品和数字服务的跨境贸易，以及数字产业利用外资情况和海外投资情况，三级指标包括 ICT 服务贸易、数字支付服务和数字经济领域海外上市公司数量、市值。②全球数字治理参与能力，数字经济相关法律法规、政策体系、技术标准的建设能够为数字经济的健康发展保驾护航，激发主体积极性，减少负面影响，使用全球数字规则参与度度量。

（三）指数测度方法

在构建全球数字经济标杆城市指标体系时，以数字经济、全球标杆城市等相关理论为基础，结合指标体系构建的原则及目标，借鉴联合国开发计划署编制的人类发展指数（Human Development Index，HDI）的测度逻辑，[①]指标筛选与优化过程如下。

1. 评价指标的经验性初步筛选

结合数字经济、全球标杆城市相关研究文献和全球主要城市数字经济发展实践，依据统计数据可获得性和跨国可比性原则确定衡量指标，最终得到可充分量化处理的三级指标 30 个，详见表 2。

---

① 贝多广主编《普惠金融国家发展战略——中国普惠金融发展报告（2016）》，经济管理出版社，2017。

表 2　全球数字经济标杆城市指标体系

一级指标	二级指标	三级指标
数智基础支撑	网络基础	互联网普及率
		网速
		IPv6 普及率
	算力支撑	计算能力
数据要素配置	数据资源汇集	头部平台企业用户数
	数据要素共享	政务数据开放指数
	数据资产交易	国际数据交易所
		大数据公司数量、市值
数字产业引领	数字核心产业集聚	全球数字企业数量和市值
	高端产业融合	数字化平台
		智能制造（灯塔工厂数量）
		工业互联网
		金融科技
	新兴数字产业培育	全球数字标杆独角兽企业数量和估值
数字创新策源	创新基础	全球 TOP500 高校和科研机构数量
		领军人物（AI 2000 全球人工智能学者）
	创新投入	数字企业研发投入强度
		城市研究与开发指数
	创新产出	计算机科学论文高被引数量
		核心技术专利数量
		全球科技中心创新（发展）指数
数字治理领先	数字政务建设	电子参与指数
		在线服务指数
	数字城市治理	数字城市建设
		智慧城市管理
	数字化公共服务	营商环境便利度
数字开放合作	跨境数字贸易与投资	ICT 服务贸易
		数字支付服务
		数字经济领域海外上市公司数量、市值
	全球数字治理参与能力	全球数字规则参与度

2. 指标的无量纲化处理

本报告使用离差标准化法对原指标进行无量纲化处理。具体地，v_{ij} 表

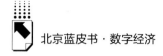

示第 j 个评价对象第 i 个指标,包括正向和逆向指标的原始值,m 表示评价指标的数量,n 表示评价对象的总数量,x_{ij} 表示的 v_{ij} 标准化值,保证 $0 < x_{ij} < 1$,表示为:

$$x_{ij} = \frac{v_{ij} - \min\limits_{1 \leqslant i \leqslant m, 1 \leqslant j \leqslant n}(v_{ij})}{\max\limits_{1 \leqslant i \leqslant m, 1 \leqslant j \leqslant n}(v_{ij}) - \min\limits_{1 \leqslant i \leqslant m, 1 \leqslant j \leqslant n}(v_{ij})} \quad (\text{正向指标}) \tag{1}$$

$$x_{ij} = \frac{\max\limits_{1 \leqslant i \leqslant m, 1 \leqslant j \leqslant n}(v_{ij}) - v_{ij}}{\max\limits_{1 \leqslant i \leqslant m, 1 \leqslant j \leqslant n}(v_{ij}) - \min\limits_{1 \leqslant i \leqslant m, 1 \leqslant j \leqslant n}(v_{ij})} \quad (\text{逆向指标}) \tag{2}$$

3.计算各个维度的评价指标

通过计算描述全球数字经济标杆城市三级指标估测值与最理想值的欧氏距离,并将所有距离进行整合,得到二级指标维度的评价指数,具体计算公式为:

$$DEI_i = 1 - \frac{\sqrt{w_{i1}^2(1 - x_{i1})^2 + w_{i2}^2(1 - x_{i2})^2 + \cdots + w_{in}^2(1 - x_{in})^2}}{\sqrt{w_{i1}^2 + w_{i2}^2 + \cdots + w_{in}^2}} \tag{3}$$

进一步,复合式(3)中的二级指标,计算全球数字经济标杆城市一级指标六个维度的评价指数:

$$DEI^k = 1 - \frac{\sqrt{w_1^2[\max(DEI_1) - DEI_1]^2 + \cdots + w_n^2[\max(DEI_n) - DEI_n]^2}}{\sqrt{w_1^2 + w_2^2 + \cdots + w_n^2}} \tag{4}$$

DEI^k($k = 1,2,3,\cdots,6$)指数取值越大,表明衡量维度所反映的数字经济发展水平越高,指数值越接近于 1,说明距离"标杆"越近。

最终,计算复合维度的全球数字经济标杆城市指数:

$$DEI = 1 - \frac{\sqrt{\sum\limits_{k=1}^{6} w_k^2[\max(DEI^k) - DEI^k]^2}}{\sqrt{\sum\limits_{k=1}^{6} w_k^2}} \tag{5}$$

DEI 取值区间为(0,1),数值越大表明城市数字经济发展水平越高、越接近全球数字经济标杆城市的标准。

在式（3）、（4）和（5）中 w 分别为单一指标和单一维度的权重，使用主观赋权和客观赋权相结合的方式。

首先，在三级指标计算二级指数以及二级指标计算一级指数的过程中，使用变异系数法这一客观赋权方式。在赋予各指标的权重时，采用各指标的变异系数占所有指标变异系数之和的比值表示，公式如下：

$$CV_i = \frac{s_i}{\bar{x}_i} \quad (i = 1, 2, \cdots, n) \tag{6}$$

在式（6）中，CV_i 表示各个指标的变异系数，s_i 表示各个指标的标准差，$\bar{x}_i$ 表示各个指标的平均数。计算出变异系数后，各个指标的权重计算方法为：

$$w_i = \frac{CV_i}{\sum\limits_{i=1}^{n} CV_i} \quad (i = 1, 2, \cdots, n) \tag{7}$$

其次，在一级指标计算总指数的过程中，本报告使用专家打分法作为主观赋权方式。向来自高校、科研机构、中央部委、头部企业等的近 30 位数字经济领域专家发放问卷，指标权重由问卷中专家对每个指标所打的总分确定，公式为：

$$w_i = \frac{G_i}{\sum\limits_{i=1}^{n} G_i} \quad (i = 1, 2, \cdots, n) \tag{8}$$

其中，G_i 为所有专家对指标 i 评分的总和，即每个指标的权重为其总得分与所有指标的总得分之比。

（四）国际对标城市选择

为了客观评价全球数字经济标杆城市建设情况，对标国内外数字经济发展具有先进性、代表性的城市，有助于掌握数字经济时代全球经济地理格局的变化对未来全球数字竞争力的影响，深入分析北京市建设全球数字经济标杆城市的机遇与挑战及其在全球数字化发展格局中的定位。本报告在全球城市样本中选择的国际对标城市包括：旧金山、洛杉矶、纽约、华盛顿、波士顿、芝加哥、伦敦、新加坡、东京、柏林、斯德哥尔摩、哥本哈根、阿姆斯特丹、巴黎、法兰克福、首尔、巴塞罗那、维也纳、布鲁塞尔、悉尼、米兰、多伦多、日内瓦、圣保罗和班加罗尔，共 25 个城市；国内对标城市选取上海、深圳和香港 3 个城市。样本最终共有包括北京在内的 29 个城市。

四 全球数字经济标杆城市指数评估结果

基于上述全球数字经济标杆城市指标体系和指数测度方法，采用上述计算方法，得到 29 个样本城市的全球数字经济标杆城市建设进展和整体排名，如表 3 所示。旧金山和北京市处于全球数字经济标杆城市中的第一梯队。与其他城市相比，旧金山占据绝对优势，全球数字经济标杆城市指数值为 0.8010，最接近于标杆值 1。北京市全球数字经济标杆城市指数值为 0.6931，尽管与旧金山相比有一定的差距，但不断向标杆值趋近。洛杉矶、上海、纽约和深圳的全球数字经济标杆城市指数值处于第二梯队，均在 0.5 以上，说明这 4 个城市的数字经济发展具有鲜明特点，发展水平处于领先位置。华盛顿、伦敦、波士顿和新加坡 4 个城市，尽管指数均值低于 0.5 但高于 0.45，可反映出其构建全球数字经济标杆城市的潜力。

表 3 全球数字经济标杆城市指数排名

排名	国家	城市	标杆城市指数值
1	美国	旧金山	0.8010
2	中国	北京	0.6931
3	美国	洛杉矶	0.5587

排名	国家	城市	标杆城市指数值
4	中国	上海	0.5344
5	美国	纽约	0.5158
6	中国	深圳	0.5147
7	美国	华盛顿	0.4883
8	英国	伦敦	0.4820
9	美国	波士顿	0.4661
10	新加坡	新加坡	0.4556
11	美国	芝加哥	0.4452
12	日本	东京	0.4022
13	德国	柏林	0.4005
14	瑞典	斯德哥尔摩	0.3969
15	丹麦	哥本哈根	0.3881
16	荷兰	阿姆斯特丹	0.3879
17	法国	巴黎	0.3877
18	德国	法兰克福	0.3575
19	中国	香港	0.3498
20	韩国	首尔	0.3439
21	西班牙	巴塞罗那	0.3240
22	奥地利	维也纳	0.3223
23	比利时	布鲁塞尔	0.3154
24	澳大利亚	悉尼	0.3098
25	意大利	米兰	0.3089
26	加拿大	多伦多	0.3052
27	瑞士	日内瓦	0.3033
28	巴西	圣保罗	0.1933
29	印度	班加罗尔	0.1869

从分指数值来看，各个城市的全球数字经济标杆城市建设进展及其优势呈现出不同的特点。图2的测算结果发现，凭借硅谷在信息通信技术创新企业、产业及技术创新能力等方面的突出表现，旧金山的数据要素配置、数字

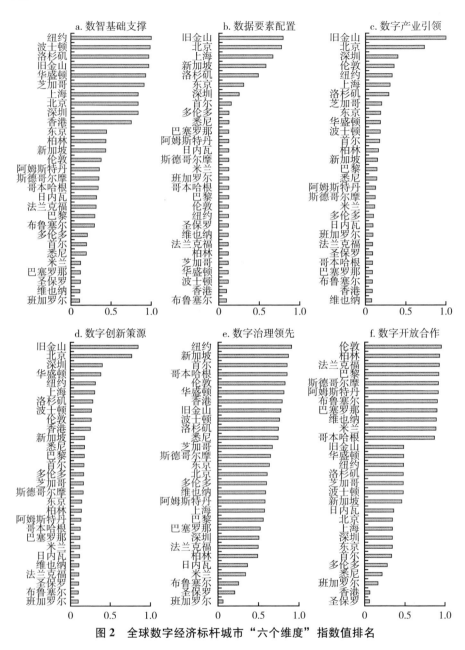

图2　全球数字经济标杆城市"六个维度"指数值排名

产业引领和数字创新策源指数值分别为0.792、1和0.845，其中数字产业引领已经达到标杆值1。这三个领域的绝对优势支撑其成为全球数字经济标杆城市中的领跑城市，引领全球数字经济发展。纽约市的数智基础支撑达到标杆值1，说明在全球数字经济标杆城市中纽约是智能化基础设施水平的标杆引领城市，这一结论也和OECD评价结论一致。此外，纽约在全球范围内也是数字治理领先的领跑城市，其数字治理领先指数值约为0.91，接近于标杆值。值得注意的是，约70%的城市的数字治理发展均保持相对较高的水平。其中，新加坡、首尔、哥本哈根、伦敦和华盛顿5个城市的数字治理领先指数值均在0.8以上，说明这些城市通过数字政府和智慧城市建设实现了公共服务和社会治理数字化，在全球数字经济标杆城市建设方面，这5个城市是数字治理领先城市。在数字开放合作方面，欧洲各国城市表现相对较好，伦敦的数字开放合作指数值趋近于标杆值，居于首位，其后是柏林、法兰克福、巴黎、斯德哥尔摩、阿姆斯特丹、布鲁塞尔、巴塞罗那、维也纳、米兰和哥本哈根。

与中国推动数字技术创新、数字经济转型密切相关，北京市凭借数字经济资源优势，除了数字治理领先和数字开放合作指数之外，其余指数不断向数字经济标杆城市的标杆值趋近，如图3所示。尽管数智基础支撑指数仅排

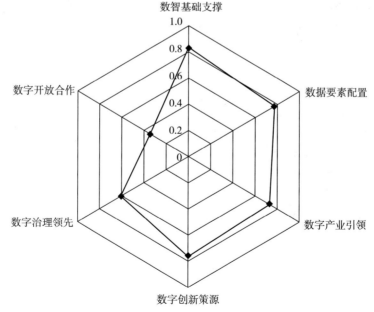

图3 全球数字经济标杆城市分指数（北京市）

第 8，但指数值保持在 0.8 以上，处于加速城市梯队。北京市在数据要素配置、数字产业引领和数字创新策源等方面表现十分优异，均排名第二，仅次于美国的旧金山，三项指数值也保持在 0.7 以上，逐渐向标杆值接近。然而，北京的数字治理领先和数字开放合作指数表现不理想，排名相对靠后。尤其是数字开放合作指数值低于 0.5，排第 20 位，这与北京在全球数字经济标杆城市总指数排序中所处的第一梯队地位并不匹配，也成为北京市建设全球数字经济标杆城市的短板。

五 北京市全球数字经济标杆城市建设进展评价

在数智基础支撑方面，北京市在网络基础、算力支撑方面在全球范围内仅次于美国几个主要城市，处于加速城市梯队。在网络基础方面，北京市网速处于全球领先地位，如图 4 所示。截至 2022 年，北京市已经累计开通 5G 基站约 6.6 万个。截至 2022 年 12 月，北京移动已完成覆盖"两横"、"四环"与包括医院、高校、文旅区、客运火车站和客运汽车站在内的共计 103 个重点场所的 5G 网络建设；已有 80 个地铁车站覆盖移动 5G 信号。这些区

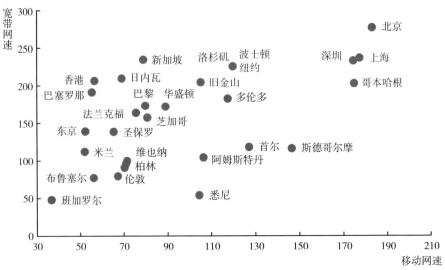

图 4 全球城市移动网速与宽带网速的综合分布

域的 5G 信号综合覆盖率从 2021 年的 95% 提升至 99%，平均下载速率可达 1.45Gbps。在算力支撑方面，北京市持续加强人工智能算力建设，从人脸识别、智能语音播报到自动驾驶、工业数字孪生，无数看得见的智慧应用背后都是看不见的智能算力在支撑，《中国算力发展指数白皮书（2022 年）》显示，北京市的算力指数位于全国第一梯队，为人工智能产业的成长提供了强大的数字底座。

在数据要素配置方面，北京市在数据资源汇集、数据要素共享和数据资产交易方面大有潜力，尤其是数据资产交易处于全球领跑城市梯队。首先，数据资源汇集能力仅次于美国旧金山，2022 年北京市头部平台企业用户数达到 12.195 亿，在全球主要城市中居第二位，如表 4 所示。随着各个城市与大数据相关的园区加速建成，大数据产业持续发展，越来越多的优质企业逐渐向科学研究和技术服务业发达的地区集聚。中国大数据行业优势企业主要集中分布在北上广等发达地区，北京市拥有分布较为集中的优秀互联网企业及院校，具有较为扎实的技术基础和浓厚的学术氛围，集聚了中国最多的大数据企业。其次，数据要素共享能力有待于进一步提升。自 2018 年起，北京市政府各部门逐条梳理建立"职责目录"，利用区块链技术，形成全市"数据目录"，实现了数据变化、数据访问、数据共享的实时检测和全程留痕，有效解决了数据共享难题。与此同时，北京市也在积极推动公共数据向公众开放。截至 2022 年底，北京市无条件地对外开放了 115 个市级单位的数据，包括公共服务事项指南、财税金融、城市管理等领域的 15880 个公共数据集。尽管如此，与全球主要城市相比，北京市数据开放程度仍然较低。如图 5 所示，《2022 联合国电子政务调查报告》中计算的北京市政务数据开放指数仅为 0.8873，仍有很大的提升空间。最后，对数据交易模式进行了较为有效的探索，数据资产交易方面成绩显著，位于全球领跑城市梯队。从全球范围来看，北京市国际大数据交易所成立，暂时绕开数据所有权的争议，应用隐私计算、区块链等技术，让所有权与使用权分离成为可能，也让数据流通变得可控，实现数据资产登记、发布、交易、支付、结算等一系列

表4 全球城市头部平台企业用户数排名

单位：亿

排名	城市	头部平台企业用户数
1	旧金山	39.100
2	北京	12.195
3	上海	8.673
4	新加坡	7.290
5	洛杉矶	5.900
6	东京	2.500
7	深圳	1.826
8	首尔	0.170

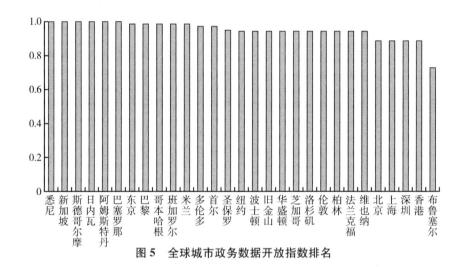

图5 全球城市政务数据开放指数排名

功能，为建成灵活、便捷、安全、规范的数据交易市场奠定了基础。截至2022年12月，北京国际大数据交易所共有产品1253个。

在数字产业引领方面，北京数字产业发展的各个环节都在加速发力，正在形成具有全球领先力的数字产业。首先，北京市的数字核心产业集聚指数逐渐追赶其他全球领先城市。从全球数字经济领域企业市值和数量总体来看，截至2022年，北京市在全球范围内排第四，位于旧金山、深圳、东京之后（见图7）。其次，北京市高端产业融合程度处于全球前列（见图8）。在制造业企业的数字化、智能化转型升级以及金融科技发展方面北京市走在

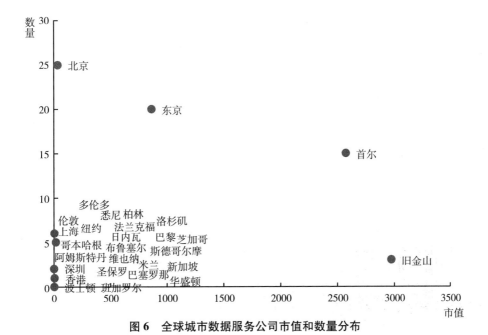

图 6　全球城市数据服务公司市值和数量分布

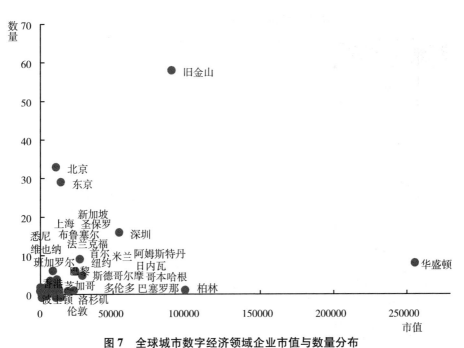

图 7　全球城市数字经济领域企业市值与数量分布

世界前列。最后，在新兴数字产业培育领域，北京市培育了一批数字龙头企业。如图9所示，根据胡润研究院数据，全球TOP100数字标杆独角兽企业中，北京市有标杆独角兽企业8家，市值达到19846亿元，在全球位居第二，仅次于旧金山。

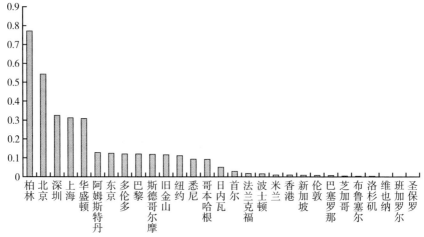

图8 全球城市高端产业融合指数排名

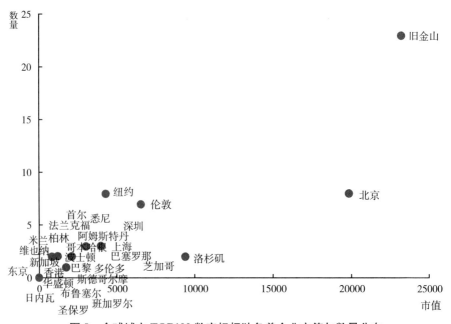

图9 全球城市TOP100数字标杆独角兽企业市值与数量分布

在数字创新策源方面，北京市数字技术创新活力不断释放，为数字经济发展提供了核心驱动力。首先，北京市基础科学研究能力处于全球第一梯队。数字技术创新的源头主要依赖人才、基础条件、政策与制度等。在这些方面北京市处于全球领先地位。2022年，北京市拥有全球TOP500高校和科研机构6所，位列全球第四（见图10）。在2022年人工智能全球最具影响力学者榜单中，北京有6位学者在列，数量仅次于美国旧金山（见表5）。其次，北京在数字创新方面投入了大量的资源。数字企业研发强度体现了经济主体或地区的研发资源投入情况，如图11所示，2022年，北京市数字企业平均研发强度11.71，尽管仍低于美国、欧洲等的主要城市（见图11），但在全国范围内仍处于领先位置。最后，北京市在数字创新产出方面表现优异，通过强大技术创新巩固数字化先发优势，在全球数字经济标杆城市建设方面能够获得更大的机遇。数字技术创新成果体现在科技论文、专利、数字产业新产品销售收入等领域，北京市数字创新产出在上述领域都取得了优异成绩。如表6所示，北京市新一代信息技术专利数量处于全球领跑城市梯队，居全球首位。

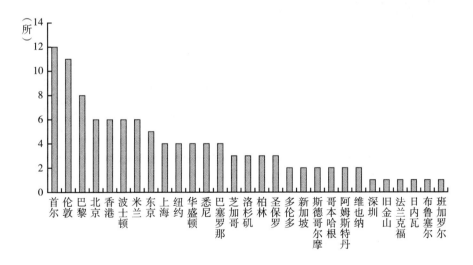

图10 全球城市的全球TOP500高校和科研机构数量

表5　2022年全球城市人工智能全球最具影响力榜单学者数量

单位：位

排名	城市	AI 2000 全球人工智能学者
1	旧金山	35
2	北京	6
3	华盛顿	5
4	悉尼	5
5	香港	4
6	纽约	3
7	新加坡	3
8	上海	2
9	波士顿	2
10	深圳	1
11	伦敦	1
12	巴黎	1

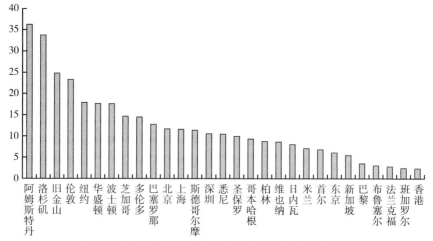

图11　全球城市数字经济领域上市公司企业研发强度

表6　全球城市新一代信息技术专利数量

单位：项

城市	新一代信息技术专利数量
北京	8728
旧金山	4348
深圳	3515

城市	新一代信息技术专利数量
上海	1632
华盛顿	685
纽约	644
柏林	130
日内瓦	104
香港	97
洛杉矶	95

在数字治理领先方面，北京市用数字化赋能城市治理，利用数字技术全面改造政务服务、社区管理和社会生态，建设数字社会的治理体系，推进治理能力现代化。首先，已经启动数字政务建设这一驱动数字经济发展的重要引擎。北京市坚持整体协同的推进思路，聚焦政务服务、市场监管执法等领域深入推进改革，一体化推进数字服务、数字监管、数字政务。其次，数字技术正在深刻改变城市管理模式，但仍有很大的提升空间。如图 12 所示，根据 IESE 城市动态指数，北京市城市动态指数值仅为 63.2，排名较为靠后，说明智慧城市管理水平有待进一步提升。随着城市大脑智能运营指挥中心等这些治理指挥调度的全视角驾驶舱和智慧中枢发挥作用，在感知网络、智能云平台、大数据中心、AI 计算中心的支撑下，北京市将逐步实现灵活高效的信息展示和智能科学的分析研判，智慧社区、交通管理、公共安全、民生服务等方面将得到明显改善。

在数字开放合作方面，疫情对我国对外交流、跨境投资造成负面冲击。2022 年，北京市数字开放合作处于较低水平，排名较为靠后，远落后于欧洲和美国的一些主要城市。如表 7 所示，北京市数字经济领域 TOP2000 海外上市公司的市值和数量综合指数值排第五，位于东京、旧金山、华盛顿和斯德哥尔摩之后。截至 2022 年，根据 Wind 数据库数字经济领域海外上市公司状况，在数字经济领域 TOP2000 海外上市公司中，北京市有 35 家上市公司，总市值达到 2153.19 亿元。

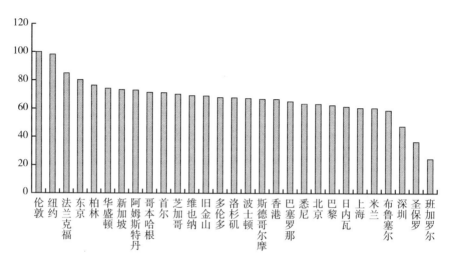

图 12   全球城市 IESE 城市动态指数排名

表 7   全球城市数字经济领域 TOP2000 海外上市公司的市值和数量综合指数值

排名	城市	数字经济领域海外上市公司综合指数值
1	东京	0.6110
2	旧金山	0.5937
3	华盛顿	0.5246
4	斯德哥尔摩	0.3672
5	北京	0.3299
6	新加坡	0.2791
7	纽约	0.2498
8	伦敦	0.2199
9	上海	0.1898
10	多伦多	0.1479

六　结论与建议

数字经济引领的全球经济发展和产业变革，正在深刻影响着全球经济竞争格局。数字经济是改变全球城市竞争格局的关键领域，全球数字经济标杆城市建设对提升国家数字经济核心竞争力而言至关重要。本报告立足于国际视野，着眼于全球数字经济标杆城市的"六大特征"，即从数智基础支撑、数据要素配置、数字产业引领、数字创新策源、数字治理领先、数字开放合作六个维度构建全球数字经济标杆城市指标体系，并评价全球主要城市作为数字经济标杆城市的发展状态，以及对比分析北京全球数字经济标杆城市建设进展。研究发现，北京市全球数字经济标杆城市总指数值为0.6931，位居美国旧金山之后，不断向标杆值趋近。凭借数字经济资源优势，北京市在数智基础支撑、数据要素配置、数字产业引领和数字创新策源等方面表现优异，指数值均保持在0.7以上，处于第一梯队，趋向标杆值。然而，北京在数字治理领先和数字开放合作两个方面表现不理想，排名相对靠后，成为北京市建设全球数字经济标杆城市中的短板。

根据本文的研究结论，就北京市建设全球数字经济标杆城市提出以下建议。

第一，率先建成全面的、全域的、全球领先的数智基础设施系统，打造全方位、多功能的数字化智能感应网络体系，引领全球城市基础设施的迭代升级。基于未来城市数据原生的发展方向，北京市应通过加快建设城市基础感知数据体系、智能网联化城市道路、数字城市管廊和国际领先的网络基础设施，建成一批示范引领性强的数据原生基础设施，推进数字化场景得以充分应用，以此夯实建设数字经济标杆城市的基础。

第二，通过数据相关配套设施建设，形成对数据资源"生成—汇聚—交易—消费—应用"全链条的深度参与，在国际数据要素配置中发挥中心枢纽作用。一方面，通过全球领先的超大规模数据平台、算力平台、融合交换处理计算平台和大数据交易所等的完善加快技术和配套设施建设，落实参与国际数据资源集散的必要条件；另一方面，培育数字经济标杆企业，强化北京在国际数据要素配置中的枢纽地位。

第三，充分挖掘数字技术的潜在应用场景，催生最具引领性的新兴数字产业。最大化结合现有产业结构与数字产业基础，加大数字经济标杆企业培育孵化力度，形成具有北京特色的新兴数字产业集群，成为全球数字产业的代表性集聚地，畅通产业经济循环，助力全球数字经济标杆城市建设。

第四，最大化数字经济的创新能力，完成经济发展由外延扩张式向内涵上升式的转型，超前布局前沿技术，以创新驱动城市数字产业发展，提升城市经济的数字赋能成效。通过聚焦前沿核心技术，推出一批世界一流的首创技术和首制产品，构建自主可控、产研一体、软硬协同的新一代数字技术创新体系，成为全球数字技术创新的策源高地，引领国际发展。

第五，进一步促进城市发展与数字经济全面融合，推动二维化的城市治理向三元化复杂而精细化的数据物联网络空间的综合治理跃升。北京市作为城市数字治理方案应用的绝佳试验场，应实现技术迭代、多方协作，加快"数字市民""数字政府""数字社会"建设和企业数字化转型，形成数字治理的中国方案，营造引领全球数字社会的生态。

第六，在数字领域扩大开放与合作、在全球范围内发挥标准制定与样板提供等方面的制度引领作用。通过全球贸易数字化示范区、数字海关、国际大数据交易所等场景，探索安全和发展并重的数据跨境流动机制，构建内外双向开放的发展体系，在对外数字贸易、跨境数据流动、数字领域基础共性标准制定方面取得突破性进展。

参考文献

陈晓红、李杨扬、宋丽洁、汪阳洁：《数字经济理论体系与研究展望》，《管理世界》2022年第2期。

经济合作与发展组织：《衡量数字经济：一个新的视角》，张晓等译，上海远东出版社，2015。

李晓华：《数字经济新特征与数字经济新动能的形成机制》，《改革》2019年第11期。

国家信息中心分享经济研究中心：《中国共享经济发展报告2021》，2021年2月。

倪鹏飞：《中国城市竞争力的分析范式和概念框架》，《经济学动态》2001 年第 6 期。

徐清源、单志广、马潮江：《国内外数字经济测度指标体系研究综述》，《调研世界》2018 年第 11 期。

中央广播电视总台上海总站、中国信息通信研究院政策与经济研究所：《中国区域与城市数字经济发展报告（2020 年）》，2020 年 12 月。

理 论 篇

Theoretical Subjects

B.3
数据治理与数据基础制度建设

孟庆国　张　腾*

摘　要： 数字时代，数据不仅是事关国家建设与发展的战略性资源，同时也成为推动经济社会高质量发展的新型关键生产要素。各国政府不断提升数据治理能力、着力发展数字经济，结合丰富的实践基础与前沿的理论研究，本文明确了数据治理概念，提出围绕制度—技术—市场三个层次的数据治理体系，基于我国数据治理基础制度建设现状与思路分析，认为构建数据作为新型生产要素的制度体系是解决当前数据治理面临的新挑战、充分释放数据要素价值的关键途径，结合国外数据治理模式与政策比较，从体系、能力、机制等维度出发，为完善我国数据治理基础制度提出建议。

关键词： 数据治理　数据要素　数据基础制度　数字经济

* 孟庆国，博士，清华大学公共管理学院教授、清华大学国家治理研究院执行院长、清华大学—中国电子数据治理工程研究院院长、清华大学计算社会科学与国家治理实验室执行主任，主要研究方向为数据治理、数字政府、数字经济等；张腾，博士，清华大学公共管理学院博士后，主要研究方向为数据治理、公共数据开发利用等。

随着信息技术的快速发展、互联网的普及，第四次科技革命驱动着人类社会快速进入数字时代，整个人类文明正在经历快速、大尺度和深层次的数字化转型，数据在全球呈现爆发增长、海量集聚态势。数据治理作为全球信息化、数字化背景与治理理念相互碰撞的重要结果，也是当前政府治理中的重要议题。掌握数据资源优势、提升数据治理能力、发挥数据资源公共价值，是提升国际竞争力的有效路径，其战略性意义越来越被世界各国所重视。

作为最大的发展中国家与数据资源大国，我国电子政务发展与数字政府加快建设，党和国家抓住全球数字化发展与数字化转型的重大历史机遇，系统谋划、统筹推进数字中国、网络强国建设。尤其是 2017 年以来，我国的数字化转型坚持与国家发展新的历史方位相适应，充分发挥数字政府、数据治理在改进公共服务供给、改善政府与社会公众之间的关系等方面的重要价值，数据治理效用在政府实践与经济社会发展中逐渐显现。

近年来，北京市积极推进数字政府与智慧城市建设，在数据治理、数据资源开发利用、数字经济发展等领域作出诸多有益探索。北京市以建设全球数字经济标杆城市为目标，在构建数据要素市场等方面走在了全国前列，北京国际大数据交易所、金融数据专区建设运营等在全国范围内形成了良好示范效应，相关政策与制度创新在实践中取得了良好成效，成为数字时代超大型城市数字经济发展创新的引领者。

如何完善数据治理体系、创新构建适应国情的数据治理基础制度、充分发挥数据要素的作用，成为未来我国促进社会、经济发展的重要内容。

一　数据治理的概念、原则与体系构成

（一）数据治理概念

数据治理的概念可以分为狭义与广义。在狭义上，国际数据管理协会（DAMA）认为数据治理是对数据资产管理行使权力和控制的活动集合；国

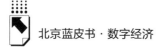
际数据治理研究所（DGI）认为数据治理是通过一系列信息相关的过程来实现决策权和职责分工的系统。我国国家标准《信息技术　大数据　术语》（GB/T 35295-2017）从数据全生存周期管理出发，将数据治理定义为对数据进行处置、格式化和规范化的过程。

在广义上，联合国将数据作为全球性战略资源，提出数据的激增正在推动世界朝着积极的方向发展，数据治理关乎国家、社会和经济的发展，不能停留在技术治理层面，政府必须采用全面的数据治理框架，数据治理应整体推进数据整合共享与开发利用，同时还需要关注安全、隐私、道德等问题，以及数字素养与数字领导力的提升。世界银行提出数据是一种可以反复使用、创造更多价值的资源，数据治理就是建立新的社会契约的过程，这种社会契约将推动数据的使用和再利用，创造经济和社会价值，同时确保所有人享有从数据中受益的公平机会，同时增强公民的信任，使其相信自己不会受到数据滥用的伤害。

近年来，我国出台一系列政策措施，旨在将数据作为关键生产要素，基于数据治理基础制度建设，推动数据的确权、定价、流通，以及数据要素市场化配置，进而促进经济社会高质量发展。将数据视为"关键生产要素"，积极推进数据资源的公共价值与经济价值释放。同时，综观国内外发展趋势，数据治理是政府、组织、企业等主体实施数字化的基础，涉及制度、技术、市场等多层次体系。因此，可以认为数据治理是对数据全链条的技术处理、制度建设和市场培育，目的是确保数据安全、高效地利用，实现其经济和社会价值。

（二）数据治理原则

1. 联合国数据治理原则

联合国经社部以可持续发展目标为导向提出数据治理应遵循以下五项原则。第一，有效性原则，要求降低行政成本，提供更有效的公共服务。数据应满足政府机构的各种需求，基于数据支持实现跨业务部门的工作流程优化，利用数据进行有效的信息公开、公共决策、监管与绩效评估，使公共管理人员能够符合法律合规和风险管理要求。第二，责任原则，强调问责制和透明度，有效的数据治理是公众可监督数据的流动、转化过程，各利益相关方可以监督政府的数据治理举措，从而提高政策的透明度。第三，包容性原则，强调基于电子参与的数据治理，通过拓宽参与渠道，向公众提供更多的有效信息、数据，使公众参与决策过程。例如，越来越多的国家重视在线发布政府数据集，这不仅是为了挖掘开放数据的价值，也是为了打开公众参与的大门。第四，适当监管原则，呼吁政府关注数字化发展带来的新风险，以及由此引发的政策和监管方式变化。无论是发达国家还是发展中国家都面临着适应由数据驱动的创新快速变化的挑战。数据治理政策缺失或监管不力，将会导致数据隐私、安全等方面的政策失败，同时，如果监管过度，则会扼杀创新或加剧数字排斥，不利于政府转型与经济社会发展。第五，创造公共价值原则，强调数据可以促进公共部门履行职责、创造公共价值与为公共利益做出贡献的能力。所有数据，无论是地理空间数据、环境数据、天气数据、运输数据等还是政府预算数据等，都具有社会和经济价值。在以人为中心的发展思想下，政府数据开发和利用可以通过多种方式推动创新，也可以为包括弱势群体在内的不同群体提供普惠化的公共服务。

2. 我国数据治理原则

自 20 世纪 80 年代起，我国在数据治理领域不断探索，形成了具有中国特色的数据治理体系。我国数据治理始终坚持党的领导与以人民为中心的基本遵循，同时也体现了普惠、开放、共享、包容、公平等原则。

2022 年，中共中央、国务院印发《关于构建数据基础制度更好发挥数据要素作用的意见》（以下简称"数据二十条"），提出了围绕数据要素治理、数据基础制度建设的五项原则。第一，遵循发展规律，创新制度安排。数据基础制度的建设必须在认识和把握数据发展的基本规律的前提下，以实践探索促进适应数据要素和数字化时代发展的生产关系变革，从而建立有效的市场机制与体系。第二，坚持共享共用，释放价值红利。让数据共享红利惠及最广大的人民群众是数据要素治理的根本目的，数据要素市场应满足不同类型企业的不同需求，不断激发企业创新能力与行业发展新动力，为数字经济发展提供公平、普惠的基础环境。第三，强化优质供给，促进合规流通。数字化背景下的经济社会高质量发展，需要不断优化数据要素供给侧改革，在依法合规的流通交易模式下，确保数据价值有序、健康、可持续地释放。第四，完善治理体系，保障安全发展。全面、系统、科学的数据治理体系构建是统筹数据要素市场构建的最重要保障，坚持发展与安全并重，有效预测、应对数据安全风险，有效监管数据流通交易，发挥企业、行业与政府多方力量，共创良好的发展格局。第五，深化开放合作，实现互利共赢。基于双边多边协商和合作，推进数据跨境模式创新，积极参与国际规则制定，探索建立适应国际环境与世界经济发展的规则体系。

公共数据作为数据治理中的重要内容，是当前我国数据要素化过程中的重点任务。公共数据治理同样应遵循一定的具体原则。一是发展优先原则，目前正处于探索释放数据要素价值的关键时期，要通过发展解决问题，在发展中解决问题，也要设置相应的容错机制，推动释放公共数据价值。二是最小范围原则，包括数据范围最小化、知悉范围最小化、权限范围最小化三个层面，探索建立合法合规、安全可靠的公共数据应用规则。三是不可回溯原则，审慎对待原始数据的流转交易行为，结合多样的技术手段和数据处理方法，实现公共数据中敏感、隐私信息的不可回溯，保障流通应用中的数据安全、个人隐私和企业利益。四是区分场景原则，不能对公共数据的隐私和安全保护要求一概而论，而应是在统一的原则要求下，结合不同类型场景，确定具体的治理机制、治理要求和治理模式。

（三）数据治理体系构成

构建高效、完善的数据治理体系是所有政府应当关切的重要问题。关于数据治理体系应包含哪些内容，从不同学科、不同视角出发有多种构成方式。

1. 联合国数据治理框架体系

联合国经社部基于对全球各国数据治理机构及其能力的研究，重点关注发展中国家数据治理、数据管理和协调的新兴趋势与最佳实践，提出了结构化的数据治理框架体系，包括政策、机构、相关方与流程等4个维度和数据标准与分类、数据共享开放与互操作、数据安全、数据隐私、国家数据基础设施等6个要素。

2. 国内有关数据治理体系构成的研究

何俊等从组织架构维度出发，认为数据治理包括组织体系、标准体系、流程体系、技术体系和评价体系五个方面的工作。[1] 张绍华等从治理流程维度出发，基于企业数据治理需求，将数据治理分为原则、范围、实施与评估。[2] 梅宏从组织层次维度出发，提出数据治理体系的"434框架模型"，包括资产地位确立、管理体制机制、共享与开放、安全与隐私保护四个方面，国家、行业、组织三个层级，制度法规、标准规范、应用实践和支撑技术四种手段。[3]

3. 围绕制度—技术—市场的数据治理体系

数据治理涉及制度、技术、市场等多层次体系，因此数据治理体系包括制度、技术、市场三个层次。其中，制度体系包括组织架构、管理制度、法律法规等；技术体系包括数据确权技术、安全流通技术、隐私保护技术等；市场体系包括市场主体、交易对象、交易规则、定价机制等。制度—技术—市场三维度的数据治理体系，充分考虑了数据作为生产要素的重要性，为推动有效市场和有为政府更好结合提供了基础思路，有利于充分发挥政府与市场的协同作用。基于对未来数据要素市场发展的前瞻性考量，完善数据安全制度、数据交易配套制度，通过技术发展与创新解决"卡脖子"、隐私泄露、权责不清等问题，结合市场培育优化数据运营模式，构建起适应数据要素化发展的数据治理体系。

---

[1] 何俊、刘燕、邓飞：《数据要素概论及案例分析》，科学出版社，2022，第29页。

[2] 张绍华、潘蓉、宗宇伟：《大数据治理与服务》，上海科学技术出版社，2016，第41页。

[3] 梅宏：《数据治理之论》，中国人民大学出版社，2020，第131页。

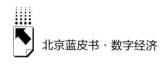

二 我国数据治理的基础制度建设现状与思路分析

在我国数字化转型与发展过程中，始终重视有关数据治理制度的探索，并围绕作为数字时代战略性资源的数据要素出台了诸多政策文件，早期有关大数据发展与政务信息资源整合共享、开发利用等方面的政策为数据治理制度体系建设打下了良好的基础，近年来有关数据要素市场化配置、数字经济发展规划的政策为深化数据要素治理与释放数据要素价值创造了前提条件。为促进数据要素价值实现，推进数字经济高质量发展，中共中央、国务院印发《关于构建数据基础制度更好发挥数据要素作用的意见》，对我国数据基础制度建设提出要求，全面指导数据要素市场建设。基于相关政策举措与实践研究，可从以下几个方面对我国数据治理基础制度建设展开分析。

（一）政策法规逐渐完善

1.法律规范体系加快构建

我国数据治理始终坚持安全与发展并重，《民法典》《网络安全法》《数据安全法》《个人信息保护法》等法律的颁布，《保守国家秘密法》《电子签名法》《档案法》等法律作出的相关突破与修订，以及诸多行政法规的出台，进一步填补了相关立法空白，有关数据治理的法律规范体系逐渐完善。

2.国家政策环境持续优化

党和国家高度重视数字化发展与数据治理，为实现网络强国、数字中国建设目标，近年来密集出台了一系列总体宏观规划、专门性指导政策、管理规范和配套措施等，推动国家数据治理顶层设计的完善与逐步落实。2022年，中共中央、国务院印发的《关于构建数据基础制度更好发挥数据要素作用的意见》为我国今后一段时期内数据要素发展指明了方向，《关于加快建设全国统一大市场的意见》提出了加快培育数据要素市场等要求。

3.地方政府积极探索创新

地方政府深刻贯彻落实中央战略规划与政策规范，结合地方具体情况采取有效措施，积极探索数据治理创新实践，纷纷出台相关政策与规划，推进地方数据治理更好地发展。上海、广东、福建、山东等省市已经正式颁布相关数据条例，旨在最大限度地促进公共数据流通和开发利用，建立健全公共数据共享安全保障体系等。

（二）管理体制机制逐步明确

1.组建国家数据管理职能机构

新一轮国务院机构改革方案提出，组建国家数据局，将中央网信办的数据中国建设等相关职能与国家发展和改革委员会的数字经济发展等相关职能划入国家数据局，标志着国家在数据管理体制机制建设上向前迈进了一大步。同时也使得"数据二十条"的落地见效有了组织保障，数据资源开发与利用进一步加速，数字中国建设和数字经济发展驶入快车道。

2.国家统筹协调机制运行良好

我国在发展电子政务、建设数字政府的过程中，建立了国家层面的相关职能部门间的统筹协调机制与制度，形成了国家数据治理统筹协调机制。中央网信办作为统筹协调国家网络安全与信息化建设的职能部门，牵头建立国家电子政务统筹协调机制，制定国家电子政务总体方案，充分调动、发挥各职能部门的积极性，协调各方关系，促进形成数据治理发展的长效机制。

3.国家层面各部门明确数据治理机构

国务院办公厅统筹全国一体化政务大数据体系的建设和管理，整合形成国家政务大数据平台，完善政务大数据管理机制、标准规范、安全保障体系。国务院有关部门明确本部门政务数据主管机构，统筹管理本部门本行业政务数据，推动垂直管理业务系统与国家政务大数据平台互联互通。中央部门普遍设置大数据中心或信息中心，负责本部门职能范围内的数据治理与部门数字化建设和保障工作。

4.地方层面纷纷成立数据治理机构

成立专门的数据治理机构，推进政务数据治理和大数据应用，已成为当前中国各地政府的普遍做法。目前，全国31个省（自治区、直辖市）均已

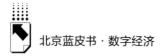

结合政务数据管理和发展要求明确政务数据主管部门。① 一些地方在实践过程中不断探索完善、优化调整原有政务服务和数据治理机构的职能设置，持续开展创新实践。

（三）相关主体能力建设不断强化

1. 组织领导力持续提升

委员会制和领导小组制是我国数据治理领导制度的主要形式。第十九届中央政治局就实施国家大数据战略加快建设数字中国、实施网络强国、新技术应用、数字经济发展等主题展开多次集体学习，持续提升数字领导力。

2. 首席数据官制度得以探索实践

当前，相关职能部门计划将在全国范围内选取部分省级政府开展首席数据官试点，进而推动全国各级政府建立首席数据官制度。广东省政府，江苏省、浙江省、辽宁省的部分市级政府，以及部分企业陆续实行首席数据官制度，旨在加速构建数据治理体系，提高数据战略意识，推动数据产业发展。

3. 干部与公务员队伍数字治理能力培训受到重视

《提升全民数字素养与技能行动纲要》提出，要提升领导干部和公务员数字治理能力。在既有干部培训体系、能力提升机制、MPA 培养体系的基础上，有针对性地开展数字化能力培养与提升工作，培育各级领导干部与公务员"用数据说话、用数据决策、用数据管理、用数据创新"的能力。

4. 专家、智库为促进国家与地方数据治理提供智力支撑

国家与地方相关专家委员会、智库通过政策咨询、课题研究、绩效评价等参与数据治理，推动中国数据治理与管理工作专业化、科学化、民主化和规范化，推进国家数据治理健康协调可持续发展，促进国家治理体系和治理能力现代化。

---

① 《国务院办公厅关于印发全国一体化政务大数据体系建设指南的通知》（国办函〔2022〕102号），http：//www.gov.cn/zhengce/content/2022－10/28/content_ 5722322.htm，2022 年 10 月 28 日。

5.公众数字素养与技能培育体系加快构建

我国着力构建覆盖全民、城乡融合、公平一致、可持续、有韧性的数字素养与技能发展培育体系。2022 年，全民数字素养与技能提升平台（http：//www.chinadata.cn）启动上线，以期促进弥合数字鸿沟、提升数字化参与度、推动数据治理均衡普惠发展。

（四）数据共享应用向纵深发展

1.数据共享开放成效显著

近年来，我国各地各部门高度重视公共数据资源的共享交换与开放应用，着力提升公共数据治理水平，在政策制定、平台系统建设、数据共享开放、数据开发应用等方面开展了大量实践并取得了积极进展。据不完全统计，2011 年至今，我国省级地方政府出台的公共数据治理相关政策达 146 项，年投入资金超过 28 亿元，[①] 地市级及以上政府上线的公共数据开放平台达 208 个。[②] 截至 2022 年 6 月，国家数据共享交换平台上线目录累计超过 68 万条，发布共享接口超过 1000 个，平台开通以来累计提供查询/核验超过 78 亿次，数据共享成效显著。[③]

2.数据应用模式不断创新

除了通过网站、平台直接提供政务数据的传统开放模式外，近年来一些地方在数据开放模式上进行调整和探索，不断创新公共数据开放模式。在保障安全、保护隐私的前提下，探索通过定向开放、专区开放等方式，扩大能够开放的政务数据范围，向社会提供更多的政务数据资源，实现政务数据和社会数据的融合联动，更好地发挥数据的作用和价值。

3.数据要素市场化初探

各地方政府积极探索建立公共数据治理规则，在公共数据共享开放与开

---

① 清华大学公共管理学院、中国电子信息行业联合会：《中国政务数据治理发展报告（2021年）》，2020 年 12 月。
② 复旦大学数字与移动治理实验室：《中国地方政府数据开放报告——省域指数（2022 年度）》，2022 年 1 月。
③ 数据来源于国家数据共享交换平台。

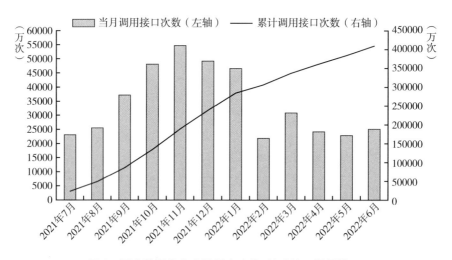

图1 国家数据共享交换平台查询/核验接口调用情况

发利用的基础上，探索培育数据要素市场，促进数据流通交易及其进一步应用。例如，广东、浙江、上海等地方探索适应数据要素新特点、新需求的治理方式，健全数据要素生产、流通、应用、收益分配机制；北京国际大数据交易所、上海数据交易所等陆续揭牌成立，加快探索数据交易模式；各地政府创新推行适宜本地发展的数据授权运营模式。

（五）构建数据作为新型生产要素的制度体系

1. 当前数据治理仍面临问题与挑战

数字时代的到来从根本上改变了经济社会运行的内在逻辑和发展规律，同时数字化深入发展趋势与数据要素发展需求也向社会治理发起了新一轮挑战。信息技术的迅猛发展与融合应用为社会发展带来了诸多变化，同时也引发了大量新的社会问题与管理问题，然而传统的政策法规体系、管理制度等很难完全适用于数字化社会发展形势。数据作为一种新型关键生产要素，其在发展过程中所涉及的基础性制度问题并不能通过现有的治理体系得到解决，而其为经济社会运转注入的强劲动力又迫使我们不得不面对种种因之而来的难题。

2. 数据要素价值释放与基础制度建设具有重要意义

在政府职能实现过程中，数据与有形资产、人力资源同样重要，如果没有数据，政府便难以有效运作。数字化发展的全面深入使得海量数据泛在化，数据的融合、重组、复用带来的规模效应和零边际成本，极大地推动了产业转型、蝶变和新产品、新业态、新模式的不断涌现。数据不可直接进行规模化开发，不能够直接在市场中流通，更难以产生预期的经济效益，而数据要素是能够参与社会生产经营活动进而产生经济效益的数据资源。海量的数据资源需要经过要素化、市场化的过程才能变为数据要素从而进行规模化开发并入场交易。基于此，推动数据要素化治理已成为必然选择，对数据进行归集、整合、开发、利用，以及确权、定价、交易和流通成为发展数字经济的重要内容，同时也是数字化时代技术、制度与市场三者协调发展的关键节点。

3. "数据二十条"提出的制度建设要求与发展方向

"数据二十条"以数据产权、流通交易、收益分配、安全治理为重点，提出了构建数据基础制度、充分发挥数据要素价值的要求与方向。第一，建立保障权益、合规使用的数据产权制度，解决数据要素进入市场流通的底层问题，在完善数据权利与利益保护制度的前提下，推进数据要素的市场化配置，坚持分类分级的安全与确权授权制度，建立数据产权体系。第二，建立合规高效、场内外结合的数据要素流通和交易制度。通过监管规则与制度提高数据流通交易的合规性，完善数据交易场所体系，推动区域性、行业性数据流通，培育一批数据商和第三方专业服务机构，打造高效的交易服务生态，同时也要建立安全合规有序的跨境流通机制。第三，建立体现效率、促进公平的数据要素收益分配制度。充分发挥市场在资源配置中的决定性作用，健全数据要素由市场评价贡献、按贡献决定报酬机制，更好发挥政府在数据要素收益分配中的引导调节作用。第四，建立安全可控、弹性包容的数据要素治理制度。在政府、企业、社会等多方主体协同共治的格局下，不断创新政府治理模式，增强企业社会责任与自律意识，积极发挥社会力量作用，持续优化治理格局。

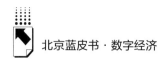

三 国外数据治理模式与政策比较

（一）国外数据发展战略

2019 年，美国白宫行政管理和预算办公室发布《联邦数据战略与 2020 年行动计划》。以 2020 年为起始，联邦数据战略描述了美国联邦政府未来十年的数据愿景，并初步确定了各政府机构在 2020 年需要采取的关键行动。《联邦数据战略与 2020 年行动计划》对数据的关注由技术转向资产，"将数据作为战略资源开发"成为此战略的核心目标。2020 年，《国防部数据战略》强调了数据的战略性意义，将数据治理作为美国国防部的必要、重要使命。

2020 年，《欧洲数据战略》提出欧盟未来 5 年实现数字经济所需的政策措施和投资策略，确保欧盟成为数据驱动型社会的榜样和领导者，以及在数据开发利用、存储、开放、保护和安全方面的全球领先地位，使私营部门和公共部门能利用数据更好地进行决策，创造单一化的欧盟数字市场。同年，《塑造欧洲数字未来》提出欧盟数字化变革的理念、战略和行动，希望建立以数字技术为动力的欧洲社会，使欧洲成为数字化转型的全球领导者。欧盟随后出台《数据治理法案》《数字服务法案》《数字市场方案》等，进一步加强数据流通与利用，规范数据行业发展，促进市场公平竞争。

2020 年，《英国国家数据战略》由数字、文化、媒体和体育部发布，作为 2017 年《数字化战略》的补充，成为英国政府采取数据行动的框架，着眼于如何利用现有优势，促进政府、社会和个人更好地利用数据，以推动数字行业乃至整个经济的发展，改善社会和公共服务，并使英国成为下一波数据驱动创新浪潮的引领者。

（二）国外公共数据开发利用机制比较

美国在数据治理方面起步较早，尤其是在数据开放、公共数据开放利用等相关领域均走在世界前列。美国非常注重公共数据的公开共享，公众非常支持公共数据资源的商业化开发和利用。美国公共数据资源的再利用，特别是商业性再利用，已经取得了较大的进展，在很大程度上降低了其行政成本，促进了社会数据资源的丰富和数据市场的繁荣。

欧盟直到 20 世纪 80 年代才开始重视公共部门的数据资源开发利用，在数据治理、公共数据资源利用等领域的发展模式、思路与美国不同。欧盟制定了公共部门数据再利用政策，引导欧盟成员国建立相应的政策机制。欧盟允许民众获取政府数据，但也允许政府机构拥有相关数据的版权。因此，如果无政府授权，任何社会机构都不得利用政府数据进行商业性开发。但是从欧盟各成员国来看，许多欧洲国家允许政府部门通过提供有偿数据服务来盈利，以弥补政府经费的不足。

英国数据治理与公共数据资源开发利用模式既不像美国那样完全市场化，也不像欧盟那样保守。英国力推政府开放数据，开放政府许可证（OGL）得到了广泛的应用，公共部门数据许可模式越来越简洁、透明和便利，对于公共部门数据的使用和再利用的限制越来越少。

（三）国外数据流通交易模式探索

国外在数据交易上更倾向于鼓励多元数据流通模式发展，如通过数据代理（Data Broker）、数据信托（Data Trust）等方式来推动数据流通机制的发展，并在此基础上逐步形成数据交易市场。美国耶鲁大学教授杰克·巴金在隐私数据保护领域首次提出采用信托工具来解释数据主体与数据控制者之间的关系的主张。数据控制者通过承担信托义务管理数据，或由第三方数据信托机构管理数据的模式，能够降低管理和共享数据的成本与技术阻碍。数据信托旨在于数据共享利用中保护数据共享人的利益乃至社会公共利益，保护数据主体权利、使数据交易符合伦理要求、确保数据的安全性与可靠性。欧盟委员会在《欧洲数据战略》中概述了欧盟未来五年发展数据经济所需的政策措施和投资策略，最终创建一个欧洲数据公共空间，即一个真正的数据单一市场。2022 年，《关于欧洲公共数据空间的欧盟委员会工作人员文件》

专门对欧洲公共数据空间的运行现状做了分领域的详细介绍。《欧洲共同数据空间：进展与挑战》重点评估了欧洲公共数据空间中数个核心项目架构的运行，并着重分析了欧盟开放数据门户在数据空间中的作用和潜在效用。

四 完善我国数据治理基础制度的建议

（一）构建中国式现代化的数据治理体系

1. 谋划数据治理顶层发展战略

数据治理侧重于从政府组织模式、治理体系变革、资源配置机制等全新视角推进政府治理模式创新发展。当前亟须进一步完善数据治理顶层设计，并制定总体规划与细化实施方案，明确国家数据治理的目标和重点，按照全国"一盘棋"的思路予以谋划，加快制定国家数据治理规划，描绘数字化发展的宏伟蓝图。

2. 坚持集中统一的整体布局

我国数据治理及其基础制度建设应始终坚持党的统一领导，全面落实、统筹推进"五位一体"总体布局，面向网络强国、数字中国建设目标，充分发挥数据要素对于经济社会发展的引领作用。充分发挥党总揽全局、协调各方的领导核心作用，以集中统一的整体布局充分发挥中国特色社会主义制度优势，坚持全局性谋划、一体化布局、整体性推进，更好地发挥各方的积极性，促进数据有序流通和开发利用，整体推进数据要素共建共享共治。

3. 突出以人民为中心的治理导向

坚持以人民为中心的发展思想，主动适应社会主要矛盾的变化，把增进人民福祉作为推动数据治理与数据要素市场建立的出发点、落脚点。建立惠民为民的治理体系，增进人民福祉，从企业和群众需求出发，从政府管理和服务场景入手，推动经济社会高质量发展，不断提升经济社会的数字包容性与普惠性，让人民群众在数据治理中有更多的获得感、幸福感、安全感。

4. 优化多元参与、共享共治的发展格局

除政务数据外，企业与社会组织等也掌握了大量的具有较高公共价值的数据资源。营造开放的政务数据治理环境，有助于促进民众和组织参与公共政策和事务，能够增强政府事务透明度，增进社会对政府的信任，是提升国家数据治理水平的必要环节。在数字化条件下，数据治理的建设、管理、运维需要多元治理主体的共同参与。

（二）勾勒数据基础制度建设轮廓

1. 适度分离数据的持有权与使用权

类比四大传统生产要素的治理，引入"弱所有权"概念，适度分离数据的所有权与使用权不失为一种可行的制度尝试。以土地要素为例，我国的土地制度要求，城市市区土地全部属于国家所有，农村和城市郊区的土地，除法律规定属于国家所有的以外，属于农民集体所有。然而，公有制所有形式并没有限制土地流转及价值创造，因为我国创造性地对土地的所有权和使用权进行了分离，并逐步建立起相应的土地流转制度，同时由自然资源部、农业农村部、住建部等职能部门协同治理，最终实现了土地要素的市场化配置。类似地，劳动力要素、资本要素和技术要素的高效配置也都离不开从确权到权利分割再到制度和组织机构的建立，从而建立要素治理体系的探索过程。若要充分发挥数据要素的潜力，在数据权属划分、流通配置、制度规则等方面必须从价值理念、基本制度、组织机构、治理主体、运行机制等方面逐步勾勒整体性的数据要素治理体系的轮廓。

2. 坚持"数据发展主义"策略

数据治理及数据基础制度建设，既要强调数据保护，同时也要强调数据发展，我国的数据治理与数据发展策略是在二者之间找到一个平衡点，兼顾发展和安全。当下及未来，依然要坚持数据发展主义策略。这也是在数据治理过程中，对于数据跨境等问题的基本理念和策略。对我国数据发展而言，发展是第一要义，在发展的同时要避免可能产生的各种风险。尤其是在数据资源开发利用上，我国在发展与安全保护两方面都面临着诸多紧迫性工作，

国家数据局的成立和"数据二十条"的出台,能够促进数据资源的开发和利用,从而更好地让数据赋能数字经济高质量发展,推动数字中国建设总体规划的实施。同时,在《个人信息保护法》《数据安全法》等数据保护相关法律制度下,要持续加强对数据开发使用过程中可能产生的风险进行强力的监管,保障数据治理与数据发展的安全底线。

(三)提升数据治理基础制度建设能力

1. 细化、落实国家数据基础制度设计

党和国家深刻把握数字化革命的历史机遇,科学部署网络强国、数字中国建设,为我国数据治理基础制度建设指明了方向、提出了要求,下一步应逐步落实国家数据基础制度的顶层设计,建立促进数据要素作用发挥的配套政策体系,着力构建完善的政策指导和制度支撑体系,针对数据治理建设中的基础性、机制性障碍,出台相应的指导意见、标准规范,调整与当前数据治理不相适应的制度安排。

2. 建立统筹有力、统分适度的全局性协调机制

国家层面应建立全局性数据治理统筹协调机制,各地各部门应充分发挥本级数据治理统筹协调机制的作用,协调解决好数据治理过程中涉及全局性、根本性的问题。保障国家数据治理政策的有效性、协调性,充分调动中央与地方数据治理的积极性,高效配置全国数据资源,为数据的横向与纵向流通提供制度保障。

3. 鼓励制度创新,推进示范应用

各地数据治理正在如火如荼地开展中,围绕相关基础制度建设既有先行先试经验,也暴露出不少问题。以需求为导向、以应用促发展,研究归纳近几年地方发展经验,在数据要素化改革不充分的地区和领域予以推广,进一步创新数据要素市场发展模式。同时,为进一步完善数据治理制度,加大先行先试力度,创新试点示范内容,分地区、分领域、分批次开展试点,加强建设方向引导,制定考核评估制度,将建设成效好的地方作为典型案例,辐射带动区域与行业发展。

（四）构建公共数据授权运营体制机制

1.完善治理结构，促进公共数据资源开发利用

兼顾公共数据的开发利用和安全保护，必须构建以政府数据管理机构为核心，多方主体共同参与、各司其职的综合治理结构。其中，数据管理机构代表政府对公共数据进行管理，对参与数据治理的企业和个人实施监管，推动落实网络安全、数据安全、个人信息保护等相关要求；公共部门作为数据的提供者和使用者，应遵守数据治理的各项规则和要求，保证数据质量、提出数据需求；数据运营商、研究支撑机构、数据交易机构等是公共数据运营过程中的重要主体，会接触到大量的数据，为此政府应在运营中拥有主导权。

2.明确授权规则，保障运营活动的有序开展

通过引入数据运营主体，在确保安全可控的前提下尽可能地调动市场主体的参与积极性。从授权对象上看，公共数据属于公共资源范畴，政府应优先将公共数据作为出资交由国有企业运营，在保障安全的前提下充分释放数据价值。从授权范围上看，按照行业、区域、场景等维度予以明确的数据授权，限定数据运营主体的被授权范围，是兼顾发展与安全的必然选择。从定价方式上看，应结合公共数据的用途进行选择。

3.拓展运营手段，支撑数据价值的充分释放

一方面，在公共数据运营中积极引入区块链、联邦学习、多方安全计算等新型技术手段，界定数据权责，减少数据跑路，为公共数据的安全、高效流转提供支撑。另一方面，创新运营中的数据流通模式，实现原始数据与数据应用"解耦"，破解安全与流通对立难题，支撑数据价值的释放。

4.完善相关制度体系，破解公共数据要素化难题

坚持系统观念是数据要素治理的重要原则，也是建立有关公共数据授权运营制度体系的重要前提条件。在全国一体化政务大数据体系建设的背景下，通过相关制度规则的完善，消除政务数据整合汇聚、共享交换、跨机构流程优化等方面存在的障碍，面向数据要素市场发展需求，通过制度规则安

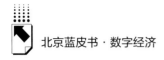
排重点解决公共数据向第三方授权、运营主体选择、公共数据向市场流通、运营监管等方面面临的难题，统筹数据技术标准、管理规范与运营监督，强化公共部门数据要素治理能力。

五　小结

我国数据治理体系不断完善、成效显著，在国家与地方丰富的实践经验下，通过将数据作为关键生产要素，着力加快数据基础制度建设，推动数据的确权、定价、流通，以及数据要素的市场化配置，进而促进经济社会高质量发展。下一步应将数据要素化与数据要素价值实现目标置于数据治理过程中，基于数据治理现实需求和实践积累，以公共数据治理为抓手，推动数据基础制度的建设与完善，探索破解数据确权、配置和流通难题的中国方案，构建兼顾工具维度与价值维度的数据治理体系，是激活数据要素潜能、做强做优做大数字经济、增强经济发展新动能、构筑国家竞争新优势的必然选择。

参考文献

何俊、刘燕、邓飞：《数据要素概论及案例分析》，科学出版社，2022。

张绍华、潘蓉、宗宇伟：《大数据治理与服务》，上海科学技术出版社，2016。

梅宏：《数据治理之论》，中国人民大学出版社，2020。

《国务院办公厅关于印发全国一体化政务大数据体系建设指南的通知》（国办函〔2022〕102号），http://www.gov.cn/zhengce/content/2022-10/28/content_5722322.htm，2022年10月28日。

清华大学公共管理学院、中国电子信息行业联合会：《中国政务数据治理发展报告（2021年）》，2020年12月。

复旦大学数字与移动治理实验室：《中国地方政府数据开放报告——省域指数（2022年度）》，2022年1月。

B.4
数实融合助力产业高质量
发展的方法与路径

朱岩 罗培*

摘 要： 数实融合是产业重构与创新的过程，是推动产业高质量发展的重要引擎。数实融合是基于数字技术和数据要素对实体经济的基础规则进行变革，创造实体经济的数字运营新生态，通过培育大量新产业、新业态和新模式，为人类创造新文明、新秩序和新财富。数实融合是数字生产力与数字生产关系匹配发展的产物。构建数字经济系统需要数字基础设施、数字供给、数字需求、数字治理四个基本要素。数实融合将推动产业革命性重构，助推企业从生产要素到发展空间再到价值资产发生变革。面向未来，需要基于创新理论探索，走出一条数实深度融合的新路径。

关键词： 数实融合 数字经济 数字技术 数据要素 高质量发展

党的二十大报告指出，高质量发展是全面建设社会主义现代化国家的首要任务，要坚持把发展经济的着力点放在实体经济上，推进新型工业化，加快建设制造强国、质量强国、航天强国、交通强国、网络强国、数字中国，要加快发展数字经济，促进数字经济和实体经济深度融合，打造具有国际竞

* 朱岩，工学博士，清华大学经济管理学院教授，清华大学互联网产业研究院院长，主要研究方向为数字经济、产业区块链、产业数字金融；罗培，工学学士，清华大学互联网产业研究院研究主管，主要研究方向为数字经济、区域经济、新基建。

争力的数字产业集群。[①] 习近平总书记指出，"数字经济是全球未来的发展方向"，"不论经济发展到什么时候，实体经济都是我国经济发展、在国际经济竞争中赢得主动的根基"。促进数字经济和实体经济深度融合，是建设现代化产业体系的重要组成部分，是打造数字经济新优势和抢占未来发展制高点的重要支撑和战略选择，是推动高质量发展的重要引擎。

一 数实融合是产业重构与创新的过程

2022年1月16日《求是》杂志发表习近平总书记重要文章《不断做强做优做大我国数字经济》，文中提出要"促进数字技术和实体经济的深度融合"。所谓深度融合，是基于数字技术对实体经济的基础规则进行变革，创造实体经济的数字运营新生态，通过培育大量新产业、新业态和新模式，为人类创造新文明、新秩序和新财富。

党的二十大报告指出，从现在起，中国共产党的中心任务就是团结带领全国各族人民全面建成社会主义现代化强国、实现第二个百年奋斗目标，以中国式现代化全面推进中华民族伟大复兴。中国式现代化是中国共产党领导的社会主义现代化，既有各国现代化的共同特征，更有基于自己国情的中国特色。习近平总书记强调，中国式现代化打破了"现代化＝西方化"的迷思，展现了现代化的另一幅图景，拓展了发展中国家走向现代化的路径选择，为人类对更好社会制度的探索提供了中国方案。数字经济与实体经济的深度融合是实现中国式现代化的重要组成。

推动数字经济前进有两条轨道。一条轨道是技术，技术上我们必须要卧薪尝胆，突破关键"卡脖子"技术；另一条轨道是场景，我们要充分发挥中国海量数据和丰富应用场景优势，深入思考实体空间与数字空间不同的社会经济特征，建立跨越两个空间的全新市场体系。这两个轨道是相辅相成

---

① 习近平：《高举中国特色社会主义伟大旗帜　为全面建设社会主义现代化国家而团结奋斗——在中国共产党第二十次全国代表大会上的报告》，http：//www.gov.cn/xinwen/2022-10/25/content_5721685.htm，2022年10月25日。

的，我们需要强化场景优势，培育数实融合的巨大市场，用场景所带来的市场引力进一步促进技术进步、产业创新。创新数字经济应用场景也是中国现阶段产业数字化转型和重构的重要内容，我们要紧紧围绕生产方式、生活方式和治理方式的变革，实现数字经济与实体经济的深度融合，这是一种引领式的融合，是一个从"跟跑"到"并跑"甚至是"领跑"的融合。①

二 产业实现数实融合的理论基础与基本模式

（一）数实融合是数字生产力与数字生产关系匹配发展的产物

数字生产力是指在数字经济时代，人类在创造财富过程中所用到的数字化工具（硬件、软件、算法等）、数字对象（数据、链接、信用等）和数字生产者（分析师、程序员、设计师等）。如果说人类在农业经济时代的生产力构成要素是牲畜、土地、农民，在工业经济时代的生产力构成要素是机器、工厂、工人，那么相应的，在数字经济时代的数字生产力构成要素可以概括为算法、链接、分析师。②

生产力决定生产关系，生产关系对生产力具有反作用，是历史唯物主义的基本原理。新的数字生产力要求新的数字生产关系与之相适应。目前，不能匹配先进生产力的生产关系导致全球经济发展中出现了大量问题，一方面大数据时代使得社会向着透明、诚信、公平的方向，走向人类命运共同体；另一方面，立足于层级社会的单边主义、保护主义，导致大量的不公平现象，原有不够透明的生产关系形成了大量"劣币驱逐良币"的产业生态，使得传统产业的转型升级困难重重。从全社会、全产业、全供应链的角度，创造匹配"大智移云区"等数字生产力的数字化生产关系已经势在必行。创造数字化生产关系可以从传统生产关系的生产、交换、分配、消费等入

① 朱岩：《如何以产业互联网推动"数实深度融合"？》，https：//mp.weixin.qq.com/s。
② 黄奇帆、朱岩、邵平：《数字经济：内涵与路径》，中信出版社，2022。

手。用数字技术改变生产组织方式，创造新的交换模式，创新社会成员参与分配的方式、方法，释放适应数字生产力要求的大量数字消费。

一般而言，数字化生产关系应该具备透明、可信、身份对等等特性。一是数据透明。数据是数字经济的核心生产要素，数据只有在共享、流动中才能创造价值，数字化生产关系必须要能够促进数据的共享、流动，数据透明所带来的公平性是构建新型生产关系的基础。二是全员可信。信用是经济的基石，信任是组织的基础，全员可信体系是建立新型生产关系的重要基础。三是身份对等。不同于工业时代的层级化、职能化生产关系，数字化生产关系中的每一个成员都是对等的，一旦能够让每个个体都能对等地参与经济生活，个体的创造力将不会受传统岗位的限制，从而能够贡献更大的价值，释放"智慧人口红利"。

（二）数实融合是重塑社会经济系统的过程

发展数实融合的数字经济，是中国社会经济系统的重塑过程，构建数字经济系统需要数字基础设施、数字供给、数字需求、数字治理四个基本要素，如图1所示。①

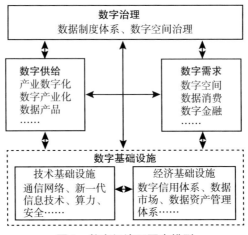

图1　数字经济四要素模型

---

① 朱岩：《2023年中国数字经济发展的十个趋势》，《上海质量》2023年第2期。

1. 数字基础设施

数字基础设施包含技术基础设施和经济基础设施两个方面。技术基础设施是新基建的重要组成部分，面向数字经济发展所需要的社会经济系统的基本架构展开建设，包含通信网络、新一代信息技术、算力、安全等。经济基础设施与技术基础设施相辅相成，更强调经济运行所需要的基础技术、制度和市场体系，是连接数字技术基础设施与生产经营活动的桥梁，是建立在新技术之上的经济运行支撑体系，包含数字信用体系、数据市场、数据资产管理体系等。

2. 数字供给

数字供给是指在数字生产力推动下，企业不断改造和创新研发、设计、生产、服务、运营模式、商业模式，在实体和数字两个空间中持续提供数字产品和服务，不断满足乃至创造新的市场需求。数字供给包含产业数字化、数字产业化、数据产品等。

3. 数字需求

数字需求是指基于技术和经济基础设施，从政府到企业再到终端消费者，产生的对各种数据、网络、应用程序、算力等的新消费需求。数字需求是拉动数字经济发展的根本，是一种更高品质的内需。数字需求包含数字空间、数字消费、数字金融等。

4. 数字治理

数字治理是指在数字技术和数据要素的支撑和驱动下，政府、企业、社会在统一的技术平台上形成的一种多方协同的治理模式。数字治理是一个政府搭台、多方唱戏的系统。数字治理最为显著的特征之一就是充分利用治理科技手段，建设基于大数据、云计算、互联网、区块链、人工智能等数字技术的治理平台。数字治理包含数据制度体系、数字空间治理等。

在政府与市场的关系上，数字经济四要素中，数字基础设施以政府行为为主、市场行为为辅；数字供给和数字需求以市场行为为主、政府行为为辅；数字治理是以政府行为为主。

（三）企业数实融合发展的基本模型

数实融合将推动产业革命性重构，助推企业从生产要素到发展空间再到价值资产发生变革。基于数据资源，传统产业的生产资料发生改变，产品内涵将突破实体空间进入数据空间，并引起企业商业模式发生革命性改变。在数据驱动下，企业运营的底层逻辑发生了重大变化，这种变化可以概括为以数据要素为新生产资料、以数字空间为新发展领域、以数据资产为新价值源泉三个方面，如图2所示。①

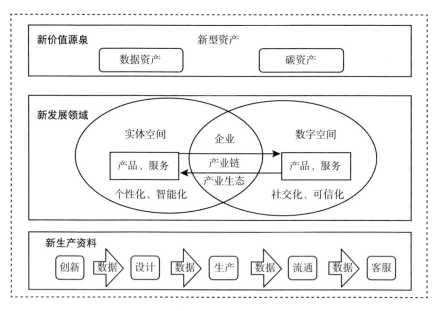

图2 企业数实融合发展模型

1.以数据要素为新生产资料

数据作为新生产资料应参与实体经济发展的生产运营全周期。第一，数据参与创新。基于市场端和生产过程的海量数据，实体经济的创新方式发生

---

① 朱岩、罗培：《企业数据治理制度建设的迫切性与路径思考》，http：//www.iii.tsinghua.edu.cn/info/1121/3235.htm。

根本性改变，开放式创新会逐渐成为实体经济创新的主要模式。第二，数据参与设计。数据成为产品和服务的重要组成部分，设计产品必须要充分考虑数据运营的需要。第三，数据参与生产。基于生产过程数据的收集和贯通，可以优化生产流程、提高生产效率和产品质量。掌握统筹实体经济生产场景中各环节的实时数据，提升生产过程中数据传输、数据分析、数据保护应用性能，实现生产环节智能化高效集成。第四，数据参与流通。流通过程因数据而发生革命性变化，线上线下相融合、顾客与企业相融合，使得市场机制发生改变，进而改变企业市场推广的方式。第五，数据参与客服。建立在大数据基础上的客户服务模式，从研发环节开始，提高客户的参与度，能够充分调动客户的参与性，并形成社区型客户服务模型。

2. 以数字空间为新发展领域

数字空间是基于新一代信息技术、下一代互联网（Web 3.0）和数据要素打造的数字化新发展空间。新冠疫情暴发，让全世界看到实体经济的脆弱面，并开始重视数字空间的开发和利用，各国纷纷布局，加快数字化转型步伐，以抢占数字经济"新蓝海"。数字空间和实体空间的紧密融合，将为实体经济数字化转型创建创新、增值、高效的新发展领域。数字空间是实体空间的映射，而在数字空间所产生的财富将反哺实体空间，为实体经济降本增效、创造新价值。首先，我国实体经济仍面临核心零部件及关键技术"卡脖子"问题，要实现突破，就需要大规模的实验场景、人才和资金支持，需要构建开放式创新生态。实验场景层面，数字空间的产生，帮助实体经济从研发、设计到生产全链条实现仿真模拟，不断试验，从时间、空间上节省实验成本。人才支持层面，数字空间突破了实体空间的种种制约，可以在虚拟世界汇聚大量高端技术人才，形成无时空、无边界的开源生态，帮助实体经济解决"卡脖子"问题。资金支持层面，新技术的突破往往需要大量的资金投入，而在数字空间实验研发产生的种种实验数据可以变成有价值的数据资产，通过资产变现反哺企业，从而形成良性循环，支持企业创新。在数字空间中，可以大力发展开放式创新，形成以产学研合作为基础的、更加广泛的全生态参与创新的模式，从而加快突破"卡脖子"技术，创造领先型模式。其次，在数字经济时代，大国之间的竞争与博弈从实体空间延伸到数字空间，发展数字空间将助力实体经济"换道领跑"，打破欧美等发达国家在实体经济领域对我国的等级压制。在实体经济高端技术领域，欧美国家占有先发优势，但我国一直以来积极发展数字经济，在数字基础设施、数字消费市场以及数字产业发展等方面处于全球先进行列。依托数字经济发展优势，我国实体经济有机会通过机制创新、技术创新、模式创新赶超国际先进水平。最后，面临低端制造业外迁和高端制造业回流的双重压力，数字空间将提升实体经济的研发、设计、制造、营销、协同等能力，推动我国整体实体经济由中低端向中高端转型升级，实现产业基础高级化、产业链现代化，提升我国实体经济在全球范围内的竞争力和影响力。

3. 以数据资产为新价值源泉

在数据要素市场化过程中，传统实体经济的商业模式正在发生根本性改变。数据资产已逐渐成为实体经济企业中重要的新型资产。当前，由于数据的确权、成本及价值的可靠计量等问题，在现行法律框架和技术条件下，数据资产尚无法直接体现在企业的财务报表中。但在数字时代，越来越多的企业意识到掌握的数据资源的规模、数据鲜活程度，以及采集、分析、处理、挖掘数据的能力决定了其核心竞争力，一些发达地区开始探索如何将数据资产纳入财务报表，并探索数据资产金融服务创新，如数据资产质押融资、数据资产保险、数据资产担保、数据资产证券化等。以徐工集团为例，为充分开发利用数据资产价值，实现企业的降本增效，徐工集团搭建了大数据应用分析平台，并构建了全产业覆盖的数据分析体系，实现多维度数据资产管理，并积极探索企业资产交易试点应用场景，开展数据资产变现增值服务，推动数据资产化应用。此外，数字化转型在助推实体经济高质量发展的同时，为实体经济能源结构改革、低碳发展提供助力。碳资产是在碳中和背景下产生的新型资产，是指在强制碳排放权交易机制或者自愿碳排放权交易机制下产生的可直接或间接影响组织温室气体排放的配额排放权、减排信用额及相关活动。[1] 实

---

[1] 吴宏杰编著《碳资产管理》，清华大学出版社，2018。

体经济一直以来是碳排放"大户",而实体经济的数字化转型将有助于产业的绿色低碳改造,从产业链各环节实现节能降耗减排。通过数字化技术赋能,改进生产工艺流程、提高设备运行效率、提升生产过程管理的精确性,从而降低碳排放,产生可交易碳排放权并形成碳资产。实现碳资产价值的核心要素包括数据、技术和交易。高质量的碳排放数据是碳资产交易的基础,MRV(检测、报告和核查)体系是碳市场平稳运行的基本要素;大力发展减排潜力大的低碳技术,开发决定碳资产估值的标准;构建碳资产交易市场,完善交易规则并制定统一标准,提升碳资产价值,激发市场活力。碳资产的管理与交易为企业提供了新型投融资渠道。特斯拉公布的 2021 年财报显示,特斯拉通过交易碳排放积分盈利 14.7 亿美元。特斯拉的盈利,让更多的企业意识到碳资产的意义与价值,根据 KATUSA Research 预计,到 2040 年,全球碳权交易市场将达到 3.9 万亿美元,成为全球第一大大宗商品市场。

三 加速数实融合、实现产业现代化的路径建议

在数实融合方面,我国有着良好的布局和开篇,现已进入新阶段。从技术化角度来说,中国的数字空间逐渐成熟。这个数字空间原来更多的是零售、社交,现在已经逐渐从消费场所向人类社会必不可少的活动场所演进。它区别于人们在现实中建设的城市,而是可以供几亿人、几十亿人聚集和共生的形态。

前些年的数实融合,是数字空间的平台企业想融入实体经济,是数字空间向实体空间的渗透,是一种流量经济。但当它往实体端深度渗透的时候,原来那套以流量为核心的经营模式就不再适用。因此,必须转换模式,也就是实体空间向数字空间扩展。也可以这么理解——前些年的数实融合是数字空间向实体空间扩展,现在的数实深度融合是实体空间向数字空间扩展。

面向未来,需要基于前文的创新理论探索,走出一条数实深度融合的新路径。

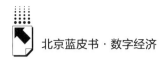

（一）加速建设新技术基础设施

一是以"5G+产业物联网"为重点，加快数字技术基础设施建设。坚持政府引导、市场主导，在政府合理引导下，产业链龙头企业带领产业生态内相关企业探索建立物联网技术标准体系，打通产业链上下游的数据通道，促进数据要素在产业生态的顺畅流通，重塑产业价值创造模型。建议中央和各地政府加大政策支持力度，率先在物流、港口、化工、纺织等领域开展物联网示范工程，以产业级5G基站为依托，通过建设面向全产业链和产业生态的物联网体系，加快推进产业数字化发展。二是以资产数据化推动产业集群的云计算基础设施建设，以政务数据开放共享推动区块链基础设施建设，以智慧交通推动人工智能基础设施建设。

（二）加快建设数字经济基础设施

在数字技术基础设施达到一定规模后，数字经济基础设施的建设也必须跟上。覆盖全社会的数字信用体系是数字经济基础设施的核心。当某区域具备一定的区块链基础设施条件时，就可以着手试点建设数字信用体系，通过数字信用体系为中小微企业、农村居民、城镇居民提供全方位的信用服务。在数字经济发达地区，可以针对特定产业生态，建立"主体信用+交易信用"的多元化数字信用体系，在制造业产业集群、平台经济、农业生产和流通等领域，探索数字信用的转化机制，为各产业数据要素的开发提供底层平台支撑，探索解决中小微企业融资难、融资贵等问题。

（三）推进数据交易市场建设

发展数字经济要激活数据要素，就必须建立规范、公平、完善、可信的数据市场。近年来，各地积极探索"数据交易所"模式，取得了一些成效，但数据市场建设仍然任重道远。各地各行业各领域应积极探索除"数据交易所"外的其他模式，更紧密地与数据流通场景相融合，在统一监管下创新一系列数据应用场景。其中，政务数据场景令人期待，随着数字中国和数据要素市场建设的推进，政府的海量数据资源将会以各种形式进入市场。数据经济发达地区可加快推出"公共数据目录""数据共享机制"等政策，率先建立政务数据场景的基本架构。

（四）推进数据资产管理体系建设

数字经济发展需要完善的数据资产管理体系作为支撑。数据价值已逐渐被认可，数据资产将逐渐成为政府、企业、个人的重要资产。政府、企业、个人可以是数据资产的所有者，也可以是数据资产的交易者。必须建立一个"体现效率、促进公平"的数据资产管理体系。建议国家加快推动数据资产立法，加快推进数据资产入表。支持市场主体探索数据资产定价机制，推动形成数据资产目录，激发企业在数字经济领域扩大投资；推进建立数据资产登记和评估机制，支持开展数据入股、数据信贷、数据信托和数据资产证券化等数字经济业态创新；培育数据交易撮合、评估评价、托管运营、合规审计、争议仲裁、法律服务等数据服务市场。有条件的企业可与产业链协同制定自己的数据资产管理制度，企业的数据制度将如同财务制度一样，成为未来数字化企业运营的基本制度。

（五）释放数字需求

社会总体需求走向数字化是各行业数字化转型的动力。按照中央的部署，继续实行扩大内需战略，从总体上提升需求质量，拓展需求空间，进而促进经济高质量发展。数字需求是一种高品质的内需。释放这些新需求，能有效推进数字经济高速度、高品质、高可靠发展。从终端消费者来看，疫情期间，数字消费展现出巨大的增长空间，数字医疗健康、数字文旅、数字教育、互动娱乐等领域值得期待。在企业数字消费市场，随着产业集群数字化程度的提升，集群内将产生大量的数据资产流通需求，并由此催生大量数据服务的新业态和新模式。对政府而言，政府的公共数字消费也会快速增长，政府的数字消费反过来可以极大地促进企业端的数字消费快速增长，形成良性循环。

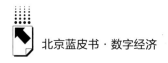
（六）加快拓展数字空间

工业时代经济发展的核心载体是实体空间，互联网时代的到来让人们意识到数字空间的客观存在，消费互联网时代平台经济的快速发展，让人们对以流量为核心的个人数字空间的市场规律有了初步的认识。随着数字经济与实体经济的深度融合，数字空间逐渐拓展至传统产业和政府部门，企业级和政府级的数字空间将成为数字经济发展的新市场。这个新市场遵循着不同于消费互联网时代的规律，需要以信用为核心来规范数字空间的市场供需，从而进一步推动数字经济发展。如数字 CBD，即尝试在数字空间中建立新的商业运营和治理模式。在企业层面，传统产业的数字化转型就是向数字空间拓展的过程，可在航空、铁路、物流等领域探索如何在数字空间中实现产业链上下游企业的协同，提升数字产业集群的整体竞争力。

（七）扩大数字供给

在数字生产力推动下，新型数字供给将为经济社会发展提供新的动力。产业数字化是数字供给的主战场。产业数字化转型的关键在于如何面向产业集群激活数据要素，最好的办法就是要让传统企业能从中获取更大的收益。激活数据要素的突破口在于建设产业数字金融体系，企业通过资产数据化和数据资产化，可以建立基于数据和算法的多样化资产管理模式，并与传统金融市场融合，为企业带来新的经济效益。产业互联网是产业数字化的重要路径，也是承载数字金融的重要载体。建议聚焦农业、制造、物流等领域，瞄准全国统一大市场，在政府的支持和龙头企业的带领下，打造大量产业互联网的新经济平台，形成"数字生产服务+数字商业模式+数字金融服务"的产业新模式。

（八）加快推进数字产业化

数字产业化是数字技术不断发展以及与实体经济深度融合过程中的产业化，大体上可以分为数字经济核心产业化、政府引导的数字基础设施产业化、传统企业的数字产业化、创新平台企业的数字产业化、新个体经济的数字产业化等。数字经济核心产业化重点是关键技术、关键设备、关键工艺等方面的创新突破和成果转化，进而形成产业集群。传统企业的数字产业化任务往往集中于数字科技部门，这些部门将会逐渐找到建设和运营产业云、产业数据资产、产业互联网等的新路径，并显现出强大的价值创造能力。创新平台企业的数字产业化重点体现在数字生产性服务业的快速发展，如同2C领域的大型平台经济企业一样，在2B领域也将涌现大量新型的产业数字服务平台企业。从个体层面来看，数字产业化空间极其巨大，面向数字艺术、新电商、社交等数字空间服务市场，将会出现大量的数字自由职业者。

（九）探索面向"实体+数字"空间的新治理模式

随着数字空间在数字经济中的地位和价值逐渐明晰，如何打造跨数字空间和实体空间的治理新模式也将成为热点。要充分利用治理科技手段，建设基于云计算、大数据、区块链、人工智能等数字技术的新型治理平台，构建一个政府搭台、多方唱戏的系统，在统一的技术平台上，形成政府、企业、社会多方协同的治理模式，实现有效市场和有为政府的良好协同。要建立一个先进的技术底座，如区块链基础设施等，同时也需要制定相应的法规标准、激励措施。充分发挥政府有序引导和规范发展的作用，明确监管红线，守住安全底线，营造安全可信、包容创新、公平开放、监管有效的数字经济运营环境。

四　结语

数字经济与实体经济的深度融合已经成为党的二十大后中国经济高质量发展的主旋律。疫情期间，我国在全力保护人民健康和生命安全的同时，也逐步完成了对大力发展数字经济、推进数实深度融合的战略布局，如完善要素市场体系，推动建立数据基础制度体系，积极推动和发展数据要素市场，各地积极探索数据交易模式，建立数字经济发展部际联席会议制度，全面甚

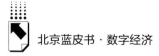

至超前开展新型基础设施建设，试点发行并积极推行数字人民币，大力推动"上云用数赋智"，加大传统产业数字化转型推进力度等。我国数字经济宏伟蓝图已初具形态，数实深度融合助力高质量发展的新引擎已启动。2023年是我国数实深度融合全面推进的一年，是中国数据要素市场开始活跃的一年，是数字消费井喷式发展的一年，是各产业全面加速走向数字化的一年，通过不断推进数实融合，我国一定能够找到一条现代化道路，进而推动人类走向数字文明新时代。

参考文献

习近平：《高举中国特色社会主义伟大旗帜　为全面建设社会主义现代化国家而团结奋斗——在中国共产党第二十次全国代表大会上的报告》，http：//www. gov. cn/xinwen/2022-10/25/content_ 5721685. htm，2022 年 10 月 25 日。

朱岩：《如何以产业互联网推动"数实深度融合"？》，https：//mp. weixin. qq. com/s。

黄奇帆、朱岩、邵平：《数字经济：内涵与路径》，中信出版社，2022。

朱岩：《2023 年中国数字经济发展的十个趋势》，《上海质量》2023 年第 2 期。

朱岩、罗培：《企业数据治理制度建设的迫切性与路径思考》，http：//www. iii. tsinghua. edu. cn/info/1121/3235. htm。

吴宏杰编著《碳资产管理》，清华大学出版社，2018。

B.5
关于数据交易市场体系建设的
思考与建议[*]

黄益平　沈　艳　张俊妮^{**}

摘　要： 我国的数据产出量大但交易量小，严重制约了数字经济发展潜力。随着"数据二十条"提出数据资源持有权、数据加工使用权、数据产品经营权"三权分置"的产权运营制度，如何推动数据交易市场建设已经成为当务之急。本文试图分析我国数据交易的主要障碍和推进思路，并对数据交易市场体系建设提出三条建议。第一，数据交易要做到监管全覆盖；第二，以公共数据共享为突破口推动数据交易市场体系建设；第三，推动数据交易要循序渐进，适合场内做的在场内做，适合场外做的在场外完成。

关键词： 数据交易　市场交易体系　数据交易基础设施　公共数据开放

数据的重要性可以从流行的说法"数据就是新的石油"得到印证。^① 没

* 本文为国家自然科学基金面上项目（72273005）、应急管理专项项目（72241421）部分研究成果。
** 黄益平，博士，北京大学国家发展研究院金光金融学与经济学讲席教授、副院长，北京大学数字金融研究中心主任，主要研究方向为宏观经济与金融政策、数字经济和数字金融；沈艳，博士，北京大学汇丰商学院金融学教授、北京大学国家发展研究院经济学教授，北京大学数字金融研究中心副主任，主要研究方向为数字金融、计量经济学、数字经济、微观金融；张俊妮，博士，北京大学国家发展研究院副教授，主要研究方向为数据挖掘与文本挖掘、数字经济、贝叶斯人口统计学等。
① Tapscott Don, "The Digital Economy: Promise and Peril in the Age of Networked Intelligence," McGraw-Hill, New York, 1996.

有数据，就不会有数字经济。党的十九届四中全会首次提出将数据作为生产要素参与收益分配，这是一次重大理论创新，标志着数据从技术要素中独立出来成为单独的生产要素。数据作为重要的生产要素，指向我国经济可持续发展的一个新机制，这在学术研究中也有不少探索。[①] 不过数据生产要素的顶层思想如何落地，还面临很多不容易克服的障碍，简单地说，传统生产要素如土地、劳动力和资本的治理方式可能并不适用于数据的治理。一方面，数据如何确权？数据形成过程中参与方众多，还常常涉及个人隐私、商业机密和公共安全，对数据确定产权并分配相应的责任和收益是一个全新的挑战。另一方面，数据如何流转？数据要发挥作用，就得分享、交易，但数据产品信息不对称的矛盾很突出，标准化程度不高，还很容易被复制，因此无法像传统生产要素那样进行交易。

最近几年，决策层在加强数据治理和改善数据利用方面做了许多安排，特别值得关注的是几个重要的政策文件。一是国务院办公厅 2022 年 1 月发布的《关于印发要素市场化配置综合改革试点总体方案的通知》，二是中央全面深化改革委员会 2022 年 6 月 22 日审议通过的《关于构建数据基础制度更好发挥数据要素作用的意见》，三是中共中央和国务院 2022 年 12 月 19 日印发的《关于构建数据基础制度更好发挥数据要素作用的意见》（即"数据二十条"）。最为重要的是，创新性提出了数据资源持有权、数据加工使用权、数据产品经营权"三权分置"的产权运行机制。这个"三权分置"的框架，不纠结于数据"归谁所有"这一传统生产要素的视角，而是从数据的三种形态出发，明确对应的持有权、加工使用权和经营权，这就为确权"确什么样的权"，提供了明确的抓手。以"三权分置"为主线，从公共数据、企业数据和个人数据这三个维度，界定"谁的数据"；同时也明确确权的依据是"数据来源和数据生成特征"，这就为保障数据来源方、数据生产方、数据处理方和数据使用方的权益提供了依据。"数

---

① Cong Lin William, Danxia Xie, Longtian Zhang, "Knowledge Accumulation, Privacy, and Growth in a Data Economy," *Management Science*, 2021, 67（10）; Jones Charles I., Christopher Tonetti, "Nonrivalry and the Economics of Data," *American Economic Review*, 2020, 110（9）.

据二十条"的提出，为确权不只是从"数据所有者"角度展开提供了
可能。

在构建"三权分置"产权运行机制的基础上，如何交易成为迫在眉睫
的任务。"数据二十条"提出了构建以数据交易所特别是国家级数据交易所
为基本构架的交易市场体系的思路。但具体如何落地，还需要做很多探索。
本文试图探索数据交易市场体系的构建问题，并提供一条可供参考的策略性
思路。本文旨在讨论数据在数字经济发展中的重要性、我国数据交易现状、
数据交易困难的根本性原因，以及推动我国数据交易发展的一些重要策略。
本文针对我国构建数据交易市场体系提出的建议可以归纳为以下三条：第
一，所有的数据交易都应该受到监管。数据生产、存储、交易、利用的参与
方众多，还常常涉及个人隐私、商业机密、公共安全，信息不对称程度高、
可复制性强，为了保护参与各方的利益、保障公平交易，监管需要做到全覆
盖。第二，公共数据共享应该引领数据交易发展，共享不仅包含开发支持公
益性质活动的数据，更要关注深入商业活动的公共数据的开发和共享。公共
数据的利益关系相对简单一些，推动公共数据开放共享有利于在技术与政策
层面完善业务流程，也为个人与企业数据交易提供重要的经验与借鉴。第
三，推动数据交易发展应遵守循序渐进的原则，适合场外交易的在场外完
成，适合场内交易的引入交易所进行，在发展初期应该允许、鼓励实行点对
点与数据经纪商等场外交易模式，待条件成熟再发挥数据交易所的主导
作用。

一　数据交易与其他要素交易的差异与难点

数据分析的功效已经在平台经济领域充分展示：叫车平台可以以最低的
成本、最短的时间匹配出租车与乘客；外卖平台可以保证外卖员以最快的速
度将多份食物从餐馆送到点餐人手中；短视频平台可以随时将体现个人偏好
的短视频推送到相关的移动终端；数字金融平台可以通过分析用户的网购、
社交等数字足迹，帮助提供信贷服务，控制信用风险。总之，数据分析可以

帮助平台企业提高运行效率、改变业务模式、增强个性化服务。[①] 除此之外，数据分析还可以帮助优化城市交通管理、识别新冠病毒的密接人群甚至追踪犯罪分子。

但目前数据要成为要素还有很多的工作要做。首先需要明确的权属关系包括所有权与使用权。但与传统要素不同，对数据做清晰的所有权、使用权界定非常困难。目前各平台应用的主要是"特有"数据，而非严格意义上的大数据，形成大数据的关键是打破孤岛、实现共享。与传统要素相比，数据要素在配置中的优点是可以重复使用，缺点也是可以重复使用。一套数据谁都可以使用，不具有稀缺性，但又涉及复杂的利益博弈，给交易和定价造成困难，反过来会影响数据的搜集与分析。[②]

过去我国没有形成一套完善的数据治理框架，平台企业搜集、使用数据的自由度比较大，好处是各种利用大数据分析的创新活动非常活跃，坏处是侵犯个人权益、破坏竞争秩序等现象非常普遍。概括起来，数据分析方面存在如下三大类问题。第一，个人隐私与权利没有得到必要的保护。平台企业及其他平台服务提供商肆意爬取其他网站的数据、搜集手机用户的个人信息，甚至未经许可私自开启手机麦克风、偷听谈话，这些都属于违法行为。相信在全国人大通过的《中华人民共和国个人信息保护法》，会使个人数据保护方面发生巨大的改变。但当前一个更大的挑战是如何在保护必要的个人权利与支持数据的持续积累和分析之间取得好的平衡。过去的无序现象要改变，但如果十分严厉的保护措施导致数字经济包括平台经济萎缩，也不是理想的结果。

第二，数据作为生产要素进行配置，尚需要完整的政策框架支持。目前所谓的大数据，基本上是几家大平台企业自有数据，但即便是这样的有限的"大数据"，也已经发挥了非常大的作用。那么数据究竟是分散在不同的平

---

① 沈艳、张俊妮：《平台经济中的数据治理》，载北京大学平台经济创新与治理课题组《平台经济：创新、治理与繁荣》，中信出版社，2022。
② 杨明：《平台创新治理的数据与算法维度》，载北京大学平台经济创新与治理课题组《平台经济：创新、治理与繁荣》，中信出版社，2022。

台企业好还是集中起来好？如果数据集中的可行性不高，那就得考虑有效共享问题。事实上，一些静态的数据，如税收、房租、水电费等，只要本人授权，共享起来相对比较容易，使用起来也简单。而一些动态的数据，如购物、社交、搜索等，本来就是非标准信息，本人也不见得完全了解信息的内容，共享、使用的难度就更大。目前已经有联邦学习等隐私计算技术可以在隐私保护的前提下支持数据的共享与使用，但当前版本效率低并且安全可靠性还存在缺陷。然而，更大的挑战来自政策层面，比如确权，数据资源持有权、数据加工使用权、数据产品经营权究竟归谁，相关的责任和收益应该如何分配；又如定价，如何评估数据的价值；等等。

第三，算法的运用也需要一套能被各方接受的规则。应该说，大数据算法其实是平台经济生产力的一个重要源泉。有了好的算法，才有可能精准营销、控制风险、改善用户体验。数字金融中的大科技信贷就是利用大数据和算法进行信用风险评估，为缺乏财务数据和抵押资产的企业与个人发放贷款。但数据算法也有不少问题，最大的诟病是算法黑箱（不透明的算法目标、意图和责任）和算法歧视（利用算法自动实现差别对待）。一个客观问题是，虽然大数据可以帮助平台降低信息不对称程度，从而更好地优化流程、匹配交易、控制风险。但对平台参与者包括电商、出租司机、外卖员和消费者来说，信息不对称程度可能反而是提高的。这样，平台对用户实行千人千面的定价策略，很容易引发消费者关于歧视性定价的猜测。而这极可能是因为算法黑箱或算法歧视，或者两者兼而有之。

数据这一生产要素的部分非排他性、非竞争性、非耗竭性等特征，决定了展开数据交易时，信息不对称矛盾更突出、信任机制更难建立，因此不能按照土地、商品、资本和知识产权与技术交易市场的交易方式来交易数据，具体来说体现在以下四方面。第一，从权属角度看，数据在利用上具有非排他性和非竞争性特征，与大陆法系中所有权的绝对性存在冲突，而就数据要素的持有权、使用权、经营权等如何安排并无共识；相比之下，商品、资本、知识产权和技术交易权属安排相对清晰；土地交易虽然城乡不同，但也有相应较为成熟的安排。第二，从数据价值角度看，数据具有生态特征，其价值强烈依赖于应用场景，数据又可以被无限复制，导致数据价值评判难以标准化；而其他几类要素的交易则不存在生态概念，也不存在无限复制导致价值下降的问题，并且总体来看供需价值链较为清晰。第三，从安全角度看，与其他生产要素相比，数据使用具有负外部性，可能会导致隐私被侵犯、国家安全被妨害等问题，因此在采集、传输、存储、使用、共享、流通等多个环节均需采取安全举措，而其他生产要素的安全事故往往具有局部性、总体影响有限。第四，从监管角度看，数据交易的参与主体可能因身份多重而具有一定的监管角色，数据交易争端解决机制和相关监管框架均在完善中，这与其他要素交易的监管框架相对成熟也形成了鲜明对比。

二 我国数据交易市场的现状与问题

从现状看，虽然我国高度重视数据交易，但数据交易市场的发展现状并不尽如人意，主要体现在四方面：一是我国数据产出大但是数据交易市场规模小。《数字中国发展报告（2021）》显示，2017~2021年我国数据产出居世界第二，全球占比9.9%；但据国家工业信息安全发展研究中心的测算，2020年我国数据要素市场（含数据清洗、标注、交易等环节）规模约为545亿元，约相当于美国的3.1%、欧洲的10.5%、日本的17.5%。二是虽然快速成立了不少数据交易所但场内交易不足。2020年场内数据交易只占总体交易市场规模的4%，2021年未超过5%（国家工信安全中心测算）。场内交易不足也体现在数据交易所的存续能力上。根据北京大学国家发展研究院课题组的统计，截至2022年8月工商注册状态为存续或在业的数据交易所为30家，一些数据交易所已经退出运营。三是场外交易中黑市数据交易不容忽视。2022年初，《证券日报》报道我国数据黑市交易市场规模超过1500亿元，并已形成产业链。四是公共数据开放不足。2021年，我国有193个地方政府数据开放平台上线，有一半地级、副省级和省还没有上线数据开放平台。对于已经上线的平台，开放的数据量较小，数据中字段和条数少，颗粒度比较粗，数据质量也较差，数据更新不及时。另外，数据平台之间没有联通，存在碎片化现象。

从建立健全数据交易市场体系面临的问题看，数据供给方、数据需求方及数据交易环节在数据交易体系中均面临困难。首先，数据有效供给不足，品牌数据缺乏。数据要素型企业和公共数据部门虽然面临的数据需求量很大，但是交易或者流通收益少或者不清晰、数据交易合规风险和数据安全风险大，导致数据供给方不想卖、不敢卖，培育品牌数据困难。其次，数据需求难以准确识别或得到满足。①识别需求难，是指需求方精准将市场需求转化为数据需求的环节存在难度；②寻找合适数据难，是指需求方即便明确自身需求，也不清楚到哪里找到这样的数据；③货比三家难，是指需求方不清楚不同数据的质量差异，难以做到货比三家；④内外整合难，是指外部数据和内部数据标准可能不同，导致难以整合运用；⑤安全保障难，是指获得数据后，为数据安全需要配置的相应资源也提高了，数据使用成本可能让买家望而却步。最后，数据交易机制不顺畅。①品牌数据交易商/经纪商缺乏，买卖方双方对数据质量、数据售后等方面存疑；②品牌数据交易场所缺乏，导致买卖双方对交易环境和环节是否能确保数据安全等双方权益存疑；③数据流通中出现争端后的解决机制不清，行业协会和监管部门的作用不明。

进一步的研究发现，产生上述数据交易问题主要有三大原因：顶层设计不足、数据交易市场机制设计不足和数据交易基础设施薄弱。顶层设计不足主要体现在三方面。一是政府激励不足，数据要素市场的发展离不开政府的投入，但数据交易市场发展的路径、阶段不明，故而发展数据交易给地方政府带来的短长期收益不清晰，导致政府缺乏足够的激励加大投入；二是监管与协调机制不清，数据交易对中国来说是新生事物，谁监管、如何监管、行业协会和数据要素型企业和专业服务机构分别应当承担的合作角色等问题尚未厘清；三是数据交易监管落后于创新，数据交易创新不断，监管落后于创新的特点导致对"一放就乱"的担忧，为保证数据安全而避免大规模开展数据交易。

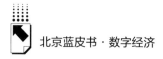

数据交易市场机制设计不足，可以从品牌建设、交易模式、交易联动、原始数据交易这四个角度展开。首先，现有数据交易市场体系在品牌建设方面严重不足，缺乏品牌数据、品牌数据交易商和品牌数据交易平台等专业数据交易服务机构；其次，需建立符合中国国情的交易模式结构，数据交易存在点对点直接交易、数据经纪商、数据交易所和数据信托等不同的交易模式，不同交易模式各自的优缺点不清晰，符合中国国情的交易模式结构尚未形成；再次，缺少数据交易联动协调，不同地区、不同行业、不同部门的数据交易各自为政，导致数据交易信息不透明、效率不高；最后，原始数据灰色交易多，《个人信息保护法》规定只有在取得个人同意以及其他一些特定场景下方可处理个人信息，"数据二十条"也指出对承载个人信息和影响公共安全的公共数据，需要按照"原始数据不出域、数据可用不可见"的要求，但对如何实现原始数据不出域、相关交易法规和监管体系等缺少细致安排。

数据交易基础设施薄弱主要从数据标准不一、隐私计算技术存在瓶颈、算力缺少协调这三个角度体现。一是数据孤岛林立。由于缺乏统一的数据产品标准，数据产品存在碎片化、分散化、"孤岛化"等现实问题。二是隐私计算技术存在瓶颈，尚无法形成大规模商业应用：①现有技术计算效率低，安全可靠性尚不能令人信服；②尚无通用解决框架，大多需要技术提供商的定制化方案；③相关人才不足、定制方案的后续运营维护缺乏专业人员；④虽然只涉及算法的软件具有较强的自主性，但高性能的数据传输设备存在硬件"卡脖子"问题。三是算力缺少协调。即使数据交易买卖双方有意愿通过采用隐私计算技术来实现"数据可用不可见"，算力限制也可能导致实际交易成本高、效率低而难以完成交易。

三　如何构建数据交易市场体系

针对上述问题，建议从完善顶层设计、发展多交易模式相结合的市场交易体系和夯实数据交易基础设施这三个方面建立健全数据流通交易规则。

（一）完善顶层设计

1. 政府激活

通过"立策、立位、立责、立奖"，倡导和鼓励提高数据收入在财政收入中的比重，推动数据财政发展。数据收入不仅包含政府推动公共数据开放之后带来的新增财富以及节省的开支部分，更包括当地的数据企业及其服务的机构的收入增加带来的税收收入等。从国际经验看，推行数据财政具有可行性。2013 年麦肯锡报告指出每年全球基于开放数据产生的经济价值可达 3 万亿美元。考虑到当前我国数据资源丰富，善用公共数据、培育品牌数据企业，均可为地方财政带来新的不耗竭的财政来源。

2. 监管联动

数据主管部门牵头，通过行业协会、企业联盟、专业专家委员会等形成监管联动机制，对数据交易争端解决、数据交易机构及其行为和结果等，给予顾问和监管。这样既可以避免由于监管力量不足，总是在问题产生后才监管处理的被动模式，又可以让相关各方在数据交易中的主观能动性得到更好的发挥。

3. 交易沙箱

可以参考金融科技领域的监管沙箱设计模式，设立数据交易沙箱，在沙箱这一可控交易环境中尝试新的数据交易模式，避免监管滞后于数据交易方面的创新，并将通过测试的模式推向市场。

（二）发展多交易模式相结合的市场交易体系

发展以高质量的点对点、数据经纪商、数据集市（含交易所/交易中心）和数据信托等多种模式相结合的数据交易市场体系。不同数据交易模式在交易透明度、匹配效率、适用数据范围、业务模式平台特征以及业务模式成功难度等方面存在差异。不同数据交易模式存在优劣，构建数据交易市场体系时可根据不同地区在数据要素丰富程度和财政资源丰富程度等方面的特点考虑不同的交易模式。

表1 不同数据交易模式

项目	透明度	适用数据范围	数据质量	隐私和数据安全	匹配效率	业务模式平台特征	业务模式成功难度
点对点	低	高	高	高	低	低	低
数据经纪商——征信	高	中	高	高	高	低	低
数据经纪商——其他	中	中	中	中	中	中	中
数据集市/交易所	中	中	中	低	中/低	高	高
数据信托	低	低	中	中	中	低/中	高/中

要让不同交易模式构成的数据交易体系有效运转，还需要就品牌建设、交易市场链接和布局以及原始数据交易等方面作进一步安排。

加强品牌数据建设。数据品牌建设是建立数据交易信任机制的关键步骤，由品牌打造和品牌共享两部分组成。品牌打造方面，组织、集聚、优化数据品牌打造，可先借助知名数据品牌，如中国电信、中国移动、阿里巴巴、腾讯、高德、墨迹天气等企业联手打造。品牌共享方面，实行一定范围和层次的会员资格制，进入与品牌公用、有限公用（买卖双方都有一定门槛和激励、防止卖方滥用数据产品）。

品牌数据交易商认证。对数据交易商要设立准入门槛，发放分级分类牌照。为此，要制定在不同交易模式下的交易商的资质制定认证标准，如要有足够强的技术力量保障数据质量、保障需求方可以高效访问数据、保障数据安全（包含需求方访问数据后产生的访问记录数据的安全）等。要明确持有牌照的责权利。通过分级牌照制度，获得牌照的企业可以在限定范围内使用和交易数据以及根据上述该数据产生的、数据牌照框架内允许的衍生数据。如果相关用户发现企业数据使用的实际行为超出许可证支持的设计范围，就能提请确权中心介入调查。如果数据企业对约定有违反，公共机构可以对牌照降级甚至吊销牌照。

例如，深圳数据交易所将数据商设定为生态级、认证级、战略级三级数据商认证合作及四级风险评级策略，以及资源型、集成型、渠道型、科技型、委托型、媒体型、知识型和平台型八类数据商分类认证策略。

数据交易市场的链接。构建统一数据要素大市场需要打通不同数据交易市场，促进供需双方的信息在数据交易市场中得到高效快捷的传播和匹配。当下不同数据交易市场存在碎片化、分散化现象，可通过适当的对接和融合机制，将大小、纵横、上游与下游等数据交易机构（交易所、交易中心、交易商）链接，形成有统一、有分治、有联合、有互补的数据交易市场新机制。

数据交易市场的布局。要避免"一哄而上"式数据交易所的无规划野蛮生长，可考虑阶梯式推广模式，如珠三角、长三角和京津冀地区先导，在发展数据交易市场时各有侧重各有特色并加强协调，获得成功发展经验后，再向中西部区域推广等。

加强区块链等技术在数据交易中的应用，"原始数据不出域"不等于"原始数据不交易"。原始数据的所有权问题十分复杂，但访问权和控制权的边界则相对清晰。应区分数据访问权和控制权，对涉及个人隐私、商业机密和公共安全的原始数据，在"原始数据不出域"的前提下，采取适当去标识等技术处理后的原始数据的访问权可以交易。另外，即便倡导"原始数据不出域"，仍要为原始数据的控制权交易作好准备。这一方面是因为以原始数据的方式交易更能保证数据使用的收益，另一方面是因为只要原始数据有价值，即便公开市场不容许交易，也可能存在灰色或者黑色交易。为此，对涉及个人隐私、商业机密和公共安全的原始数据，原始数据交易可采取实名注册、资格认证（如要求有能力保障数据安全）的会员制，同时要匹配区块链技术，做到每一笔数据交易均有迹可循、可追溯，对数据的来源和去向均能做合规审查。

（三）夯实数据交易基础设施

1. 统一数据"度量衡"

针对不同行业的业务需求，细化全国统一的数据标准及允许的数据交易标的类型。根据数据市场交易体系建设的实际需要，采用必要的先进的技术

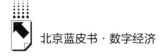
和工具，对数据产品和数据市场交易全过程，包括发展进度、交易尺度、进展程度、适用法度、明晰粒度、观照频度等，实行标准化、规范化、科学化的检测、衡量和定性，推动数据市场交易体系建设的有效管控。在现有一些地方数交所、数据交易中心牵头制定地方统一标准的基础上，由中央有关部门组织，联合国家级智库、高校、和行业头部企业等多个部门，制定和推行全国统一的数据产品和交易标准。

2. 构建数据环岛链

基于海量数据与数据闭环孤岛同时并存的局面，建议通过适当的必要机制和手段，创建海与岛、岛与岛的有效联结，形成既有统一的运行规则，又有区域活力的数据大循环流动，解决"海量闲置"和"孤岛效应"问题。例如，开放群岛社区（Open Islands）是中国首个致力于构建可信数据要素流通体系的开源社区，通过开源开放的生产协作方式，开发我国首个国际化自主可控的隐私计算技术研发平台［开放群岛（OI）平台］，以打通数据、平台、机构之间的孤岛，实现跨地区、跨地域、跨平台互联互通，并围绕技术开源协同、行业标准制定、数据要素场景落地等目标，开展隐私计算、大数据、区块链、人工智能等前沿技术探索，推动建设数据要素流通关键基础技术自主可控的社区。

3. 全国一体化算力网络协调

设计相应的调度模式与方案，满足对涉及个人隐私、商业机密和公共安全的原始数据"数据可用不可见"需要的算力安排。可考虑由头部数据交易所与相关发改委创新中心、国资云、华为云等算力资源对接，同步梳理国家算力网络分布、"东数西算"工程、第三方云平台等资源，构建数据交易全国一体化算力网络协调调度模式，建设底层互联互通能力。

4. 推进隐私计算技术的发展

对涉及个人隐私、商业机密和公共安全的原始数据，实现"原始数据不出域、数据可用不可见"需要同步发展隐私计算和区块链。我国各项相关技术起步比美国晚3~8年，但在2017年后有所追赶（专利申请数量反超美国），可以考虑如下安排：①隐私计算的市场应以"定制化服务"为主，鼓励隐私计算服务商为各类需求提供定制方案。②区块链的发展应做到双轨制，既有国家主导的区块链基础设施，满足低频交易者的数据交易溯源与防伪需求，也需要有市场主导的多种联盟链选择，满足高频交易者的性能需求。③技术发展需要明确的监管框架，对技术人员职责、底线应有明确的规范要求，增强其风险意识，避免重演 P2P 行业 CTO 入狱等事件。

四　公共数据开放的设计建议

要将公共数据开放作为发展数字经济乃至提升整体经济发展水平的关键性、基础性措施（类似于建设基础路网）。

（一）国际公共数据开放对我国公共数据应用的启示

从国际经验来看，以公共数据开放为推动力，可以促进更多数据的开放或有效利用。

2009 年，美国联邦政府一站式开放数据平台 data. gov 上线。2019 年，美国发布《联邦数据战略与 2020 年行动计划》，指出联邦机构应将其数据作为战略资产，注重数据质量、可理解性、数据间的互操作性等。2020 年，美国成立联邦首席数据官委员会，以提高将数据作为战略资产的能力，并要求联邦政府的所有机构都任命一名首席数据官。根据信息自由法案，除了可能危害国家安全的机密信息等豁免之外，美国各级政府机构必须发布所有信息。政府可有偿提供数据，收入将纳入政府财政。

2011 年欧盟建立公共数据门户网站，发布《欧盟开放数据战略》，之后公共部门以及其他部门的开放数据增长迅速。2020 年的一项研究指出，开放数据作为欧盟数字经济乃至整个欧洲经济的催化剂非常重要，欧盟数字经济创造的价值中约 12% 主要是由开放数据创造的，约 45% 部分是由开放数据创造的；欧盟由开放数据改善或赋能的产品、服务和内容的市场规模于 2019 年达到 1844.5 亿欧元。2021 年欧盟整合原有的两个开放数据平台，推出一站式开放数据平台 data. europa. eu，目前有 150 多万个数据集。

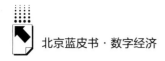

2012 年，日本发布"开放政府数据战略"。2016 年，日本发布《官民数据活用推进基本法》，旨在通过对公共和私有数据的利用，帮助建设让国民安全安心生活的环境。日本中央政府举办公私圆桌会议，为希望利用数据的人、私营公司等及拥有数据所有权的单个部门提供直接交流的机会；为地方政府提供指南和手册、开放数据应用包及建议开放的数据集目录；并向地方派遣对开放数据有深入了解的传授经验者。

（二）我国数据交易市场体系中公共数据应用的建议

1. 尽快推动构建国家数据骨干网

公共数据开放应以中央各部委（而非地方政府）牵头，以行业为主线纵向部署各项相关工作，并在部委之间建立合作机制。便于制定并实施数据数量及质量、数据字段定义、数据对机器读取和重复利用的友好性、数据更新频次等方面的行业标准，并为数据互通提供机制性保证。

2. 设置"国家数据骨干网建设领导小组"

便于实施公共数据开放的顶层设计。同时需要大额专项引导资金，引进并培养技术人才，各部委在各自领域内进行先进工具与核心技术的研发和应用。

公共数据开放需示范如何在数据安全和隐私保护合规的前提下打破"数据孤岛"。

3. 构建分类分级的公共数据授权机制

促进公共数据跨部门、跨区域、跨行业的安全高效共享。数据要素是数字经济深化发展的核心引擎，在一体化政务服务的开展过程中，各级政府掌握了海量公共数据，但是存在数据孤岛、数据闭环等现象。公共数据共享受限主要是因为公共数据与国家数据安全密切相关，颗粒度较细的公共数据也往往涉及民众的各类隐私。分类分级的数据授权机制是实现数据共享的基础，应根据公共数据敏感程度、使用场景的差异化制定分类授权机制，从而促进政府公共数据公用数据参与和赋能数据交易活动，构建分类分级的数据授权机制，促进公共数据跨部门、跨区域、跨行业的安全高效共享，充分发挥数据要素在数字经济深化发展中的核心引擎作用。可为颗粒度粗的数据设定更广泛的开放范围，为颗粒度细的数据设定更有限的开放范围。颗粒度细的数据可适当收费，这有利于保障公共数据的高质量和可持续供给。

通过公共私营合作制、公私圆桌会议等机制，深入挖掘各行业的实际需求，将公共数据与企业数据等有机结合以发挥其巨大价值。

五　主要结论

将数据视为生产要素是重大的突破性思路。数据主要是通过改善经济运行、提高生产率来推动经济增长。从经济学分析的角度看，一个国家或企业的经济产出是由生产函数决定的，这个生产函数根据生产要素的投入形成产出。传统的生产要素有三大类：土地、资本和劳动力，投入的生产要素越多，产出就越多。与此同时，还有一个重要因素即效率。同样多的投入，效率高则产出多，效率低则产出少。数据所发挥的作用就是影响效率，这不仅创造了一种新的推动经济增长的机制，同时也为后进国家提供了一个新的、潜在的赶超的机会。对我国这样的大规模赶超型经济体来说，数据要素的重要性非常突出。

无论是从数字经济规模还是从大型创新型独角兽公司数量来看，我国的数字经济发展都稳居全球第二，仅排在美国的后面，这是一项非常令人振奋震惊的成就。第四次工业革命为我国的数字经济发展提供了难得的机会，关键是我国抓住了这个机会，核心的原因就是我们的有为政府和有效市场能够比较好地结合起来。但我国的数字经济能否持续站在国际前列，取决于一系列因素，从大的领域看，我国需要在两个方面取得根本性突破。一是前沿数字技术的原创性创新，数字经济的背后是数字技术创新，迄今为止我国的数字经济发展所依靠的主要还是其他国家发明的原创性技术，再往前走，我们需要有越来越多的高质量的原创性技术发明，包括区块链、云计算、人工智能等。最近 ChatGDP 爆火，表明人工智能技术进入了一个全新的发展阶段，同时也反映了我国在这个关键领域与领先者的差距。二是数据的交易与利用。数据是数字经济的石油，我国是数据产出大国，但共享和交易量却非常小，产出多、利用少，这无疑会成为我国数字经济发展的重要障碍。

我国决策层已经在构建数据治理体系方面作出了巨大的努力，"三权分置"的权益机制不仅很前沿，也有很强的可操作性。在此基础上，如何推动数据交易发展就成为一项迫在眉睫的任务。本文对我国数据交易市场体系建设提出了三条建议：第一，所有的数据交易都应该受到监管。数据生产、存储、交易、利用的参与方众多，还往往涉及个人隐私、商业机密、公共安全，信息不对称程度高、可复制性强，为了保护参与各方的利益、保障公平交易，监管需要做到全覆盖。第二，公共数据共享应该引领数据交易发展，共享不仅包含开发支持公益性质活动的数据，更要关注深入商业活动的公共数据的开发和共享。公共数据的利益关系相对简单一些，推动公共数据开放共享有利于在技术与政策层面完善业务流程，为个人与企业数据交易提供重要的经验与借鉴。第三，推动数据交易发展应遵守循序渐进的原则，适合场外交易的在场外完成，适合场内交易的引入交易所进行，在发展初期应该允许、鼓励点对点与数据经纪商等场外交易模式，待条件成熟了再发挥数据交易所的主导作用。

参考文献

黄益平：《数字经济的发展与治理》，第十三届全国人大常委会第三十一次专题讲座，2022。

沈艳、张俊妮：《平台经济中的数据治理》，载北京大学平台经济创新与治理课题组《平台经济：创新、治理与繁荣》，中信出版社，2022。

杨明：《平台创新治理的数据与算法维度》，载北京大学平台经济创新与治理课题组《平台经济：创新、治理与繁荣》，中信出版社，2022。

Tapscott Don, "The Digital Economy：Promise and Peril in the Age of Networked Intelligence," McGraw-Hill, New York, 1996.

Cong Lin William, Danxia Xie, Longtian Zhang, "Knowledge Accumulation, Privacy, and Growth in a Data Economy," *Management Science*, 2021, 67 (10).

Jones Charles I., Christopher Tonetti, "Nonrivalry and the Economics of Data," *American Economic Review*, 2020, 110 (9).

专 题 篇
Special Report

B.6

2022年北京数字经济标杆城市
八大任务进展报告

孟凡新 王 婧*

摘 要： 随着建设全球数字经济标杆城市方案的持续实施，北京正在加快
推进数字经济标杆城市各项工作，重点任务建设取得新进展。本
文聚焦实施方案明确的八大任务，从基础设施、数据汇聚、要素
市场、数字技术、标杆产业、数字生态、对外开放、测度体系等
方面进行深度分析总结，全面梳理北京数字经济建设的最新成
果。八大任务建设持续推进，为北京数字经济发展构筑了新支
撑、新平台、新势能、新动能、新空间和新规范，正在推动形成
面向未来的数字经济新体系。

关键词： 数字基础设施 数据要素市场 标杆产业 数字技术 数字生态

* 孟凡新，北京市社会科学院管理研究所副研究员，主要研究方向为数字经济、平台治理；王
婧，北京市社会科学院管理研究所副研究员，主要研究方向为区域发展与管理。在撰写过程
中，北京市统计局核算金融处长郑艳丽和刘志颖对报告提出了有价值的参考建议。

自 2021 年北京提出建设全球数字经济标杆城市以来，八大任务随之明确、全面开启，继实现开局搭梁立柱、稳步推进后，2022 年呈现深入推进、全面显效的良好态势，彰显出北京数字经济发展的雄厚基础优势，不断蓄积加快发展的巨大潜能。通过夯基础、建市场、强技术、育产业、优生态和善治理，数字经济标杆城市八大任务均取得不同程度的进展，形成了北京建设全球数字经济标杆城市的强大根基。

一 夯基础：筑牢标杆城市数字底座，为建设全球数字经济标杆城市提供新支撑

（一）推进建设智慧城市感知体系

智慧城市"七通一平"① 基础设施建设全面推进。在《北京新型智慧城市感知体系建设总体方案》《北京市智慧城市规划和顶层设计评审实施细则》指引下，数字城市感知体系加速构建。"一感"即"感知体系"，开展感知台账、感知视图库、感知算法中心等感知体系基础设施以及行业和区域感知系统规划设计；"一图"即"空间图"，为全市 210 多个应用系统提供地理空间支撑服务，接口访问超 7 亿次；"一码"即"城市码"，向全市提供标识认定和二维码共性服务，支撑城管、交通领域的城市部件设施普查和统一编码；"一库"即"基础工具库"，区块链先进算力实验平台初步具备支撑服务能力，推进实施数字城市操作系统创制工程，完成海淀区百万平方米试点工作；"一平"即"大数据平台"，完成全市 82 个部门、16 个区和经开区"上链"，汇集 2675 个信息系统、37 万条数据目录，以及全市 380 余亿条政务数据和 1600 亿余条社会数据，支撑市区两级 160 余项业务应用。采用自主创新的 EUHT 技术建设智慧城市专网，在北京经济技术开发区实现

---

① "七通一平"即城市码、空间图、基础工具库、算力设施、感知体系、通信网络、政务云以及大数据平台（简称"一码、一图、一库、一算、一感、一网、一云、一平"），是智慧城市建设中相互贯通的共性基础平台设施。

60 平方公里的网络覆盖。

智能终端建设应用加快，全域智慧应用场景升级。"京通"小程序已完成开发，并于 2022 年 12 月 20 日正式发布，其中首批对接服务事项 410 项；"京智"持续完善数据指标和系统接入工作，对接第三批 86 类新增"进舱"数据入库并进行分析，新增生态环境局、市金融监管局 8 个进舱系统，并持续扩大服务范围。智慧城市应用场景不断拓展。"一网通办"向纵深发展，已实现市级 98%、区级 97% 的政务服务事项"全程网办"，23 个"一件事"已完成；"一网统管"有序推进，开展地下管线防护、生活垃圾精细化管理、燃气用户安全管理、建筑垃圾全流程管理、智能化供热等场景建设；"一网慧治"不断拓展，交通、教育、规自、城管、疫情防控等领域决策平台加速建设，朝阳、海淀、昌平、丰台、大兴等"区域大脑"建设持续推进。城市空间操作系统百万平方米试点建设顺利推进，面向城市秩序、楼宇经济和数字商圈开展技术和场景验证，在城市治理和科技防疫方面发挥重要作用。

（二）新型网络基础设施建设

下一代网络信息基础设施覆盖更广。北京已建成 5G 基站 7.5 万个，2022 年新增 5G 基站 2.4 万个，万人 5G 基站数领先全国，形成 EUHT 专网 3.0 阶段建设方案，完成设计和点位选取。建成全球最大规模城市级 5G+8K 立体播放体系。千兆固网建设方面，聚焦 1000M 接入能力，优化宽带城域网，提升传输水平，满足通信访问需求，千兆固网累计接入 129.6 万用户。2022 年云计算、人工智能等新基建项目固定资产投资比上年增长 25.5%，年末固定互联网宽带接入用户数增长 8.8%，移动互联网接入流量增长 14.6%。

工业互联网、物联网等新型基础设施更加完善。建成国家工业互联网大数据中心和顶级节点指挥运营中心，接入二级节点和主动标识数量居全国首位。积极推动工业互联网标识解析体系建设，截至 2022 年 12 月初累计接入国家顶级节点（北京）的二级节点 84 个，分布于 10 个省（自治区、直辖市），累计标识注册量 436.8 亿个，累计标识解析量 491.4 亿次，累计接入的企业节点数量 46218 家。推动工业互联网标识解析二级节点授牌，已完成

5 家企业授牌。初步建成全市工业互联网企业网络安全分类分级管理体系和管理名录。蜂窝物联网用户较快增长，物联网业务同比增长 26.4%，截至2022 年 10 月末，发展物联网终端用户 12941.9 万户，其中车联网终端达到4896.8 万户。

城市算力基础设施加快建设。在人工智能算力布局下，北京科技创新算力中心（海淀区）和北京数字经济算力中心（朝阳区）2 个市级人工智能算力中心建设加快，逐步形成城市级一体化算力网络，北京市算力调度服务平台建设方案和算力交易专区建设正在谋划推进中。目前全市已建总浮点算力约 1.24 万 P，其中智能算力约 3400P，建成国家工业互联网大数据中心。

统筹布局建设数据中心。印发《北京市数据中心统筹发展实施细则（试行）》，建立北京市数据中心工作联席会议协调机制，成立区级联席会议，摸排存量数据中心情况，各区已完成 68 个数据中心项目的登记造册，合计 22.6 万架、年能耗 30 多万吨标准煤；26 家重点用能数据中心企业已接入北京市节能监测服务平台，实现能耗情况实时监测。

（三）智能网联城市道路建设

"2+5+N"政策体系不断完善。聚焦乘用车类、功能型无人车等车型，完成乘用车无人化、高速公路商业化试点等政策文本编制工作，为智能网联汽车道路建设、示范应用、商业运营服务等领域发展提供有力支撑。编制印发《北京市自动驾驶车辆道路测试管理实施细则》，完成《北京市智能网联汽车政策先行区数据安全管理办法》《北京市智能网联汽车政策先行区数据分类分级管理细则》编制工作。《北京市高级别自动驾驶示范区 3.0 阶段建设实施方案》获市政府正式批复。持续更新自动驾驶数据集，目前数据集涵盖北京市高级别自动驾驶示范区 10 公里真实城市道路、10 公里高速公路以及 28 个路口数据，包含来自车端、路端相机和激光雷达等多类型传感器的 72890 帧图像数据和 72890 帧点云数据。

示范区城市道路智能化迭代升级。经开区全域 60 平方公里、329 个路口、双向 750 公里城市道路实现车路云一体化功能全覆盖。"多杆合一、多感合一"使得标准路口设备成本下降62%。示范区278个路口、双向335.6公里道路实现超高速无线通信EUHT专网覆盖。

二　建市场：促进数据要素市场化配置，为数据高效合规流通使用提供新平台

（一）数据资源集聚

数据分类分级规则不断完善。明确一般数据和重要数据识别认定标准，持续推动部分行业重要数据目录的研究制定，建立并实施动态更新管理机制。持续推进《政务数据分级与安全保护规范》验证工作，提升政务数据基于数据分类分级的安全管控和技术防护水平。基础电信企业按照《基础电信企业数据分类分级方法》开展数据分类分级，完成重要和核心数据识别工作，并形成重要数据目录。

持续推动政府公共数据开放。全市开放公共数据集达到1.05万个、开放数据总量达13.48亿条，系统注册用户4.3万个。建成公共数据开放创新基地，有条件开放35.07亿条数据。积极推动水、电、气、公共交通等公共服务运营单位数据开放，如搭建供水管理模块整体构架，整理共享水量、水压、水质相关数据。依据《北京市交通出行数据开放管理办法（试行）》，北京市交通委员会持续向百度、高德、美团、滴滴、腾讯5家交通出行服务企业开放了地面公交、轨道交通、静态交通、路网运行四大类14项交通出行类数据，促进了交通行业与互联网行业的深度融合。

金融、医疗、交通、位置、空间、科研等领域数据专区建设加快。联合大型头部机构和企业，推动高价值数据集聚，加快推进社会数据专区建设。金融数据专区方面，持续汇聚共享企业注册登记、纳税、社保、公积金、不动产等数据，累计共享原始数据3.8亿条、接口调用2400余万次，累计为银行、保险、担保等50余家金融机构提供服务近6000万次，支撑金融机构贷前审查、风险洞察、政策智慧触达兑现等多种应用场景；向市大数据平台

反哺了企业参保信息画像、企业行政处罚信息画像等共计312万条数据。健全金融数据专区支持金融机构开展普惠业务，实现数据调用5433万次。位置数据专区方面，累计向大数据平台提供3家运营商数据3200多亿条（3家融合后为1500余亿条），与19个市级部门和昌平区实现数据共享，支撑疫情防控、常住人口统计、回天大脑建设等30余个应用场景。空间数据专区方面，完成时空专区、遥感专区、SDGs专区平台建设，构建可持续发展指标体系，支撑市商务、统计部门探索时空数据空间化应用及北京工业大学屋顶光伏改造项目科学研究。交通数据专区方面，依托北京冬奥会及冬残奥会MaaS智慧出行服务保障关键技术研发及试点示范项目，完成关键功能的原型系统模块功能设计与原型研发工作，发布全球首个基于真实场景的车路协同自动驾驶数据集。未来还将持续探索人工智能、工业等数据专区建设。

（二）数据要素市场化

数据交易全链条规则体系逐步完善。发布《北京数据交易服务指南》《数据资产登记指引》，形成《北京国际大数据交易所交易流程操作指引》，持续完善数据交易规则规范，建设行业数据管理规范及数据流通的安全保护机制。同时，着力推进合规管理体系建设，制定并印发了《合同管理办法（试行）》《法律审查工作管理办法（试行）》《法律纠纷案件暂行管理办法》《数据产品经销暂行规则》《数商引入办法（试行）》《经纪商管理细则（试行）》等公司治理、合规管理、数据交易等方面的管理制度。全年完成制定相关规则与制度共8部。推进对《信息技术 大数据 数据资产价值评估》国家、团体标准的试点验证以及团体标准的立项发布工作。北京市首批数据资产评估试点开展，完成6份资产评估报告，并推动3家资产评估公司在副中心运河商务区落地。

数据要素服务市场培育初步显效。北数所成立全国首个国际数据交易联盟，吸纳大型商业银行、电信运营商、头部互联网企业、跨国机构、专业服务机构等生态合作伙伴超过150家。与数据运营商、服务商、经纪商共建数商生态，培育数据托管、技术支持、法律事务、资产评估、审计等中介服务机构，带动数据交易上下游产业链创新发展。目前铁路12306科创中心、国网北京海淀供电公司、中国移动通信集团北京有限公司、联通数字科技有限公司、中国司法大数据研究院有限公司等10余家企业已被纳入数商体系。

数据资产融资、保险、证券化等金融创新服务深入开展。北京银行城市副中心分行成功落地全国首笔数据资产质押融资贷款，数据资产实现"变现"。开运联合基于数据资产评估成果与中国建设银行开展资产性贷款合作创新，以数字人民币进行贷款结算，成为数据资产评估试点工作完成后的首单业务贷款，金额达1000万元。数据公司债券和资产证券化项目加快开展。京东方科技集团股份有限公司成功发行数字经济公司债券，发行规模20亿元，是国内首单数字经济概念公司债券。

三　促互联：有序推动数据跨境流动，为国际数据开放互联搭建新枢纽

（一）高标准建设北京国际大数据交易所

以北京国际大数据交易所为核心的合规流通模式逐渐成形。北数所建成基于自主知识产权的数据交易平台IDeX系统，推动探索数字资产登记业务落地。2022年全球数字经济大会上揭牌北数所数据资产登记中心，数据资产登记平台上线，开运联合、传神科技、罗克佳华等作为首批数据资产评估试点单位在平台上进行数据资产登记。研发长安链隐私计算平台，融合多方安全计算、联邦学习技术，包含区块链核心框架、丰富的组件库和工具集，加速区块链与隐私计算融合应用。完成北京AI数据标注库平台的初步建设，包括6大专区、30个细分行业、48个产品范例库、10273条数据集，贯通数据汇聚—开放—登记—交易全链条。

（二）数据跨境有序流动

数据跨境地方性探索实践加快。2022年9月1日《数据出境安全评估

办法》实施后,北京市 5 家试行企业被中央网信办作为全国首批案例正式
受理,并依托"两区"开展数据跨境安全管理先行先试,组织指导社交媒
体、医疗、金融、汽车、民航五大行业开展数据出境风险自评估,为国家出
台监管法规提供了一手材料和有益借鉴。目前首都医科大学附属北京友谊医
院与荷兰阿姆斯特丹大学医学中心合作研究项目成为全国首个数据合规出境
案例,中国国际航空股份有限公司项目作为全国第二例也成功获批通过,为
北京市进一步指导支持更多企事业单位解决数据合规出境需求问题积累了经
验、打通了路径,对提升北京数据安全合规管理水平、优化营商环境具有重
要意义。

北数所数据跨境流通枢纽作用持续发挥。北数所研发建设的北京数据托
管服务平台正式投入使用,成为国内首个可支持企业数据跨境流通场景的数
据托管服务平台,帮助有数据跨境流通需求的企业解决数据托管难题,目前
已经与德国企业签订服务合同,并实现业务运转。促进北数所与 CBD 管委
会合作共建 CBD 跨国企业数据流通服务中心,根据跨国公司的数据全生命
周期治理、流转、登记评估等需求,在 CBD 招商中心开设数据跨境咨询服
务窗口,为跨国公司提供咨询、数据托管、数据资产三大类 12 项专业服务。

数字贸易功能区加快建设。推动跨境电商创新发展,利用外经贸资金对
企业符合条件的跨境电商平台、产业园、海外仓等项目建设予以支持,鼓励
跨境电商主体扩大业务规模。将支持数字贸易创新发展等相关举措纳入
《北京市建设国家服务贸易创新发展示范区实施方案》初稿,并积极向国家
争取。积极推进数字贸易港纳入中欧等双、多边数字领域高层对话。

四 强技术:构建自主可控技术体系,
为构建全球数字经济标杆城市蓄积新势能

(一)自主可控技术体系

百比特超导量子芯片、区块链专用加速芯片以及 RISC-V、GPU、AI 等

高端芯片技术不断突破。完成百比特超导量子芯片样片制备，构建完成国产自主化的新一代量子计算云平台 Quafu，已上线芯片数和单芯片比特数均达国际先进水平，制备出国内第一个基于超导-III-V 族半导体纳米线的量子比特。在高端芯片领域，重点围绕新型架构芯片、高端模拟芯片展开攻关，完成可重构数字存内芯片、高精度 ADC 芯片、高性能时钟芯片等 5 款芯片的设计。积极支持智源研究院联合寒武纪、昆仑芯等国产 AI 芯片公司，以及北大、中科院的优秀科研团队共建 AI 开放生态实验室，推动 AI 编译器研发工作，组建合作团队；支持龙芯中科完成龙芯 3A5000 计算机系统二进制翻译系统开发。

前瞻布局太赫兹等 6G 潜在技术攻关和共性试验平台搭建。6G 新型空口共性技术验证平台完成搭建，高光通量和高带宽的蓝光激光光源研制完成，加快 6G 空口技术试验平台前端板与高速可见光、通感一体化前端联调，分别实现 8Gbps 实时数据传输和 100 米距离米级感知能力。

智源研究院"悟道"大模型向多语言、多模态发展。率先建设发布全球超大规模智能模型"悟道 2.0"。"悟道 3.0"具备视频生成能力。对外开源十亿参数级别性能最强的视觉基础模型 EVA、国际首个支持 9 种语言的多模态大模型 AltDiffusion、阿拉伯语通用大模型 ALM 1.0。发布全球精度最高的秀丽线虫模型"天宝 1.0"，在智能表征能力、三维动态仿真环境、生物功能重现等维度实现了突破。支持数原数字化城市研究中心在城市感知领域开展基于无线网络的被动定位、低成本单目视觉智能定位和多模态融合定位等技术研究；在城市元宇宙领域开展空间对象模型与 Unity 的适配、空间对象模型与 Unity 的同步、多源同步时空渲染等技术研究。

区块链高性能技术研发取得阶段性突破。大规模对等网络通信技术 Liquid"若水"可支持百万级节点动态组网，Huge"泓"成为全球支持量级最大的区块链开源存储引擎。依托"长安链"研发的全球性能领先区块链与隐私计算算力集群 Hive"蜂巢"在京启用，每秒可处理 2.4 亿笔智能合约交易、执行百亿条数据隐私计算。

关键核心技术自主研发速度和国产化替代进程加速。积极布局互联网

3.0 底层核心技术攻关，基于 XR 操作系统、建模及驱动、渲染等方向，组织开展关键技术攻关，支持北航、北理工、虹宇科技、渲光科技、格拉飞可斯等单位开展国产 XR 操作系统、面向大中型 3D 场景的分布式光照系统、数字人表情自动生成软件、基于硬件光线追踪的高性能 3D 渲染引擎等软件系统研发，加快关键核心技术自主研发速度和国产化替代进程。统信 UOS 操作系统桌面端市占率超七成，OceanBase、GoldenDB 实现金融核心系统数据库国产化升级，建设国家通用软硬件适配中心，基于国产操作系统完成包括开源软件、商业软件、硬件外设在内的适配产品各千余款。

（二）共性技术平台建设

共性技术平台加快搭建。聚焦"卡脖子"和前沿核心技术，建设共性技术平台，自主可控、产研一体、软硬协同的数字技术创新体系初步成形，在高端芯片、基础软硬件、网络、安全、人工智能、区块链等领域取得重大进展。持续加快科技创新中心"三城一区"主平台建设，聚焦产业共性技术需求，积极布局建设高精尖产业领域的共性技术平台，推动重大项目落地，加快汇聚高端创新要素。支持重点平台企业建设技术创新中心，开展底层、关键技术攻关，加快科技转型实现创新引领发展。

形成多样化数字技术创新生态。在开源社区建设方面，围绕区块链底层核心技术、区块链应用场景等主题，举办长安链开源社区线上线下活动 4 场，长安链开源社区生态开发者超 1 万人。在创新联合体建设方面，支持一批领军企业及独角兽企业牵头组建创新联合体。2022 年，支持小米等企业实施"强链工程"并开展技术创新中心布局，围绕产业链关键环节"卡脖子"技术和塑造先发优势的前沿技术开展协同攻关，小米 3C 智能制造创新联合体成为科技部支持的首家国家级创新联合体。

数据共享和技术研发协作攻关不断显效。支持智源研究院建设超大规模人工智能智算平台"九鼎"，对外开放数据、算法、模型能力等资源，牵头建设并开放了全球最大的中文语料库 WuDaoCorpora 及全球最大阿拉伯语数据集

ArabicText。发布大模型算法及工具开源项目飞智 FlagAI。FlagAI 已集成 20 多个主流开源大模型，并且提供大模型训练、压缩、推理的提速工具，打造一站式大模型开发平台，提高企业基于大模型进行应用开发的效率。支持通研院以原创的认知架构为基础，完成通用人工智能操作系统和编程语言 1.0 版本建设，已对内发布。

.

五 育产业：建设标杆数字产业体系，为构建全球数字经济标杆城市注入新动能

（一）软件、集成电路等支柱产业带动数字经济稳步增长

2022 年 1~11 月，全市软件和信息技术服务业实现收入 2.1 万亿元，同比增长 9.7%；2022 年前三季度，全市信息传输、软件和信息技术服务业实现增加值 5463 亿元，增长 8.6%。集成电路装备产业集群规模为全国最大，12 英寸晶圆制造月产能居全国第一、全球第五。国家网络安全产业园的 3 个园区（包括海淀园、通州园、经开区信创园）全部开园，入驻园区企业累计 300 余家，形成基础硬件、基础软件、芯片、集成服务等全产业链生态体系。

（二）新一代数字化出行产业稳步发展

智能网联汽车产业生态进一步优化，基本构建高级别自动驾驶自主创新体系。建设全球第一个网联云控式高级别自动驾驶示范区，目前初步形成了"车路云网图"五大体系，并建立了智能网联汽车政策先行区，开放国内第一个出行服务的商业化试点，已启动 3.0 阶段的建设约 100 平方公里。截至 2022 年 10 月，北京开放测试道路 323 条，开放道路里程 1143.8 公里，是开放测试道路最长的城市；其中，无人化测试道路共 82 条，总里程达 423.26 公里，夜间测试道路 57 条；已为 19 家自动驾驶企业的 502 辆车发放了道路测试牌照，自动驾驶车辆道路测试安全行驶里程超过 1200

万公里。[1] 在自动驾驶测试车辆数、安全行驶总里程等方面均居全国前列。在美国加州车辆管理局发布的《2021 年自动驾驶路测报告》中，北京小马智行年度测试里程约 50 万公里，排名第 3；年平均接管里程（MPI）2.3 万公里，排名第 7。

启动北京交通绿色出行一体化服务平台（MaaS）2.0 建设。北京 MaaS 平台是国内第一个落地实施的一体化出行平台应用试点，采用政府企业合作的模式，以出行服务平台 App 为依托，共享融合交通大数据，为市民提供整合了多种交通方式的一体化、全流程的智慧出行服务，打造了更便捷、更高效、更经济的绿色交通服务环境。该平台也是国际上首个超千万级用户的 MaaS 服务平台。拓展碳普惠场景作为智慧交通数据专区的应用场景，初步实现了专区的监管、运营、提供、使用四方角色的运营模式，碳普惠参与用户量已达上百万。

（三）新型数字化健康服务产业形成集聚发展态势

推动跨体系数字医疗示范中心建设，在互联网诊疗、智慧医院建设、慢病管理等场景引入人工智能和智能感知等新技术试点，开展互联网医院跨院复诊等应用试点，初步完成 4771 万人的健康信息归集，形成数字化健康服务产业集聚发展态势。全市建成互联网医院 32 家，纳入互联网医疗服务监管平台的医疗机构 50 家，开展互联网诊疗服务的医疗机构 131 家。

建立高水平的智慧医疗健康信息支撑体系，推进卫生健康行业关键信息基础设施"全民健康信息平台"项目建设，优化个人健康记录应用场景功能，进一步汇聚各区卫生健康信息平台中区属医院诊疗数据，在保障诊疗数据安全的基础上，向群众提供全生命周期卫生健康信息服务。

初步完成北京市医学影像云试点，目前已经成功接入友谊医院、潞河医

---

① 《北京开放测试道路 323 条 智能网联车测试道路全国最长》，https：//baijiahao. baidu. com/s？id=1751004400565252699&wfr=spider&for=pc，2022 年 12 月 1 日。

院和通州、海淀 2 个区域影像平台合计 44 家各级医疗机构影像数据，已汇聚存档影像检查病例 374392 份，初步实现在一个平台上面向居民、医生、管理人员三类用户提供影像调阅、影像分享、人工智能读片、远程会诊等功能。

北京市医疗保障信息平台正式上线，实现与国家平台的互联互通，并于 2022 年对医保信息平台进行两次系统升级，完成费用结算、业务经办、药品采购等医保核心业务功能建设，平台功能进一步完善。

（四）智能制造产业数字化转型提升发展质量效益

工业互联网核心产业规模超千亿元，国家级智能制造系统方案供应商数量居全国第一。[①] 研究编制"数字化车间""智能工厂"评价标准，"新智造 100"项目全面推开。老字号数字化加速推进，223 家北京老字号中，实现触网销售的老字号数量已超 70%，有 50% 的开展线上直播。产业数字化加快推进，支持制造业领域互联网平台化发展，树立企业数字化转型标杆，工业互联网标识解析体系和新型工业网络更加健全。最新数据显示，数字制造企业总产值增长 26.0%；工业机器人产量 8317 套，同比增长 56%；工业数字化水平较为领先，北京规模以上工业企业关键工序数控化率 60.7%，数字化生产设备联网率 53.3%，均居全国首位。[②]

（五）数字金融产业深入推进

深入推进数字人民币试点并取得成效。一是数字人民币冬奥场景试点圆满成功。冬奥会期间全市食、住、行、游、购、娱、医等场景均支持数字人民币消费，结合冬奥会需求部署数字人民币—现钞兑换 ATM 机、数字人民币—外币自助兑换机，推出硬件卡、手环、手套、徽章、服装等冬奥会特色

---

① 《市经信局局长张劲松：北京将布局数字经济"一区一品"新格局》，《新京报》2023 年 1 月 17 日。

② 资料来源：2022 年北京市统计局编制完成的《北京建设全球数字经济标杆城市统计监测报告》。

可穿戴硬件钱包，参与试点的用户、商户、交易规模稳步增长。二是制定并印发实施《北京市数字人民币试点实施方案》，稳妥有序深入推进数字人民币全域试点；在服贸会期间，开设"数字人民币大道"，宣传推广数字人民币，提升了观展者的消费体验。三是稳妥推进数字人民币在零售消费、生活缴费、政务服务等场景的试点应用，支持金融机构、互联网平台共建零售交易、生活服务等移动支付便民场景。指导通州区制定《北京城市副中心数字人民币试点工作实施细则（2022年版）》，积极推广张家湾设计小镇数字人民币使用，继续拓展环球度假区数字人民币应用场景，商务服务领域实现使用数字人民币发工资、缴党费、交学费、纳税款、签保单、买理财、乘坐无人车等多项首发应用。四是积极打造金融街示范街区，推进数字人民币在普惠金融、供应链金融、绿色金融等领域的应用，助力企业复工复产、政府专项补贴发放等工作。市统计局2022年上半年统计显示，已开立数字人民币个人钱包超1250万个，交易金额超130亿元，试点场景数量占全国的20%。

深入推进金融科技与专业服务创新示范区建设。指导西城区、海淀区深入建设金科新区，在金融街论坛上发布《2022全球金融科技中心城市报告》，发起建立全球金融科技中心网络；推动金科新区建立国家金融科技风险监控中心，公司核名申请正在进行中。

稳步推进金融科技创新监管工具和资本市场金融科技创新试点。2019年12月在全国率先开展金融科技创新监管工具试点，截至目前，共有5批26个项目完成公示，首批3个项目完成全流程测试，顺利出箱，其余项目在箱测试且风险可控。资本市场金融科技创新试点首批16个项目已经完成公示，2022年9月北京市第二批资本市场金融科技创新试点工作启动，目前正处于项目征集遴选阶段。

金融专区以专线方式实现与24家银行系统的连接，通过专线对接和数据赋能，提供企业信用画像，支撑银行开发面向小微企业的线上信贷产品和服务，助力发放普惠金融贷款，扩大落地场景应用范围。

（六）新兴数字产业发展水平位居全国前列

大力发展新兴数字产业，其发展水平位居全国前列，人工智能、区块链、信创、工业互联网等新兴数字产业规模均居全国之首。[①] 其中，人工智能产业产值超千亿元，企业数量超千家，占国内企业总量的29%；[②] 区块链高新技术企业143家，企业获得融资的比重为25.4%，均居全国第一。

互联网3.0快速起步，培育数字人、数字空间、数字资产等新兴方向，发布国内首个数字人产业政策及两项数字人标准。平台经济保持发展优势，加速向硬科技创新转型。

六 优生态：营造数字社会良好环境，为数字经济创新活力激发提供新空间

（一）优化数字营商环境

近三年，全市数字经济核心产业新设企业年均1万家，规模以上核心企业8300多家，约占全市规模以上企业数量的1/5。[③] 制定数字经济标杆企业遴选标准，加速培育技术创新型、数字赋能型、平台服务型和场景应用型四类数字经济标杆企业，开展百家标杆企业和储备企业遴选工作，不断加强标杆企业监测和服务。中移数字经济基金正式成立，认缴总规模100亿元，已完成首单投资。

[①] 《北京多个新兴数字产业规模居全国之首》，https：//baijiahao. baidu. com/s？ id＝17552223 15682919316&wfr＝spider&for＝pc，2023 年 1 月 17 日。

[②] 《市经信局局长张劲松：北京将布局数字经济"一区一品"新格局》，《新京报》2023 年 1 月 17 日。

[③] 《2022 年上半年数字经济占全市经济比重升至43.3%》，http：//www. beijing. gov. cn/gongkai/ shuju/sjjd/202208/t20220815_ 2792309. html，2022 年 8 月 15 日。

（二）行业企业数字化转型发展

从各行业规模以上企业中应用人工智能、云计算等信息通信技术（ICT）的企业数量占比看，信息技术服务业企业占比最高；教育、科学研究和技术服务业、交通运输、工业企业占比达到或超过50%；卫生和社会工作、文化体育娱乐业、金融业、租赁和商务服务业、水利环境和公共设施管理业、批发和零售业企业占比均超过40%；居民服务业、建筑业、住宿和餐饮业、房地产业企业占比均超过30%（见图1）。从企业通过自有互联网平台开展经济活动情况看，教育领域开展互联网教育的占比达到两成以上，金融业开展互联网金融的占比达到12%。

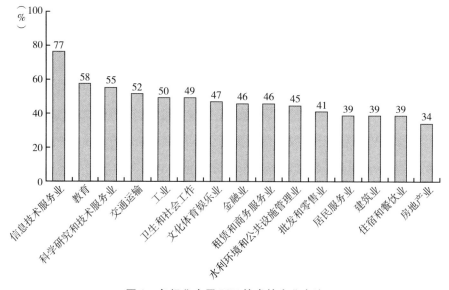

图1　各行业应用 ICT 技术的企业占比

资料来源：2022 年北京市统计局编制完成的《北京建设全球数字经济标杆城市统计监测报告》。

（三）深入推进数字社会建设

数字化社区建设深入推进。跨部门、跨层级、跨政企协作协调，积极推动数字化社区建设。推进回天地区和城市副中心试点，探索引入社会力量参与便民生活服务场景建设，打造基层治理中"大平台、小前端、富生态"的北京模式。首信、阿里巴巴、愿景、首通智城、北京移动等公司在社区治理中的多个场景开展试点。一是数据下沉社区。首批下沉数据清单确定并已完成 29 类数据（约 74.4%）汇聚，结合"回天大脑"已采集 221 类数据、3000 余个数据项，为回天地区数字社区试点提供基础支撑。二是系统梳理及应用。梳理社区（村）常用 12 个部门的 17 个系统，目前已"上链"系统 10 个，已"进舱"系统 9 个。三是版本升级，优化升级服务能力。在"回天大脑"一期基础上，完成领导驾驶舱 2.0 版本升级，提升跨部门、层级用户界面定制化和数据分类授权管控等服务能力。

鼓励发展数字消费新业态，以数字消费助力国际消费中心城市建设。大力发展线上消费，努力打造数字消费新场景，支持传统商圈的数字化改造，在商业街区、景区等重点区域建设智慧商圈，提升数字消费供给水平，促进电商、直播经济、在线文娱等数字消费新模式规范持续健康发展，打造消费升级新动力。覆盖全市"100+"数字经济新场景；对传统商圈进行数字化改造，建成"5G＋华为河图"智慧商圈北京坊、BOM 嘻番里等典型数字消费体验场景，鼓励王府井、CBD 等商圈开展示范性数字商圈试点。培育形成 15 家信息消费体验中心，在 2022 年北京数字经济体验周和数字消费节期间，数字消费累计实现销售额近 70 亿元。

推进生活服务业数字化，首发"一刻钟便民生活圈动态地图"，对全市 9 万余个便民商业网点开展大数据监测分析、精准补建和规范提升。此外，结合智慧水务建设，初步搭建了供水管理模块整体构架，优化相关共享的水量、水质等供水数据。数字文化资源逐渐丰富，"北京数字文化馆"平台各类型全民艺术普及数字资源超 5 万种，资源总量超 4TB；新版首都图书馆 App 注册用户 1.2 万个，累计使用量 30 万次。

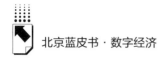

七 善治理：健全数字经济制度体系， 为数字经济持续健康发展确立新规范

（一）制定标杆制度

组建北京市数字经济标准化技术委员会，同步设立数字经济标委会数据资源库、测度指标体系、数据交易、自动驾驶及数字化设施、数字社区5个小组，加强数字经济领域技术标准创制，积极争取国家数字经济领域标准化试点建设，参与国际标准制定。印发施行《北京市数字经济全产业链开放发展行动方案》《北京市数字经济促进条例》。

以《北京市数字经济促进条例》为统领，以全产业链开放发展行动方案、数字经济标准创制和标杆城市监测体系为支撑，智慧城市、数据交易、智能网联等多个垂直领域示范先行的"1+3+N"制度框架体系初步构建。市区加强联动，16区和经开区均已印发实施数字经济三年行动计划。

此外，印发实施促进数字贸易高质量发展措施、软件和信息服务业高质量发展政策、新型智慧城市感知体系建设实施方案、平台经济和电竞产业规范健康发展等细分政策措施，推动多项以信用为基础的新型监管机制出台；建设平台经济综合监管服务系统；出台智能网联客运巴士和无人配送车管理等多项全国首创政策，在前期大数据应用探索基础上，基于《北京市交通出行数据开放管理办法（试行）》《MaaS交通出行数据使用评价方案》，构建智慧交通数据专区管理制度体系的基本框架；聚力发展互联网3.0，发布国内首个数字人产业政策。

（二）标准规范建设

成立北京市数字经济标准化技术委员会，围绕数字经济领域基础研究、标准体系构建、标准制修订、标准实施与推广、标准化人才培育等方面开展相关工作，以标准化手段促进数字技术和场景应用复制推广，推动形成标准引领数字经济全面规范发展新格局。目前标委会秘书处承担单位正在推动 ISO/IEC WD 5259《人工智能面向分析和机器学习的数据质量》等国际标准研制。全年编制完成或发布多个领域的细则、办法等指导性文件。

八 抓监测：探索数字经济测度体系，为把握数字经济发展动态提供新思路

（一）构建城市监测体系

北京市统计局牵头构建并完善全球数字经济标杆城市监测体系，2022年7月，北京建设全球数字经济标杆城市监测体系通过市委财经委会议审议并定期开展监测工作。在《中国信息报》发表的文章《北京加快全球数字经济标杆城市建设》获得了《北京日报》、学习强国和中国经济网等多家媒体转载。同时，持续开展季度和月度统计核算工作，对全市及各区数字经济增加值及结构、数字经济核心产业规上企业收入等指标进行统计，量化数字经济对全市经济增长的贡献。

2022 年北京市统计局编制完成的报告显示，监测体系包括数字产业发展、数字产业应用、数字基础设施、数字技术创新、数字社会治理、数据资源要素 6 个一级评价维度、18 个二级评价维度、45 个评价指标（见图2），分别测算定基指数和标杆指数。2021 年，北京建设全球数字经济标杆城市定基总指数为 123.5，连续两年保持稳步增长，其中，数字产业应用、数字基础设施和数字技术创新 3 个领域发展较快，定基指数分别达到 134.9、127.5 和 121.2（见图3）；北京建设全球数字经济标杆城市总指数为 74.9，接近标杆水平的 75%。其中，数字技术创新、数字产业应用、数字产业发展 3 个维度高于总指数，分别为 88.6、78.6、78.1，更接近标杆水平。

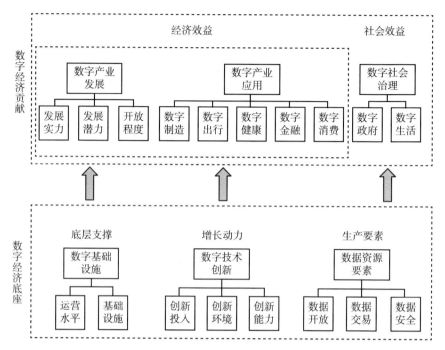

图 2 北京建设全球数字经济标杆城市统计监测体系

资料来源：2022 年北京市统计局编制完成的《北京建设全球数字经济标杆城市统计监测报告》。

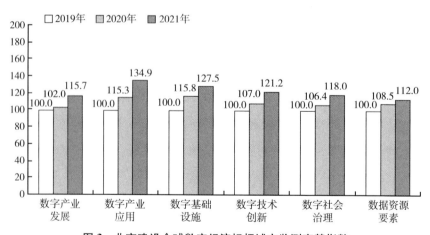

图 3 北京建设全球数字经济标杆城市监测定基指数

资料来源：2022 年北京市统计局编制完成的《北京建设全球数字经济标杆城市统计监测报告》。

（二）打造国际交流平台

以全球数字经济大会为主体，服贸会等"三平台"专题板块为支撑，数字经济领域专业会议为补充的多层次国际合作体系不断完善。高水平举办全球数字经济大会，全面聚焦全球数字经济治理规则；高水平举办全球数字经济大会工业互联网创新发展论坛、京津冀工业互联网协同发展论坛；"数字贸易发展趋势和前沿高峰论坛"作为2022年中国国际服务贸易交易会系列高峰论坛之一，聚焦数字贸易发展新趋势。成立北京国际数字经济治理研究院，积极开展数据合规和数据治理相关研究，筹办中国数字经济发展和治理学术年会，筹办智能网联汽车数据治理和发展论坛，着力构建具有国际影响力的研究网络和学术平台。

整体来看，在建设全球数字经济标杆城市目标指引下，北京市坚持"数字驱动、标杆引领、城市孵化、全球争先"原则，以新时代首都发展为统领，全面系统推动八大任务建设并取得积极成效。通过建设标杆基础设施，以智慧城市建设为着力点，以新基建为抓手，推动新一代信息技术和城市基础设施深度融合，筑牢数字经济发展根基；通过推动创新标杆技术，聚焦"卡脖子"和前沿核心技术，探索完善新型举国体制，自主可控、产研一体、软硬协同的数字技术创新体系初步成形；通过培育数据要素市场，贯通数据汇聚—开放—登记—交易全链条，加大数据要素开放合作力度，促进数据高效合规流通使用；通过打造标杆产业，依托软件、集成电路等支柱产业带动数字经济稳步增长，人工智能产业产值规模超千亿元，区块链产业发展居全国第一，加快建设具有国际竞争力的数字产业体系；通过完善标杆制度体系，出台数字经济促进条例，成立国内首家数字经济标准化技术委员会，建立全球数字经济标杆城市监测体系并开展统计监测，推动数字经济持续健康发展；通过优化数字营商环境，高水平举办全球数字经济大会，全面聚焦全球数字经济治理规则，着力构建具有国际影响力的研究网络和学术平台。

未来，北京将持续紧跟世界前沿技术和战略需求，以高质量发展为主

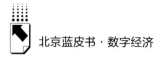

题，以科技创新为引擎，在补齐关键核心技术短板、完善新型基础设施投资运营模式、推进数字经济治理体系和规则先行先试等方面强化建设，加快构建面向未来的数字经济新体系。

参考文献

北京市统计局、国家统计局北京调查总队编《北京统计年鉴 2022》，中国统计出版社，2022。

张劲松：《树数字经济标杆　塑首都发展典范》，《前线》2022 年第 12 期。

孙毅、李欣芮、洪永淼、司马红、郑艳丽、刘志颖、郭琨：《基于高质量发展的数字经济监测评估体系构建——以北京市全球数字经济标杆城市建设为例》，《中国科学院院刊》2022 年第 6 期。

《市经信局局长张劲松：北京将布局数字经济"一区一品"新格局》，《新京报》2023 年 1 月 17 日。

B.7
2022年北京数字经济标杆城市
六大引领工程进展报告

杨浩 唐将伟*

摘　要： 北京数字经济标杆城市六大引领工程的逐步落地，是北京市建设全球数字经济标杆城市的阶段性发展成果，也是推动北京市数字经济产业数字化的重要引擎。本报告通过对数字城市操作系统创制工程、城市超级算力中心建设工程、北京国际大数据交易所建设工程、高级别自动驾驶全场景运营示范工程、跨体系数字医疗示范中心建设工程、数字化社区建设工程进行分析，总结北京市打造数字经济标杆城市六大引领工程的实践经验，探讨工程未来的发展方向，以期为加快数字经济高质量发展拓宽思路，为其他城市推进城市数字经济建设提供"北京经验"。

关键词： 数字经济　标杆城市　引领工程

2022年，北京数字经济发展取得积极进展，国家统计局相关统计数据显示，全市前三季度数字经济实现增加值1.28万亿元，占地区生产总值的比重为42.7%，拉动全市GDP现价增速1.6个百分点；核心产业增加值增长6.6%，占数字经济总量的57%，接近全市经济的1/4，产业贡献度进一步提升，企业竞争力优势明显，数字化赋能产业、赋能城市、赋能民生作用

* 杨浩，博士，北京市社会科学院管理研究所副研究员，主要研究方向为公共管理学、区域发展管理；唐将伟，博士，北京市社会科学院管理研究所助理研究员，主要研究方向为公共经济与公共政策。

凸显。特别是，《北京市数字经济促进条例》于 2023 年 1 月 1 日正式实施，标志着首都数字经济迈入发展新阶段，护航全球数字经济标杆城市高水平建设。"六大引领工程"作为北京建设全球数字经济标杆城市的重要引领示范工程，各项工作逐步落地实施并取得了显著成就，一大批数字经济基础性、综合性、关键性环节取得了瞩目的成绩，在引领北京市全球数字经济标杆城市建设中的作用越来越突出。

一　数字城市操作系统创制工程

（一）数字城市操作系统发展情况

北京市以智慧城市建设为着力点，全面启动"七通一平"项目建设，推动新一代信息技术和城市基础设施深度融合，数字城市底座加速夯实。2022 年，千兆固网累计接入 134.4 万用户，建成 5G 基站 7.6 万个，万人 5G 基站数、算力规模指数、卫星互联网集聚企业数量、商业卫星数量等均领先全国。实现 5G 信号五环内全覆盖、五环外重点区域和典型场景精准覆盖，建成全球最大规模的城市级 5G+8K 立体播放体系，建成国家工业互联网大数据中心和顶级节点指挥运营中心，接入二级节点和主动标识数量居全国首位。2022 年，北京市新基建完成资产投资 935.3 亿元，同比增长 25.5%，拉动全市投资增长 2.3 个百分点。

（二）数字城市操作系统发展方向

1.加快空间操作系统技术迭代，构建平台级数字原生底座

北京市适度超前部署数字基础设施建设，建成一批示范引领性强的数据原生基础设施，拓宽重大场景应用领域，加快感知体系建设和城市码应用，夯实智慧城市数字底座。推动标杆技术创新，构建安全可控技术体系。持续开展 6G 通信、量子科技、算法、区块链、生物与信息技术融合、互联网 3.0 等领域技术攻关，支持悟道、长安链等迭代升级；推动构建 CPU、操作

系统、数据库等基础软硬件技术体系，打造结合软件框架+芯片的 AI 产业生态，加快构建开源创新生态。

2. 建设标杆基础设施，筑牢城市数字底座

市经信局会同海淀区围绕数字经济标杆城市建设总体要求，细化短期工作目标和具体实施路径，明确各参与主体的责任与分工，推动数字城市空间操作系统创制工程建设。优化智慧城市重大基础设施布局，持续推动 5G、千兆固网、智慧城市专网、新型算力设施深度覆盖，争取更多项目尽快落地见效。适度超前部署数字基础设施，建设支撑数字原生的信息网络，加快城市感知体系建设和城市码应用，加强数据中心优化提升和算力中心统筹布局，持续建设数字城市管廊，完善推广"三京""七通一平"项目，进一步夯实数字经济发展底座。

二　城市超级算力中心建设工程

（一）城市超级算力中心发展情况

1. 城市超级算力中心创新能力逐步增强

北京数字技术持续突破，首个超导量子计算云平台上线，率先建设超大规模人工智能模型"悟道2.0"，发布国内首个自主可控区块链平台"长安链"。2021 年全市数字经济企业发明专利授权量达到 4.3 万件，增长 1.2 倍，占全市的比重为 54.2%。2021 年北京数字经济及相关领域本科毕业生2.9 万人，占全市毕业生的比重为 23.5%，比上年提升 0.6 个百分点，全市ICT 行业从业者和研发人员占全市从业人员的比重逐年上升，2020 年分别达到 10.4% 和 3.8%。猎聘公司发布的《智聚　融合　创变——2021 数字经济人才白皮书》显示，北京数字经济人才占全国的 16%，排名首位，其次是上海（15.8%）和深圳（8.5%）。

2. 相关企业研发投入持续加大

从北京市研发投入数据来看，数字经济核心产业企业研发费用占营业收入的比重从 2019 年的 5.9% 提升至 2021 年的 7%，高于全市水平 2.1 个百分点。2021 年，数字经济核心产业企业研发费用 3216.7 亿元，增长 29.7%。重点企业带动作用明显，研发投入前 20 企业研发费用占全市的比重超四成，研发投入强度达 20.5%。其中，字节跳动、快手、小米和京东研发费用超百亿元，另有 39 家数字经济产业企业研发投入超 10 亿元。

3. 城市超级算力中心的建设思路和进展

为推动城市超级算力中心建设工程尽快落地，北京市初步考虑以"一平台、多中心"为思路推动建设工作。2022 年优先聚焦重大项目建设，深入调研细分场景下的算力需求，指导建设 2 个市级人工智能算力平台，实现本市算力供给与需求的对接，验证人工智能算力中心市场化、可持续的发展模式。同步推进北京市算力调度平台建设方案的编制，力争启动调度平台建设。数字新产业集聚发展，核心竞争力进一步增强。软件、集成电路等支柱产业带动数字经济稳步增长，人工智能、区块链、信创、工业互联网等新兴数字产业规模均居全国之首，集成电路装备产业集群规模为全国最大。2022 年，全市信息传输、软件和信息技术服务业实现增加值 7456.2 亿元，增长 9.8%。国家网络安全产业园三个园区全部开园，累计落地 300 余家企业，形成基础硬件、基础软件、芯片、集成服务等全产业链生态体系。

（二）城市超级算力中心发展方向

1. 深入细分场景，开展需求调研

一是加大对企业开展基础研究的支持力度，集中力量攻克智能制造装备核心零部件、模拟芯片、工业互联网等关键核心技术"卡脖子"问题，超前布局 6G 网络、量子科技、算法创新、区块链等技术，提高数字经济硬实力，持续跟踪算力需求，[①] 为算力工程方案编制的有效推进打下数据基础。二是加强培育数字经济企业，释放中小微企业创新活力；鼓励央企在京进行

[①] 韩志明、刘华云：《计算、算法和算力：基于信息的国家计算逻辑》，《探索与争鸣》2021 年第 3 期。

数字产业布局，设立数字科技公司，充分利用北京科技及平台资源，打造央企数据管理中心。三是引导培育标杆企业，增强市场竞争优势。加强全市数字经济产业园区规划建设，建立标杆企业遴选服务机制，编制发布新基建新技术新产品清单及支持指南。支持平台企业规范健康发展，持续提升技术创新能力。加快推动产业互联网发展和企业数字化转型。加快推进城市算力升级、网络扩容提速等建设，适度超前部署新型基础设施建设，夯实数字经济发展底座。

2. 加快区域试点建设，建立公共算力支撑

一是围绕原始创新需求，推动海淀区北京科技创新算力中心项目建设，提高支撑北京市人工智能科学研究及中小企业研发需求的算力。二是引导社会资本探索市场化手段推动朝阳区北京数字经济算力中心项目论证和落地，为北京市后续算力公共商业算力基础设施建设和运营树立标杆示范。三是充分利用各区产业特色优势，落实好数字经济行动方案，发挥外围区的产业空间利用效率，促进地区间产业资源流通和产业发展效率提升。

3. 联合主要芯片企业，紧抓国产化适配验证工作

一是推动国产芯片适配，大幅提升国产芯片在算力设施中的占比；二是聚焦高端芯片、传感器、人工智能等关键技术，依托创新产业集群示范区、高新技术产业开发区等产业集群，加快培育数字基础技术标杆企业；三是以"东数西算"工程为契机，鼓励支持企业在全国布局算力网络体系，促进数字经济与资源的协调可持续发展。

三 北京国际大数据交易所建设工程

（一）北京国际大数据交易所发展情况

1. 推进数据采集处理标准化

2022 年，北京市推动自动驾驶、数字医疗、数字金融、智慧城市等领域开展数据采集标准化试点。建立聚焦数据采集主体、数据来源和采集方式

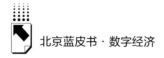

合法性、正当性的管理机制,推动不同场景、不同领域数据的标准化采集和高质量兼容互通,提升大规模高质量的数据要素生产供给能力。

2. 实施数据分级分类管理

北京市实施网络数据分级分类管理,明确提出加强网络数据分级分类管理,督促网络数据处理者落实网络数据安全保护要求。2022年10月,为做好公路水路交通运输数据分类分级工作,按照"分类清晰、分级准确"原则,依据交通运输部办公厅发布的《公路水路交通运输数据分类分级指南》,交通委组织开展了公路水路交通运输重要数据梳理识别工作,组织本单位交通运输数据处理者进行了重要数据的初步梳理识别。同时为进一步落实《数据安全法》实施网络数据分级分类管理的要求,北京交通委积极开展2023年度"北京市交通运输网络数据安全分类分级保障"等项目立项,为下一步研究北京市交通运输数据分级分类指南,完成委内交通运输数据分级分类的汇总审核、发布、对接等提供技术依据和技术保障,保障数据分级分类管理满足实际需求。

3. 培育数据合规流通模式

北京市加大数据要素开放合作力度,完善公共数据开放平台,设立金融数据专区支持金融机构开展普惠业务,实现数据调用5433万次。国际大数据交易所首推"可用不可见、可控可计量"交易模式,完善基于自主知识产权的交易平台,上架数据产品1364个,参与主体329家,交易调用7.73亿笔。发布全球首个基于真实场景的车路协同自动驾驶数据集。成立全国首个数据资产登记中心,发布首份数据资产评估报告,落地全国首笔千万级数据资产评估质押融资贷款。推动数据跨境流动地方性探索,支持设立数据跨境安全与产业发展协同创新中心。

4. 加大数据开放共享力度

目前,北京市公共数据开放平台汇集115个单位数据,开放数据集1.4万个、数据项56.7万个、数据量71.9亿条,公共数据开放指数达26%,数据开放量居全国首位,其次是山东(48亿条)和四川(27亿条)。北京市交通委员会积极推进交通领域政务数据的社会化应用和开放,向社会进一步释放交通数据红利。基于政府监管、企业运营、百姓出行需求，探索建立政企合作"互联网+"一体化出行信息服务创新工作模式。北京市交通委员会持续向百度、高德、美团、滴滴、腾讯5家交通出行服务企业开放了地面公交、轨道交通、静态交通、路网运行等四大类14项交通出行类数据。积极推进北京交通绿色出行一体化服务平台（MaaS）建设，为市民提供整合多种交通方式的一体化、全流程的智慧出行服务。同时依托北京公共数据开放创新基地，持续开展智慧交通数据应用创新竞赛，为特色企业提供闭环式数据开放服务。

5. 推进数据专区建设

北京市积极探索智慧交通数据专区的定位与运营模式，明确智慧交通数据专区作为智慧交通数据开放应用载体、运营管理平台、数据服务统一接口的定位，明确专区承担智慧交通数据统进统出、制度化管理、创新社会应用的功能；探索确立交通数据专区的监管、运营、提供、使用四方角色的运营模式，明确专区中的数据类别与不同数据类别的运营方式。依托北京冬奥会及冬残奥会MaaS智慧出行服务保障关键技术研发及试点示范项目，逐步推进交通数据专区原型系统开发及应用工作，完成关键功能的原型系统模块功能设计与原型研发工作。同时加快拓展碳普惠场景成为智慧交通数据专区的应用场景。

6. 推进数字贸易发展

北京市数字贸易也呈现快速发展态势，以朝阳区为例，金盏国际合作服务区和北京国际大数据交易所均位于朝阳区。2022年新设数字经济企业数量增长较快，近三年新设企业累计达1763家，占全区数字经济企业的30.5%。2021年3月，北京国际大数据交易所设立运行，已引入数据产品500余项，数据交易调用量超过1300TB。这意味着，数据也可以像普通商品一样进行分类定价和交易。目前，北数所已对接各类数据资源库超40亿条，数据交易联盟参与机构达45家，交易系统参与主体145家，上架数据产品241个。

7. 加快数字金融发展

北京依托金融产业优势，深入推进金融科技与专业服务创新示范区建设。围绕支付清算、登记托管、征信评级、资产交易、数据管理等环节，支持数字金融重点机构和重大项目落地。依托金融公共数据专区支持金融机构创新产品和服务，鼓励金融机构之间通过区块链、隐私计算方式共享业务数据，提高金融风险防控能力。京津冀征信链成为全国首个基于互联网的涉企征信链，是人民银行营业管理部践行金融支持京津冀协同发展、共享发展的重要举措，也是持续加强社会信用基础建设、改善营商环境、提升小微金融服务能力的有益探索。目前平台系统已覆盖京津冀地区99%以上的市场主体，初步实现征信信息跨区域、跨行业、跨领域流动。截至2022年12月末，上链产品累计调用达719.8万次，助力商业银行向649.3万户小微企业及个人消费者发放信用贷款299.9亿元。后期人民银行营业管理部将积极配合落实相关工作。

（二）北京国际大数据交易所的发展方向

1. 发挥政府部门引领作用

北京市通过构建数据要素全流程保障规则，打造多层级数据要素市场，充分利用资本市场推动数字经济发展，探索数据资产财务核算机制，支持企业上市融资，形成数据、金融、产业间的正向循环。加快健全数据要素市场新体系。2022年12月为了深入贯彻落实《中共中央　国务院关于构建数据基础制度更好发挥数据要素作用的意见》，北京市率先创建数据基础制度先行示范区，持续高水平建设北京国际大数据交易所。同时，为了更好地落实数据基础制度，完善数字经济治理体系，率先创建数据基础制度先行示范区和数据特区，推进数据采集、处理、共享、应用等试点工作，探索沙盒监管等技术赋能的新型监管方式；加大公共数据开放力度，深化金融、交通、信用、空间、位置等专区建设，扩大数据资产评估范围，开展国家数据知识产权试点。推动垂直领域的标准创制，强化信创、数据等新兴产业政策创新。

2. 制定北京市数据分类分级规则

北京市加快制定数据分类分级规则，明确一般数据和重要数据识别认定标准。推动政务、工业、通信、交通、医疗、金融等行业领域重要数据目录的研究制定，建立并实施动态更新管理机制。着力打造标杆平台，构建数字贸易开放新格局。完善国际合作对接交流机制，构建以全球数字经济大会为主体的多层次合作平台。探索数据跨境安全合规流动模式。积极参与数字领域国际规则和标准制定，加强与有关国家地区开展互利合作。强化数字经济安全体系建设。在京津冀统筹数据中心布局，加强三地产业链和创新链的有效衔接，争取北京的科研成果能够在京津冀区域内生产与转化。

3. 推进数据专区建设

北京市积极配合医疗领域的数据专区建设，做好政务数据开放。一是积极推进药监数据中心建设，启动药品品种企业全生命周期数据管理平台项目建设工作，串联起全市药品监管品种和监管企业信息，面向社会公众开放，为全市企业和公众提供优质高效的数据查询服务，促进产业发展和"两区"建设。二是根据牵头单位需求，积极配合开展医疗数据专区建设，按需进行数据汇聚，依法进行数据开放。

4. 探索数据资产价值实现

先行先试探索拥有合法数据来源的市场主体以数据资产作价出资入股相关企业，对外提供担保服务或者进行股权、债权融资，支持其与信托机构、数据服务商探索开展数据信托、数据托管、数据提存服务。支持银行等金融机构在风险可控的前提下，探索开展数据资产融资、数据资产保险、数据资产证券化等金融创新服务。

四　高级别自动驾驶全场景运营示范工程

（一）高级别自动驾驶全场景运营示范区建设情况

1. 开设自动驾驶测试道路

截至 2021 年底，全市开放 1027.9 公里自动驾驶测试道路，公开道路测试总里程超 365 万公里，测试里程相当于同期美国加州①（660 万公里）的 55.3%。据美国加州车辆管理局发布的《2021 年自动驾驶路测报告》，北京小马智行年度测试里程约 50 万公里，排名第 3;② 年平均接管里程（MPI）③ 2.3 万公里，排名第 7。围绕无人配送车、无人接驳车、无人化测试、高速公路测试等系列管理政策，开展共商共研，结合工作职责，深入研提了车辆编码、通行规则、事故处理、违法处罚、日常监管、违规处置等方面的意见，配合推动政策落地实施。

2. 建设高级别自动驾驶示范区

积极发展自动驾驶、车路协同、共享出行等新兴产业，推动传统交通运输业和互联网有效渗透和整合，构建新一代数字出行一张网。经开区以建设全市高级别自动驾驶示范区为引领，2021 年实现核心区 60 平方公里、305 个路口智能网联道路基础设施全覆盖，全年自动驾驶测试里程 304 万公里，占全市测试里程的七成以上。建设全球首个网联云控式高级别自动驾驶示范区，初步形成"车路云网图"五大体系，建立智能网联汽车政策先行区，开放国内首个出行服务商业化试点，目前已启动 100 平方公里的 3.0 阶段建设。

3. 制定事故处置程序

围绕智能网联汽车事故责任认定，规范了自动驾驶车辆交通事故处置程序，明确了自动驾驶车辆交通事故上报和数据采集的管理要求，完善了处置规范，已会同市联席小组、市自驾办统一组织实施。顺义依托理想汽车、美团无人驾驶总部等优势资源，发展智慧交通，依托国家地理信息科技产业园、航天科技产业园、北京中德产业园等园区发展智能制造、地理信息及卫星互联网产业。围绕智能网联汽车运营监管工作，研提了统一数据格式、开放数据共享、支撑

---

① 美国加州目前拥有数量最多、测试时间最长的全球自动驾驶公司，有 28 家自动驾驶公司和 1180 辆自动驾驶车辆在加州进行路测。

② 排前 2 名的是美国谷歌和通用旗下的自动驾驶子公司，年度测试里程分别为 375 万公里和 142 万公里。

③ 年平均接管里程（MPI）是自动驾驶核心衡量指标，指自动驾驶平均开多少公里需要被人工干预一次。年平均接管里程（MPI）排名前七位中有 5 家中国公司，分别为 AutoX（深圳，8 万公里，排名第 1）、滴滴自动驾驶（上海，6 万公里，排名第 3）、文远知行（广州，3 万公里，排名第 5）、元戎启行（深圳，2.4 万公里，排名第 6）、小马智行（北京，2.3 万公里，排名第 7）。

事故处理等对云控平台的相关需求，在云控平台建设中将加强对接，不断完善闭环监管机制。持续做好道路施工、号牌发放、秩序维护等交通管理保障工作。

（二）高级别自动驾驶全场景运营示范工程的发展方向

1. 加强自动驾驶试点建设

北京市开展基于自动驾驶混行状态的群智协同技术创新与管理实践。以车路协同基础设施为基础，以无人配送车的快速增加为契机，基于云控平台的协同指挥能力，通过与交管部门密切协同，无人配送车可实现按需调度，探索交通流的精准管控，力图通过不断实践，实现渣土车、物流车等强监管车辆的个体精准监管调度。

2. 打造智慧交通示范区

北京市深化标杆工程建设，培育发展未来产业。推进高级别自动驾驶示范区3.0建设，加快推进扩区、L3试点准入、商业运营等工作，以智慧交通为抓手，提升交管部门在秩序执法、安全监管、出行服务等方面的管理效能以及加大对智能网联和自动驾驶的测试应用监管力度，实现智能网联与交通管理双向赋能和健康发展。

3. 推动智能网联汽车立法工作

北京市在政策先行区"2+5+N"智能网联汽车管理政策体系基础上，通过推进地方立法，进一步优化智能网联汽车产业发展环境，重点突破智能网联汽车产品准入、销售、合法运营、违法违规及事故定责、保险等方面的障碍，建立适用智能网联汽车监管的原则性制度框架，为关键核心技术攻关、产业培育发展及示范应用创造有利条件。

五 跨体系数字医疗示范中心建设工程

（一）跨体系数字医疗示范中心建设工程的发展状况

1. 筑牢数字医疗制度规范

北京市编制并通过了《北京智慧医疗健康实施方案》，重点明确了卫生健康行业大数据汇聚和共享应用的主要任务和实施路径。同时立足首都优势，结合监管实践，积极探索制定数字疗法产品的临床试验设计指导原则、医疗器械注册审查指导原则，积极参与国家药监局医疗器械审评中心相关技术文件的制修订工作，截至目前，《医疗器械软件注册审查指导原则（2022年修订版）》《移动医疗器械注册技术审查指导原则》《医疗器械网络安全注册技术审查指导原则》均已发布实施，为数字医疗产业发展提供了有力支撑。

2. 打造数字医疗示范中心

北京市在 AI 技术、大数据、云计算等智能科技和新一代信息技术融合医疗健康领域，推动传统医疗服务优化升级，发展壮大智慧医疗，打造数字化健康服务新业态，推动跨体系数字医疗示范中心建设，形成数字化健康服务产业集聚发展态势。

3. 加强数字医疗平台建设

加快城市副中心跨体系数字医疗示范中心建设，统一市民健康数据，构建智能医疗生态。[1] 2022 年 8 月，实现全市定点医疗机构医保结算以医保信息平台为准；2022 年 12 月，医保经办功能正式上线运行，完成了国家医保局对医保信息平台的统一建设要求，稳步提升首都"数智医保"水平，加快数字医疗相关产业发展。

（二）跨体系数字医疗示范中心建设工程的未来方向

1. 推进医疗数据中心建设

针对实施跨体系数字医疗示范中心建设工程中遇到的问题，积极推进医疗数据中心建设，启动药品品种企业全生命周期数据管理平台项目建设，串联起北京市药品监管品种和监管企业信息，面向社会公众开放，为北京市企业和公众提供优质高效的数据查询服务，促进产业发展和"两区"建设。

---

[1] 杨善林、丁帅、顾东晓、李霄剑、欧阳波、齐佳音：《医联网：新时代医疗健康模式变革与创新发展》，《管理科学学报》2021 年第 10 期。

积极配合开展医疗数据专区建设，按需进行数据汇聚，依法进行数据开放。

2.加快推进平台化建设

加快推进卫生健康行业关键信息基础设施"全民健康信息平台"项目建设。组织起草《北京卫生健康大数据管理办法》，优化个人健康记录应用场景功能，进一步汇聚各区卫生健康信息平台中区属医院诊疗数据。

3.跟进数字医疗产品发布

北京市继续服务数字医疗产品注册上市，积极参与国家药监局医疗器械审评中心相关技术文件制修订工作，持续跟进数字医疗产业医疗器械注册相关审查指导原则发布进展。扎实开展医院电子病历、电子医学影像及公共卫生数据采集，探索开展智能穿戴设备数据采集，① 持续做好医疗健康数据高质量汇聚工作，为各类应用场景夯实数据基础。

六　数字化社区建设工程

（一）数字化社区建设工程的发展状况

1.整合政府资源保障民生

北京市坚持以人民为核心，从"办好一件事"出发，聚焦高频难点民生问题，整合政府内部资源，面向市民和企业提供全面服务，提升公共服务治理和民生保障能力，打造"智慧生活新体验"。从各区发展来看，昌平区会同市经信局，联合开展回天地区"城市大脑"建设，历经5个月时间打磨形成"1+1+3+N"体系架构，整合基础资源十四大项，下沉共享市、区、社会403项数据，选取"两街三域"为试点，结合"五清一感"贯通大中小屏工作平台，完成"全科检查"、小区共享停车、智能配时红绿灯等九大应用场景群建设。通州区着力打造数字化社区，推进国家网络安全产业园、

---

① 吴琼、陈思、朱庆华:《产业链视角下我国老年智能可穿戴设备产业竞争情报分析》，《情报理论与实践》2020年第5期。

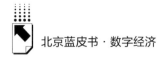

张家湾设计小镇建设，发展网络安全、数字设计等新兴产业。

2. 加快实施副中心社区示范工程

北京市加快打造"灯塔"社区，加快布局副中心社区示范工程，推动实施"整体管家服务"模式。推进商圈数字化发展，鼓励王府井、CBD等商圈打造示范性数字商圈试点。启动生活服务业数字化，首发"一刻钟便民生活圈动态地图"，对全市9万余个便民商业网点开展大数据监测分析、精准补建和规范提升。同时，在"智慧城市2.0"建设框架下，进一步推动基层治理模式升级，切实打通为民服务"最后一公里"。鼓励老字号数字化。223家北京老字号中，70%以上实现触网销售，50%开展线上直播。居民生活数字化水平提高。2021年，电表智能化率达100%；安装智能化水表247万块，比上年新增107万块，智能化率近五成；安装智能化燃气表94.9万块，比上年新增92.9万块，智能化率约为15%，2021年，北京市民数字生活满意度达到78.7%。

3. 打造智慧社区场景

北京市坚持通办、统管、慧治有序推进，以智慧应用助力政务服务和城市管理效能提升。"一网通办"市、区两级100%政务服务事项实现"全程网办"，完成出生、教育、就业、医疗等20个市级"一件事"场景建设。综合监管试点场景已在前期餐饮、物流等10个领域基础上扩展至药店、超市等20个领域。"一网统管"正在推进地下管线防护、生活垃圾精细化管理、燃气用户安全管理、建筑垃圾全流程管理、智能化供热等场景建设。不断拓展"一网慧治"范围，交通、教育、规自、城管、疫情防控等领域决策平台加速建设，朝阳、海淀、昌平、丰台、大兴等"区域大脑"建设持续推进。

（二）北京数字化社区建设工程的发展方向

1. 提升基层治理智能化水平

北京市开展数字化社区建设，旨在贯彻落实党中央、国务院对加强基层治理体系和治理能力现代化的要求，进一步整合城乡社区治理信息数据资源，实现数据资源驱动基层治理创新，全面提升北京市基层治理智能化水平。数字化社区建设工程是北京市建设全球数字经济标杆城市的引领工程之一。加快智慧社区建设，让数据实现有序流动，借助"城市大脑"让智力、数据价值资源为基层赋能，优化社区微生态，实现社区智慧化与"产城人"一体化同步发展，以促进基层减负增效。

2. 加快实施方案启动

近年来，北京市加快信息化、数字化、智能化发展并逐渐服务于基层治理。各社区期待建立统一的信息平台，通过整体设计实现数据的统筹、整合、互认，依托统一平台建立完善的数据推送机制，并实现数据活化、持续更新，在不同层级、范围实现数据共享。在"智慧城市2.0"建设框架下，进一步推动基层治理模式升级，切实打通为民服务"最后一公里"，推进智慧社区建设的顶层设计，助力基层治理数字化转型与可持续发展。用数字化赋能社区商业发展，努力把社区商业打造成线上线下融合发展的全新商业模式。

3. 推动智慧社区场景开放

推动数字化转型场景开放，强化数字赋能城市民生。推进"京通""京办""京智"应用，加强"三京"统一入口整合和功能完善；高标准推进"一网通办""一网统管""一网慧治"。围绕新技术、新标杆、新示范、新基建等，加快推动智慧医疗、智慧交通、智慧商圈、智慧教育、智慧家庭等重点场景实现突破。依托线上社区数字化平台和线下社区服务机构，推动政务服务平台、社区感知设施和家庭终端联通，打通"最后一公里"社区经济圈。以社区微生态优化促进都市大产业升级，形成"数据—算法—服务"的正向闭环，推动单体设备、碎片拼凑式场景体验向跨场景全域智能体验进化，实现社区智慧化与"产城人"一体化同步发展。

七　结语

2022年以来，北京市坚持高标准推进六大引领工程建设，稳步推进数字城市操作系统创制工程逐步落地，夯实城市超级算力中心工程建设的基础，加快建设北京国际大数据交易所工程，高标准建设高级别自动驾驶全场景运营示范工程，系统推进跨体系数字医疗示范中心建设工程，深入开展数字化社区建设实践，有力助推了北京数字经济高质量发展，为北京市统筹经济发展与疫情防控、统筹发展安全奠定了坚实的基础。六大工程成为北京市建设全球数字经济标杆城市的重要抓手，成为北京全球数字经济标杆城市高质量发展的重要成果。北京数字经济标杆城市建设的六大引领工程既是政府治理体系和治理能力现代化的重要探索，也是产业结构优化升级的重要实践，更是助力首都高质量发展的重要战略选择。六大引领工程的新进展，有利于充分发挥北京数字经济发展的引领示范作用，同时也是加快北京迈向全球数字经济标杆城市的重要支撑，随着党的二十大关于数字经济发展的各项政策不断实施，国家对数字治理的要求不断提高，北京数字经济六大工程的示范成效将更加显现，这必将助力北京成为全球数字经济发展的重要先行城市和标杆城市，成为世界重要的数字驱动、创新驱动城市。

参考文献

孙若丹、李梦茹、孟潇：《北京建设全球数字经济标杆城市的路径研究》，《科技智囊》2022年第2期。

于施洋、郭明军、郭巧敏等：《数字城市"新市政"：城市算力网的总体架构及实施路径研究》，《电子政务》2022年第12期。

谭日辉、陈思懿、王涛：《数字平台优化韧性城市建设研究——以北京城市副中心为例》，《城市问题》2022年第1期。

东青：《北京国际大数据交易所探索数据交易新范式》，《数据》2021年第4期。

王薏群：《数字技术下超大城市交通协同治理探析——以北京智慧交通发展为例》，《数据》2022年第6期。

邓春艳、杨雨程、华开峰：《云边协同关键技术及其在智慧交通中的应用》，《无线互联科技》2022年第20期。

林陶玉、冯文明、方鹏骞：《协同创新视域下数字医疗联合体建设路径分析》，《中国医院管理》2022年第7期。

李铁强：《探讨数字医疗技术现状及未来发展方向》，《中国医疗设备》2022年第10期。

张聪丛、王娟、徐晓林等：《社区信息化治理形态研究——从数字社区到智慧社区》，《现代情报》2019年第5期。

杨芳萍:《基于数字化社区的医疗卫生服务平台研究》,《物联网技术》2021年第11期。

金炜玲、李熠、李佳:《数字化社区治理:应用政务热线大数据创新物业管理》,《电子政务》2021年第2期。

B.8
北京数字技术创新的进展与经验总结

王　鹏　张彦军　蒋金洁*

摘　要： 数字经济高质量发展的核心在于数字经济产业前沿技术研发。本
报告立足于北京市数字经济发展总体布局，对北京市数字前沿技
术创新研发工作进行研究，归纳近年来北京在核心技术创新、产
业化应用、成果转化等方面取得的主要成果，进一步总结其成功
经验，为全国前沿技术发展提供借鉴思路，并对北京数字技术发
展提出建设性建议。

关键词： 数字经济　数字技术　创新研发　成果转化

　　数字经济产业前沿技术研发作为数字经济高质量发展的重要驱动力和核
心突破口一直备受关注。近年来，北京市针对数字经济产业前沿技术研发部
署重要任务，要求将"聚焦突破高端芯片、基础软硬件、开发平台、基本
算法、量子科技、脑机科学等'卡脖子'问题和前沿核心技术，推出一批
世界一流的首创技术、首制产品，成为全球数字技术创新策源高地"作为
总体目标之一；要引导企业、高校、科研院所、新型研发机构、开源社区
等，围绕前沿领域，提升基础软硬件、核心元器件、关键基础材料和生产装
备的供给水平，重点培育高端芯片、新型显示、基础软件、工业软件、人工

---

　　* 王鹏，博士，北京社科院管理研究所副研究员，主要研究方向为数字经济、数字政府；张彦
军，北京市科学技术研究院数字经济创新研究所高级工程师，主要研究方向为数字经济、科
技创新；蒋金洁，北京市科学技术研究院科技智库中心副研究员，主要研究方向为数字经
济、科技政策。

智能、区块链、大数据、云计算等数字经济核心产业。

近年来，北京市集中力量攻克关键技术"卡脖子"难题，努力突破高端芯片、人工智能、区块链、隐私计算等领域的关键核心技术，超前布局6G、未来网络、类脑智能、量子计算等未来科技前沿领域，诞生了一批具有世界影响力的研究成果，也形成了一系列可参考、可推广的探索经验。因此，有必要对北京市数字前沿技术创新研发工作进行整体研究、经验总结与趋势展望，为全国前沿技术领域未来发展提供借鉴思路。

一　北京市数字经济领域前沿技术研发布局概况

近年来，北京坚持首善标准，紧抓底层技术和核心技术攻关，在数字经济前沿技术研发方面以国家级重点实验室、新型研发机构和产业创新中心为核心，形成了整体性、立体化、多层次的发展格局。其中，国家重点实验室作为国家战略科技力量，主攻国家科技发展任务中的"卡脖子"难题；新型研发机构主要依托高校、企业、市属科研机构等平台，立足基础研究实现创新引领；产业创新中心重点布局产业间合作与应用，推动先进技术跨界融合应用。以上述布局为支点，北京市持续推进基础研究、产融结合和成果转化，不断吸引科技创新人才及高水平创新团队，以数字技术创新赋能数字经济发展。

（一）国家重点实验室

北京作为国际科技创新中心，立足国家科技战略规划，率先打造以国家实验室为龙头的战略科技力量。国家实验室坚持"四个面向"，聚焦关键核心领域的"卡脖子"问题开展科研攻关。目前，中关村、昌平、怀柔三个国家实验室正在加速建设和培育中，通过体系化发展，实现高标准入轨建设。其中，中关村国家实验室是国家网络信息领域的新型科研事业单位，聚焦国家网络信息和互联网建设领域，开展战略性、前瞻性、基础性重大科学问题和关键核心技术研究，推动网络信息领域的产学研融通科技创新。

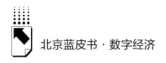

（二）新型研发机构

2018 年，《北京市支持建设世界一流新型研发机构实施办法（试行）》出台，聚焦重大基础前沿科学研究和核心技术突破，相继布局了一批新型研发机构，采取与国际接轨的治理模式和运行机制，建设自主可控、产研一体、软硬协同的技术创新体系，有力支撑了国际科技创新中心建设和全市数字经济产业发展（见表 1）。

表 1   北京市部分新型研发机构主要情况一览

机构名称	成立时间	研究领域	简介
北京量子信息科学研究院（以下简称"量子院"）	2017 年 12 月	量子物态科学、量子通信、量子计算、量子材料与器件、量子精密测量等	由北京市政府和中国科学院、清华大学、北京大学等顶尖高校院所共同组建，以建设世界一流新型研发机构为目标，力争在量子物理等基础研究领域取得世界级成果
北京智源人工智能研究院（以下简称"智源研究院"）	2018 年 11 月	人工智能的数理基础、机器学习、智能信息检索与挖掘、智能体系架构与芯片、自然语言处理、人工智能的认知神经基础	是在科技部和北京市支持下，联合北京人工智能领域优势单位共建的新型研究机构，推动北京成为全球人工智能学术思想、基础理论、顶尖人才、企业创新和发展政策源头与国际领先的人工智能创新中心
北京微芯区块链与边缘计算研究院（以下简称"微芯研究院"）	2019 年 3 月	物联网芯片、新型传感器、区块链、人工智能等前沿技术	是在北京市委、市政府推动和指导，市科委和海淀区政府支持下成立的新型研发机构，以建设世界一流的区块链和边缘计算核心技术研发平台为目标，积极展开科技任务攻关及行业示范应用
北京脑科学与类脑研究中心	2018 年 3 月	脑认知基本原理解析、认知障碍相关重大疾病、类脑与脑机接口、共性技术平台和资源库建设等	瞄准世界脑科学与类脑研究前沿和国家在脑科学与类脑研究领域的战略急需，汇聚全球顶尖科学家及其创新团队，成为国际一流的脑科学与类脑研究研发机构
北京雁栖湖应用数学研究院	2020 年 6 月	数学物理与理论物理、材料科学、人工智能与大数据、图像科学、大尺度建模与计算、统计方法与数据科学等应用数学	瞄准前沿基础理论和关键工程技术等领域的战略需求，争取形成一批有重要影响的原创性科学成果，推动我国应用数学研究实现新突破

资料来源：各研究院官方网站。

（三）核心技术领域联合创新中心

北京市在核心技术领域进一步整合科技力量和人才资源，布局高校与企业联合协作方案并成立联合创新中心。自2015年北京市教委启动第一期北京高校高精尖创新中心建设以来，目前已建设24个高精尖中心，新一期建设了集成电路高精尖创新中心和未来区块链与隐私计算高精尖创新中心，有效推动高校加速产出突破"卡脖子"核心关键技术的实质性科技成果，促进产学研深度融合和网络强国建设。

专栏1 未来区块链与隐私计算高精尖创新中心

作为科技创新平台，未来区块链与隐私计算高精尖创新中心不仅致力于技术研发创新，也重视人才培养和可持续发展。中心将建立优秀的人才梯队，提供强大的技术和人才支撑，为区块链和隐私计算的可持续发展做出贡献。该中心的研究方向涵盖了动态自适应区块链系统、多尺度隐私计算开源平台、专用架构芯片和硬件等核心技术。其中，动态自适应区块链系统是指具有自我适应性能力的区块链系统，能够根据网络负载、交易量等因素自动调整性能，以提高网络效率和可扩展性。多尺度隐私计算开源平台则是多层次的隐私保护系统，能够在不暴露个人隐私的情况下进行数据分析和共享。专用架构芯片和硬件是指为区块链和隐私计算领域设计的高效、安全、可靠的芯片和硬件，能够提高计算效率和保护数据安全。此外，该中心还将探索区块链与隐私计算穿透式监管等创新领域。穿透式监管是指利用区块链技术和隐私计算技术实现对金融市场、政府监管、医疗保健等领域的监管，以提高监管效率和保护数据隐私。未来区块链与隐私计算高精尖创新中心的成立将为区块链和隐私计算领域的研究和发展提供强大的技术和人才支撑，推动该领域的发展和创新。

专栏2　集成电路高精尖创新中心

2022年2月19日，集成电路高精尖创新中心由北京市政府批准、北京市教委立项成立，依托北京大学、清华大学共同建设，联合北京市集成电路产业重点单位开展深度合作，聚焦集成电路领域技术难题并开展协同攻关，吸引汇聚集成电路领域优秀人才，力争在基础理论研究、先进技术研发、产品优化升级等方面取得更多的重大联合性突破。

专栏3　北京邮电大学—中国移动研究院联合创新中心

北京邮电大学—中国移动研究院联合创新中心由北京邮电大学与中国移动研究院联合组建，围绕下一代移动通信6G、5G+关键技术、网络安全、用户与市场等方向，开展原创基础理论和前沿技术探索研究，力争在6G领域形成一批有行业影响力的成果，实现理论突破，助力中国移动引领6G发展，并在5G+技术攻关、网络安全等领域产出一批重要技术成果。

（四）产业创新中心

北京市产业创新中心主要围绕自主可控信息系统、集成电路等八大专项的重要创新领域进行布局，推动以工业互联网为核心的新一代信息技术与制造业融合发展，加快构建数字技术创新生态和应用新场景，支持数字技术产业化进程。

专栏4　北京市智能网联汽车政策先行区

2021年4月，北京市智能网联汽车政策先行区（以下简称"政策先行区"）依托北京市高级别自动驾驶示范区在亦庄设立。政策先行区制定了试验环境搭建、小规模部署、规模部署和场景拓展、推广和场景优化四个阶段性目标，以"车路协同、网联云控"为主要方向，践行"车路云网图"一体化发展路径；推动政策与监管创新，搭建"2+5+N"政策体系；探索多场景全面示范应用，实现自动驾驶七大场景落地，推动 AI、大数据等技术的产业化应用。

专栏 5 北京工业大数据创新中心

北京工业大数据创新中心是全国首批省级制造业创新中心，由清华大学、昆仑智汇数据科技（北京）有限公司牵头，与 19 家企业、科研院所及高校联合组建，致力于中国自主研发工业大数据平台的核心技术突破、应用推广、标准制定、产业孵化、人才培养和国际合作，形成集研究开发、成果转化、行业服务、人才培养于一体的工业大数据产业协同创新基地。

二 重大突破性成果与应用进展情况

近年来，北京市在前沿技术创新推动数字经济发展方面取得突出成绩，在高端芯片、基础软硬件、网络、人工智能、区块链等领域获得重大进展，逐步形成自主可控技术体系。同时不断增强数字经济产业的核心竞争力，赋能市民生活品质升级，从技术源头激发数字经济活力。

（一）关键核心技术创新取得多项突破

1. 高端芯片技术突飞猛进、量子信息科技赶超国际前沿

完成可重构数字内存芯片、高精度 ADC 芯片、高性能时钟芯片等 5 款芯片的设计；构建完成国产自主化的新一代量子计算云平台 Quafu，已上线芯片数和单芯片比特数均达国际先进水平。量子院和清华大学合作研发"天工"量子直接通信样机，实现了创世界纪录的百公里量子直接通信；完成超导量子计算自主知识产权芯片设计，并加工出样品开展测试；完成百比

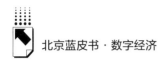

特超导量子芯片样片制备；首次在实验上实现了量子互文性的无漏洞检验。

2. 面向区块链高性能技术研发取得阶段性突破

微芯研究院牵头研发出首个自主可控区块链软硬件技术体系"长安链"，以及全球第一个模块化、可装配的区块链开源技术架构，并在全球首创基于 RISC-V 开源指令集的 96 核区块链芯片架构；成功研发目前全球支持量级最大的区块链开源存储引擎"泓"，为长安链的应用提供拍字节（PB）级存储支持。

3. 人工智能模型全国领先，创新成果竞相迸发

研发全球最强的视觉基础开源模型 EVA，在 10 亿参数级别上实现性能最优；智源研究院率先建设发布超大规模智能模型"悟道 2.0"，连创"中国首个"与"世界最大"纪录，并向多语言、多模态发展，对外开源目前十亿参数级别性能最强的视觉基础模型 EVA、国际首个支持 9 种语言的多模态大模型 AltDiffusion；发布全球精度最高的仿真秀丽线虫模型"天宝1.0"，实现多维度突破。

4. 工业互联网、6G 技术和软硬件研发原创技术成果丰硕

统信 UOS 操作系统桌面端市占率超七成；基于国产操作系统完成包括开源软件、商业软件、硬件外设在内的适配产品各千余款；摩尔线程重磅发布第一代 MUSA 架构 GPU，以元计算赋能下一代互联网。前瞻布局太赫兹等 6G 潜在技术攻关，完成高光通量和高带宽的蓝光激光光源研制；6G 新型空口共性技术验证平台完成搭建并加快其前端板与高速可见光、通感一体化前端联调，分别实现 8Gbps 实时数据传输和 100 米距离米级感知功能；搭建业界领先的 6G 原型样机平台、厘米—毫米—太赫兹多频段的信道测量平台、基于 AI 的联合信源信道编码传输平台和算力网络平台。

（二）产业化应用与多平台协同不断推进

1. 积极推进科研成果与行业、场景应用适配，推动高校、科研机构与企业共建创新平台、制定研发与产业化应用方案

北京市高级别自动驾驶示范区与高校、科研机构深度合作，发布全球首

个车路协同自动驾驶数据集，实现应用场景商业化落地和中间产品推广应用；积极探索搭建人工智能数据标注库或知识生产平台，推动 AI 企业数据对接。量子院与百度、阿里巴巴（中国）有限公司、京东等龙头企业深度对接，布局产业生态；与深圳量旋科技有限公司共建联合研发实验中心，开展商用芯片及云平台研发。智源研究院"悟道"开放平台与北京旷视科技有限公司、京东、美团、中科寒武纪科技股份有限公司等优势企业共建 13 个联合（开放）实验室；与华为、海光信息、昆仑芯科技、天数微芯、燧原科技等企业，以及清华、北大、中科院计算所等科研团队共建 AI 芯片联合创新平台。

2. 园区布局与建设

北京市制定实施中关村 24 条先行先试改革政策，推动出台科技成果转化条例；建设了全球首个网联云控式高级别自动驾驶示范区，率先提出和实践车路协同技术路线，初步形成了以"路车云网图"为主要格局的四大体系：一是智能网联汽车政策先行区开放国内首个无人化出行服务商业化试点，至今已经全面启动 3.0 阶段（100 平方公里）的建设；二是国家网络安全产业园三个园区已经开园，累计落地 300 余家企业，形成基础软硬件、芯片、集成服务等全产业链生态体系；三是国家人工智能创新应用先导区加快建设，目前已形成科技冬奥、智慧城市、智能制造、智能网联汽车、先进技术等领域的阶段性成果；四是互联网 3.0 快速起步，培育数字人、数字空间、数字资产等新兴方向，朝阳数字人基地已有 80 余家企业入驻。

（三）成果转化与场景应用得到广泛拓展

1. 依托前沿数字技术打造标杆产业，建设具有国际竞争力的数字产业体系

2022 年前三季度，全市人工智能产业产值规模超千亿元，企业数量居全国第一；全市信息传输、软件和信息技术服务业实现增加值 5463 亿元，增长 8.6%；区块链产业发展、高新技术企业数量和融资比重均居全国第一。百度网讯、启科量子等 4 家企业进入全球量子计算技术发明专利 TOP100 榜单；全球首款 96 核区块链专用加速芯片在京发布。"悟道"大模型在与 OPPO、美团等企业的合作中实现规模化应用，建立互联网产业生态；飞智（FlagAI）与浪潮 AIStation 人工智能平台实现集成，为大规模算力集群分布式训练提供强大的工具支持。

2. 以新基建和智慧城市为抓手，推动从技术突破到场景应用再到产业培育的贯通

"悟道"大模型应用于北京接诉即办政务服务海量信息处理工作；量子院与银行、科技公司合作，在国际上首次实现量子直接通信技术服务在商业银行保密数据传输场景的应用；智源研究院与万集科技联合发布全球首个服务车路协同自动驾驶的智源—万集路侧数据集，推进智能交通领域的车路智能化。此外，城市空间操作系统 2.0、数字仿真、AI、虚拟现实、5G 等多种数字技术，以及 200 多项新技术在北京冬奥会中得到成功应用；"长安链"已应用于北京冬奥会、国家税务监管、可信数字身份体系、供应链金融、食品溯源等 300 余个国民经济的关键领域，服务基于区块链的数字基础设施建设和 5G、人工智能等数字经济与新基建相融合的应用场景。

三 北京市数字经济前沿技术领域的发展经验

总体来看，北京市数字经济产业前沿技术研发遵循"立足高标准站位、攻坚核心关键技术，以战略布局为引领、以创新人才为核心、以产融结合为导向、以制度优化为准绳"的原则，合理规划攻坚领域和项目布局，陆续推出适应科研规律的改革举措，并充分强调产业应用和市场化运作机制相结合，加强研发成果的转化与应用。

（一）坚持高站位核心布局、高水平战略规划

北京市聚焦国家战略发展和全市数字经济发展需求，出台多份数字技术研发整体规划和制度文件。一方面，从数字经济全局角度，出台了《北京市关于加快建设全球数字经济标杆城市的实施方案》，将数字前沿技术研发纳入数字经济发展规划；同时，加快推出《北京市数字经济促进条例》，为北京市数字经济技术领域发展提供了法治保障和依据。另一方面，从技术研

发领域角度，全市积极统筹布局"从 0 到 1"基础研究和关键核心技术攻关。2022 年 6 月《北京市数字经济全产业链开放发展行动方案》正式发布，提出要提高数字技术供给能力、构建数字技术创新生态等举措，形成以公共平台、底层技术、龙头企业等为核心的多样化数字技术创新生态等，为北京数字产业前沿技术提供了明确的研发导向。

（二）形成多层次、多形式的多元化战略布局

一方面，从国家战略、基础研究、产业融合等方面构建数字前沿技术领域的多层次战略布局。通过国家级重点实验室、新型研发机构、高校合作等形式，加强底层技术的研发攻关，实现技术突破；依托产业创新中心，加强技术集成创新和融合应用，为构建模型、迭代算法、积累数据等提供应用路径，推动新型业态和产业数字化发展。另一方面，形成多元化的数字前沿技术研究范式，既可以通过研发机构或高校单位自荐自主探索研究选题，也可以通过产学研一体化与数字经济产业融合，更能够与国内国际知名机构交流探讨具体方案。

（三）以产融结合为导向，以研究驱动成果转化

以产融结合为导向的研发路径，在完成数字经济核心技术的研发突破、加强成果应用的同时，更进一步促进重点产业布局，推动数字技术产业创新和北京重点产业布局相融合。毫无疑问，数字经济产业创新中心的建设和运行，与当下的北京市国民经济和社会发展"十四五"规划中的国际科技创新中心建设规划、重点发展战略和产业方向密切相关。

在研发形式上，充分发挥研究驱动的高端引领作用。首先以课题、项目形式挖掘研究机构、实验室、高校和企业的研究潜力，形成一系列前瞻性研究成果，然后与企业等平台合作转化落地，推动产学研之间破除鸿沟、深度融合。

（四）研发领域与空间规划突出"点面结合"特色

在研究领域上，以人工智能、量子信息、区块链、光电子、生命科学等

领域为现阶段重点目标领域和发展核心点，带动其他领域的产业技术研发，实现"以点带面"。此外，通过重点领域关键技术研发，以点带面地促进全产业链升级。例如在数字人技术的攻坚突破过程中，通过产学研深度融合，有效带动互联网3.0产业整体发展。

在空间规划上，形成"以点带面、点面结合"的整体建设架构，发挥基础和前沿技术重大项目群的协同带动效应，促进全市各区之间的创新要素流动，推动创新生态建设。国家实验室积极发挥示范效应，引领"三城一区"融合发展：中关村科学城统筹南北区均衡发展，怀柔科学城着力打造高端科学仪器装备产业集聚区和科技成果转化示范区，未来科学城加紧建设"两谷一园"，创新型产业集群示范区，积极承接三大科学城的外溢成果。在京高校院所发挥基础研究的主力军作用，积极构建由科技领军企业牵头的创新联合体；各类新型研发机构分布于不同地理位置的规划区，与入驻企业共建协作平台，逐步带动形成规模化的特色产业聚集区。

（五）以创新人才为核心，鼓励灵活自主探索

一是扩大用人自主权，面向全球吸引集聚战略科技人才，会聚一批突破关键核心技术制约和"卡脖子"问题的世界顶级科学家及人才团队，稳定培养并形成代表我国前沿技术领先科研水平的"北京队"。二是组建跨机构、大协同、高强度的科研团队，赋予科研人员更大的人财物自主权、支配权和技术路线决定权，并聚焦战略需求探索"揭榜挂帅"机制，鼓励多平台合作和自由探索模式。三是不断优化科研环境，出台科技人才住房、医疗、子女入学等配套制度，保障科研人员心无旁骛地进行科学研究。

（六）以制度优化为准绳，进一步激发科研活力

持续深化科技领域的"放管服"改革，始终坚持"市场化、法治化、国际化"和"简约"原则。一是积极探索与国际接轨的治理结构和市场化运行机制，下放更多的课题制定与经费使用、人才引进和团队组建自主权，实现科研高地、人才高地、体制机制高地"三位一体"。二是建立颠覆性技术

和非共识项目的发现机制，设立全国第一个颠覆性技术创新基金，探索央地和社会资本共同来支持颠覆性技术研发的新模式。三是对新型研发机构实行个性化合同管理制度，围绕科研投入、成果转化、原创价值、人才集聚和培养等方面进行评估，并设立新型研发机构战略指导联席会，对各研究院的重点工作和预算安排等方面进行宏观层面的统筹安排。

四 北京数字经济前沿技术研发的未来发展

北京市数字经济产业前沿技术研发及其应用虽位全国前列，但仍面临部分关键核心技术存在短板、新型研发机构运作模式有待完善、治理体系有待进一步细化等问题。下一步，北京市将从以下几个方面多措并举，不断推动数字经济产业前沿技术研发取得新进展、新突破，为全市数字经济发展注入更强动力。

（一）进一步规划前沿技术领域具体行动方案

加快出台基础研究领先行动方案和关键核心技术攻坚战行动计划，探索基础研究多元化投入机制；推出新一轮先行先试试点政策，加快原创性、引领性的关键核心技术攻关，以改革优化开放创新生态。提升人工智能公共算力服务能力，重点推动市级重点算力中心项目落地建设，到 2025 年底，打造形成以全球领先人工智能创新策源地、超大型智慧城市高质量发展示范区、人工智能体制机制改革先行区为特征的"一地两区"生态格局。

（二）推动数字化转型场景开放和应用

加快智慧城市和数据原生等新型基础设施建设，抓好标杆工程、带动标杆产业，布局数字经济"一区一品"新格局；加快推进"三京""七通一平"的完善与推广，推动新一代数字集群专网、高可靠低时延车联网、工业互联网、卫星互联网和边缘算力体系建设，建成一批示范引领性强的数据原生基础设施；拓宽智慧医疗、智慧交通、智慧商圈、智慧教育、数字化社

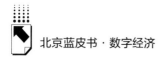

区等重大场景的应用领域,加快感知体系建设和城市码应用,夯实智慧城市建设的数字底座。

(三)促进市场化协同发展与产业化应用

一是强化新型研发机构与市场经济主体和数字经济新技术、新标杆、新示范、新基建等联动融合,引导社会资本参与机构建设,完善政府资金在成果转化中的权益分配机制。二是围绕企业技术难点提供研发服务,依托创新产业集群示范区、高新技术产业开发区等产业集群,尽快将成果应用化和工程化并转换为生产力,促进"产学研"高效融合;研发长安链隐私计算平台,融合多方安全计算、联邦学习技术,加速区块链与隐私计算融合应用。

(四)加强前沿技术项目布局工作

一是加强数字经济园区规划和建设,应推动基础和前沿技术项目空间布局,加强数字经济重点园区的统筹规划和建设。应探索建设北京市算力调度服务平台,适度布局商业化算力中心,并建立标杆企业遴选服务机制,编制发布新基建、新技术和新产品清单及支持指南,以推动数字经济的发展。二是加快形成重大项目群。应围绕北京市高精尖主导产业需求,加快形成重大项目群。在此基础上,应持续开展6G通信、量子科技、算法、区块链、生物与信息技术融合、互联网3.0等领域的技术攻关,支持悟道、长安链等企业的迭代升级。同时,还应推动构建CPU、操作系统、数据库等基础软硬件技术体系,打造结合软件框架和芯片的AI产业生态。

(五)完善机构治理结构和制度体系

应进一步完善市级层面的协调机制,包括设立、运行、退出机制的优化,这将有助于提高研发机构和项目的分类管理和评价水平,形成更加差异化的支持政策和运行管理机制。此外,新型研发机构还需进一步完善兼职科研人员职务成果归属管理制度,以便形成更多的成果转化案例。建立政策协调员制度也是必要的，可以派遣科委、发改、工信等部门人员到新型研发机构挂职，定期上门协调处理政策梗阻难题。此外，应进一步发挥产业基金引导作用，加强与市场化投资机构的合作，促进新型研发机构的发展。这些措施将有助于推动新型研发机构更好地发挥作用，促进科技创新和产业发展。

（六）加大基础研发与成果转化资金支持力度

在支持基础前沿研究和共性服务平台建设的基础上，需要进一步加大基础研发资金支持力度，以提升科技创新能力和核心竞争力。政府可以采取直接资助、贷款贴息、税收减免等方式，对科研机构、高校和企业等进行资金支持，鼓励其开展具有前瞻性和战略性的基础研究。成果转化是科技创新的重要环节，需要政府进一步加大资金支持力度，推动科技成果转化落地，具体措施包括：支持科技领军企业牵头组建任务型创新联合体，探索面向产业发展的科技成果转化机制支持政策；对成果转化落地企业给予适当的税费减免、人才支持等政策支持，降低企业成果转化成本。科技创新离不开人才的支持，政府需要加大人才培养支持力度，具体措施包括：实施科技领军人才培养项目和"科技新星计划"，培养更多具有创新能力和战略眼光的科技领军人才；开展服务科学家创业 CEO 培养试点，为科学家转型创业提供更多的支持；完善科技人才培养支持体系，包括资金支持、人才引进和人才培训等，打造更加完善的科技人才培养体系。政府需要进一步加大基础研发和成果转化的资金支持力度，同时加大人才培养支持力度，打造更加完善的科技创新生态环境，推动科技创新向高质量、高效益、可持续方向发展。

参考文献

《科技部印发〈关于促进新型研发机构发展的指导意见〉的通知》，http://www.gov.cn/gongbao/content/2020/content_5469722.htm，2019 年 9 月 12 日。

北京市经济和信息化局：《多措并举精谋划　紧抓机遇竖标杆　数字经济量质双升推动首都高质量发展》，http://jxj.beijing.gov.cn/jxdt/gzdt/202301/t20230118_2903468.

html，2023 年 1 月 18 日。

《北京市高级别自动驾驶示范区全面启动 3.0 阶段建设》，https：//baijiahao. baidu. com/s？id＝1744548389097523115&wfr＝spider&for＝pc，2022 年 9 月 21 日。

北京市人民政府、北京市统计局、国家统计局北京调查总队：《服务业运行总体平稳　新动能不断积蓄》，http：//www. beijing. gov. cn/gongkai/gkzt/2022sjdjjyxqk/sjjd/202211/ t20221107_ 2852886. html，2022 年 11 月 7 日。

张玉华、张丹丹：《北京、广东等地新型研发机构建设经验及其启示》，《上海商业》2019 年第 5 期。

姜春、李诗涵、胡峰、程龙：《突破制度"高墙"：政府支持新型研发机构的特殊制度逻辑——基于深圳、北京、南京、上海实践的比较》，《中国科技论坛》2022 年第 6 期。

孙雁、刘霞、霍竹、张保国：《新型研发机构建设的经验与启示——以北京为例》，《科技管理研究》2022 年第 16 期。

B.9
北京四类重点数字经济标杆
企业发展分析报告

李 茂 董丽丽*

摘 要: 数字经济标杆企业是北京建设全球数字经济标杆城市进程中的重要力量,也是推动首都经济高质量发展的主要引擎。本文剖析了数字经济标杆企业的四种类型,指出其普遍具有自主创新能力强、以中小企业为主、分布较为集中、创新发展潜力突出等共性特征,并分类探索了四类标杆企业的发展特点。同时,提出北京推动标杆企业高质量发展的主要路径:完善数字经济标杆企业发现机制和评价标准、建立健全数字经济标杆企业培育长效机制、深入开展数字经济标杆企业调研、持续加强数字经济标杆企业人才供给、着力营造推动数字经济标杆企业发展的良好生态、搭建数字经济创新应用示范平台、加强行业自律建设。

关键词: 数字经济 标杆企业 北京

一 数字经济标杆企业的分类与共性特征

在北京建设全球数字经济标杆城市进程中,标杆企业是不可或缺的力

---

* 李茂,博士,北京市社会科学院传媒与舆情研究所副研究员,主要研究方向为互联网经济、互联网治理;董丽丽,博士,北京市社会科学院管理研究所助理研究员,主要研究方向为科技政策、公共管理。

量；在首都新发展阶段，标杆企业是推动经济高质量发展的主力军。标杆企业的示范引领作用和辐射带动效应越来越为政府与业界所高度重视，《北京市关于加快建设全球数字经济标杆城市的实施方案》（以下简称为《实施方案》）对数字经济标杆企业发展做出了战略部署。《实施方案》明确要求将数字经济标杆企业打造成数字化时代的新型市场力量，推动标杆企业创新链、价值链和供应链对接融合，充分发挥标杆企业的榜样力量。

（一）数字经济标杆企业的分类

《实施方案》围绕数字产业化和产业数字化，紧密结合数字技术创新链、价值链、产业链对接融合情况，充分考虑传统企业数字化转型和数字技术企业发展现状，将标杆企业分为技术创新型、数字赋能型、平台服务型和场景应用型四大类型。

1. 技术创新型

技术创新型企业是指在基础技术上具有行业领先优势，在全产业链和供应链上实现自主可控，自身产研一体化架构较为牢固并且实现开源开放、软硬协同的数字经济企业。根据相关统计，技术创新型企业的细分行业主要集中在人工智能、数据智能、芯片研发与设计、智能操作系统开发、网络数据安全等领域。近年来，北京技术创新型标杆企业进一步完善合作方式，通过技术入股等多种形式与中小企业开展合作，组建研发联合体，实现集成创新，用标杆企业的卓越市场能力和丰富的营销经验提升数字产业链上下游的协同效率，帮助中小企业降低转型成本，带动中小企业融入数字化应用场景和产业生态。

2. 数字赋能型

数字赋能型企业是指在传统企业数字化转型进程中，能够根据市场需求和企业发展需要动态配置生产要素，同步协调供需链条，实现数据开放共享的企业。数字赋能型企业细分行业主要集中在企业数字化服务、智能制造与解决方案提供、互联网云服务、智慧物流、智慧工厂等领域。数字赋能型企业实现了从资产驱动、人力资本驱动向数据驱动的转变，塑造了新时期企业发展的核心竞争力，数字化转型在企业降本、增效和提质方面发挥着日益重要的作用，成为获得市场地位、赢得市场竞争的必然要求。

3. 平台服务型

平台服务型企业是指能够充分发挥数据价值，为双方或者多方的数据采集、数据标注、时序数据库管理、数据存储、商业智能处理、数据挖掘和分析、数据交换等业务提供交易、交换、交流空间的企业。平台服务型企业细分行业主要集中在产业互联网、商业服务平台、软硬一体化、智慧健康、互联网教育平台、卫星互联网等领域。其中，行业型工业互联网平台及针对特定技术领域的专业型工业互联网平台发展迅猛，在数据采集、平台管理、开发工具、微服务框架、建模分析等关键技术领域实现了较大突破，是北京数字经济关键技术单点突破与集成贯通的重要依托。

4. 场景应用型

场景应用型企业是指支持全新数字技术、数据产品与服务落地转化的数字经济企业。该类型的企业细分行业主要集中在新一代出行、新型数字健康、数字化社区、知识生产与学习、互联网教育平台等领域。这类企业有助于培育新的企业形态与商业模式，也有助于进一步探索"反向孵化"新模式。充分发挥场景应用型企业在市场、营销、社会资源等方面的优势，成为创新企业或者孵化器的创业导师、市场营销通道、技术采购方或者投资并购方，形成产业联动，促进产业上下游资源集聚。在这种新模式下，场景应用型企业能够更好地促进技术转化，也能较为有效地验证技术创新成果，使得技术与市场的联系更加紧密。

（二）数字经济标杆企业的共性特征

1. 自主创新能力较强

以企业为主体、市场为导向、产学研相结合的技术创新体系已经建立起来了。企业能够将各类创新资源高效集聚起来，产业链上、中、下游企业之间的合作对接程度进一步提高，逐步形成协同、高效、融合、顺畅的创新环

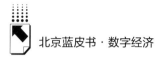

境。标杆企业通过一系列软硬件建设，营造了较为良好的行业创新生态，激发了行业科技创新的内生动力。

2. 中小型企业比例较高

数字经济具有低能低耗、技术密集、与市场联系密切等特点，一些头部企业在某些方面具有绝对竞争优势，但仍难以占据绝大部分市场份额，市场竞争较为激烈，中小企业占比较高。相关统计显示，中小型企业占比约为70%，头部企业占比约为30%。在头部企业中，收入规模超过100亿元的企业有7家，分别是字节跳动、美团、快手、百度、京东、小米和滴滴公司。

3. 空间分布较为集中

从空间分布来看，企业主要集中分布在海淀区、朝阳区、西城区与顺义区，这四个区标杆企业占比约为82%。先发优势、规模经济、外部经济、劳动力成本、区级层面的政策制度以及投融资环境等因素是企业空间聚集的主要原因。随着北京数字经济进一步发展，优势企业的溢出效应和跨区域产业联动将使标杆企业的分布走向均衡。

4. 大都处在发展成长周期

相关统计数据显示，13%的数字经济标杆企业成立时间在4年以内，约60%的标杆企业成立时间在4~10年，成立时间超过10年的企业约占27%。可以看出，数字经济标杆企业大都处于企业生命周期的发展、成长阶段，市场份额扩大，人力资源水平显著提升，企业组织形态正朝着正规化、完备化方向发展，已经具备了较强的核心竞争力。

5. 创新发展潜力突出

四大类标杆企业中有一批入选独角兽榜企业，也有产业链龙头企业，还有数量可观的"专精特新"企业，呈现出科技含量高、发展速度快、发展潜力大等特点。由于潜力突出，标杆企业成为资本市场的宠儿，大多数企业已完成 B~D 轮融资，部分企业已在沪市、深市上市；一些企业积极"走出去"，在中国香港和美国上市，不断扩展海外融资渠道。

二 四类重点数字经济标杆企业的发展特点

（一）数字基础类标杆企业的发展特点

1. 重视基础理论研究

数字技术发展演进历程就是基础理论迭代更新的过程，每一代基础理论的突破都大幅提高了数字经济技术应用水平、拓展了数字经济创新的应用范围。北京数字基础类标杆企业紧跟数字技术发展实际，瞄准人工智能、芯片研发与设计、智能操作系统开发等领域，建立了一整套科研战略体系，涵盖了从基础研究、技术转化、批量生产到软硬融合的基础技术落地全链路，为基础理论突破创新转化为现实生产力奠定了良好的基础。

2. 加强应用场景创新

数字基础类标杆企业通过前沿技术，不断加深企业对应用实践的理解与认知，将前沿技术注入产品与服务，打造系列全栈解决方案，实现了应用场景创新。近年来，北京数字基础类标杆企业不断扩展产品与应用服务范围，从最初的物联网技术、基础软件、数字地理信息等领域逐步扩展到数据智能、网络数据安全、算力算法创新、人工智能等领域，实现了前沿数字技术在不同业态之间的创新应用，推动了"万物自由链接"进程，释放了巨大的产业价值和社会效应。

3. 搭建开源开放平台

开源开放平台是数字基础类标杆企业的显著特点。例如，北京旷视科技于 2020 年 3 月宣布开源自研 AI 生产力平台 Brain++ 的核心组件——深度学习框架天元（MegEngine），成为全球首个将底层框架开源的人工智能企业。借助开源的学习框架，后续开发者可以将更多精力放在模型设计上，而无须过多关注底层细节，大幅降低了技术学习成本，优化了行业生态。旷视科技向企业级用户无偿提供的数据能力和算力算法，有

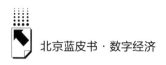

效提升了中小企业 AI 应用能力，推动中小企业实现智能化转型。①

4. 开展多元协作

北京数字基础类标杆企业普遍建立起开源开放的平台，通过不断降低使用门槛来降低中小企业使用数字基础技术的成本，以此来实现更高水平的技术协作，为中小企业降本增效、提质增速赋能。与此同时，数字基础类标杆企业还不断加强与细分领域头部企业的合作力度，联合开发新型产品，进一步提升核心竞争力，巩固市场优势地位。

（二）数字赋能类标杆企业的发展特点

1. 加大关键技术攻关力度

北京数字赋能类标杆企业普遍建立起稳定的创新投入机制，常年保持规模稳定的研发队伍，持续加强基础性和前瞻性研究，以关键技术突破为引领方向，不断提升自主研发生产能力。目前，北京数字赋能类标杆企业已经拥有大量自主产品开发专利及软件著作权，积极参与并主持多项国家标准的制订，主动承担了多项国家级重大科研攻关专项及工业强基项目，成为国家创新体系中不可或缺的力量。

2. 利用数字赋能优化产品

数字赋能类标杆企业以研发为原点，结合数字化应用实际需要，自主设计企业数字化服务、智能制造、互联网云服务、智能工厂等方面的产品与服务，较好地服务于市政水务、水利、电力、冶金、轨道交通、装备制造、家电电子等行业龙头企业。除提供上述核心产品外，数字赋能类标杆企业还提供从顶层规划、详细设计、建设到运维的全生命周期服务，进一步增强市场竞争力。

3. 推进传统产业转型升级

利用数字赋能类标杆企业研发的智能工厂、智能物流等产品，传统生产

---

① 《旷视技术开放日分享 AI 价值跃迁思考》，https：//baijiahao.baidu.com/s？id＝1705449
489652373969&wfr＝spider&for＝pc，2021 年 7 月 16 日。

制造企业能够有效疏通数据，完成流程再造，在项目基建期实现了企业管理层的高效监管，解决了生产运行实时监控和调度中存在的问题。例如，北京和利时科技集团有限公司构建"平台+工具+App"创新型技术模式，将新技术与传统生产加工行业进行融合，通过智慧可视化大屏展现安全、环保、能源、计划、生产、资源、成本、市场等信息，实现智能化辅助决策，全面提升了传统生产加工行业的经营效益。①

（三）数字平台类标杆企业的发展特征

1. 突出平台功能发挥

北京数字平台类标杆企业充分利用数字平台的耦合功能，有效连接各种生产要素，积极融合各种产业生态，实现创新驱动型发展。例如，北京航天云网科技有限公司于2019年正式启动运营中央企业工业互联网融通平台，发布航天云网系统级工业应用；2020年确定了"新基建"平台战略，着力构建基于INDICS+CMSS工业互联网公共服务平台的新型基础设施，全面提升平台对接耦合水平，提升生产要素流通使用效率。②

2. 推动运营模式优化

近年来，北京数字平台类标杆企业纷纷将业务重心逐步从平台高水平建设转换到平台高质量运营，突出客户优先，强调客户需求，实现了平台运营模式的"换挡升级"。一些数字平台类标杆企业进一步优化平台，强调从使用场景出发加强平台运营方案设计，为不同角色、不同定位的用户设计了差异化的平台运营方案，充分满足了客户的要求。

3. 加快前沿技术迭代

面对更加激烈的市场竞争和更加快速的技术变革，北京数字平台类标杆企业坚持走创新发展之路，逐步加大创新支持和研发投入，以国家级重大科

---

① 《维坊弘润石化科技感谢信——和利时助力石化行业智能化转型升级》，http://www.gongkong.com/news/202204/419 540.html，2022年4月2日。

② 《抢占时代前沿 引领行业发展 深耕工业互联网》，https://m.thepaper.cn/baijiahao_7853713。

技创新项目为抓手，以市场前沿应用为靶向领域，持续完善鼓励创新的体制机制。一些数字平台标杆企业出台"首单奖励"制度，鼓励研发新产品、创新服务模式，加大关键基础共性技术研究力度，开展重大科研成果转化，在新行业、新领域开展试点示范项目建设，练就"独门绝技"，弥补关键领域的短板，真正解决"卡脖子"难题，确保在细分市场取得领先优势，全力打造原创技术策源地，力争在平台竞争格局中占据重要地位。

（四）新模式新应用类标杆企业的发展特征

1.具有行业引领性和前沿突破性

在政府的扶持帮助下，北京新模式新应用类企业围绕应用场景关键技术难题，组织实施重大项目，加大技术攻关力度，开发具有较强行业竞争力和较好市场前景的创新产品。同时，探索可复制、可推广场景模式，通过重点领域和关键场景先行先试、率先突破，探索有区域特色优势、技术特色优势的可复制、可推广、可借鉴的数字经济应用标杆场景，以点带面推动北京数字经济产业全面发展。

2.拥有强大的数据整合和分析能力

北京新模式新应用类标杆企业在细分领域的产品创新较多，具有较强的竞争力和显著的市场地位，拥有领先的市场应用经验和丰富的市场反馈信息。这些企业充分利用积累的场景数据和实践经验，通过强大的数据整合分析能力，优化产品与服务，为客户提供全面、精准、高效的产品与服务。

3.具备丰富的行业经验和专业积累

北京新模式新应用类标杆企业集中分布在数字化社区、知识生产与学习、新一代出行、新型数字健康等领域。它们敢为天下先，涉足行业时间较早，拥有丰富的行业运营经验和专项知识积累，可根据市场趋势和消费者的个性化需求，为客户提供定制化、创新性和高价值的产品设计与解决方案。

4.具有广泛的合作伙伴和客户资源

不同于前三类标杆企业，新模式新应用类标杆企业的产品与服务大都面向消费者，需要更多的合作伙伴来推动产品研发、设计与销售。相对而言，这类标杆企业的客户群体规模更大，客户资源更为丰富。面对规模化和差异化的消费端需求，新模式新应用类标杆企业积极适应客户需求，主动设计个性化产品，提供定制化服务。例如，北京零氪科技在肿瘤和罕见病领域取得累累硕果，建立多个单病种数据平台，收集和分析真实数据，为医生科研、药企研发、患者管理提供支持。针对罕见病家族性胆固醇血症（FH），零氪科技建立了 FH 大数据平台，构建 FH 疾病大队列，规范临床实践，使患者受益。[1]

三　推动北京市重点数字经济标杆企业高质量发展现实路径

从以上对四类标杆企业的案例分析可以看到，目前北京市重点数字经济标杆企业在发展中还存在一些亟须解决的问题。一方面，龙头企业受平台经济强监管等政策措施影响较大。企业短期内受反垄断、内容安全、数据安全等监管措施影响，运营成本普遍增加，部分企业营收下降幅度较大，业务扩张和上市步伐放缓，招聘难度增大。另一方面，中小和初创型企业新产品新业务推广和准入面临挑战。部分企业创新产品缺乏场景应用或市场接受度不高。比如在数字医疗行业，医疗 AI 服务没有相应的收费项目，医疗 AI 产品难以商业化落地。

根据案例分析和现存的问题，今后北京市发展重点数字经济标杆企业的相关路径可概括为以下几个方面。

第一，完善数字经济标杆企业发现机制和评价标准。发挥基金投融资风向标作用，结合行业协会推荐，基于独角兽榜单和专精特新企业清单，完善数字经济标杆企业发现机制。运用"数字化成熟度模型""数字化水平评测指标"等国内主流数字企业评价方法，从企业的战略布局、数字创新、人才与技能、大数据与人工智能、数字化应用等多个维度构建数字经济标杆企

---

① 《零氪科技：数字化进程下，医学事务的赋能与探新》，https：//baijiahao.baidu.com/s？id=1710212015477114214&wfr=spider&for=pc，2021 年 9 月 7 日。

业的入库和成长评价标准，动态调整清单企业。在此基础上，通过对评价标准各项指标进行年度评分、业内专家评定等相关措施，对标杆企业实施分级分类精细化管理，结合不同类型企业特点、优势和发展中的瓶颈，给予相应支持。

第二，建立健全长效的数字经济标杆企业培育机制。研究和建立相关指标体系，开展标杆企业的发展监测和跟踪工作，持续关注新业务布局和投融资表现，及时分析上报。完善企业服务机制，强化专精特新、企业技术中心、小巨人、独角兽（隐形冠军）等对数字经济标杆企业的激励和培育作用。优先保障空间需求、加大财税金融扶持力度，确保对数字技术创新和应用创新的支持，鼓励企业开展产学研协同创新，提高核心技术的自主可控能力，打造具有国际竞争力的数字产业品牌。

第三，深入开展数字经济标杆企业走访调研。调研走访标杆企业，了解企业经营状况和发展规划等，协调解决标杆企业在生产经营中遇到的问题和困难，鼓励和引导企业结合自身特点参与标杆工程建设。整理走访调研的记录和资料，分析企业的需求和问题，提出针对性的服务措施和帮扶方案，出台相关措施予以跟进落实，及时解决标杆企业发展中的痛点和难点。通过培育一批效益好、技术高的标杆企业，建设一批彰显数字经济时代的标杆工程，促进产业发展壮大。

第四，持续加强数字经济标杆企业人才供给。制定标杆企业人才引进相关优惠政策，营造有利于标杆企业人才发展的良好生态环境，引导数字技术人才向标杆企业聚集。支持高校、科研院所、国家重点实验室等与标杆企业开展合作，推动产学研协同创新，培养一批具有国际竞争力的相关产业技术人才和技能型人才。打造国际化创业平台，吸引海外高端专业人才来京发展，为其提供便利的工作和生活条件。优化人才培养模式和评价机制，搭建人才交流合作平台，提高人才服务水平和效率。建立专项资金，支持数字技术人才的培养、引进和激励。注重培养复合型、创新型、领导型的数字化人才，提高其跨界协作、创新思维、战略决策等能力，打造具有核心竞争力的数字化人才队伍。

第五，着力营造数字经济标杆企业发展的良好生态。加强数据治理和保护相关法律法规建设，明确数据权属和责任，规范数据收集、存储、使用和交易，防范数字经济标杆企业在产品研发和应用中面临的数据安全风险和隐私侵犯问题。促成数字经济标杆企业与其他企业之间的数据开放和共享机制，搭建数据交易平台和标准体系，鼓励跨部门、跨行业、跨地域的数据流通和融合，提高数据价值利用。推动数字技术创新和应用，加大对人工智能、云计算、物联网等前沿领域的研发投入，培育新型数字技术企业和产业集群，强化数字技术在各领域的赋能。建立良好的竞争机制和合作氛围，打破垄断壁垒和利益固化，鼓励龙头企业与中小微企业之间的竞合关系，形成优势互补、协同发展格局。

第六，搭建北京数字经济创新应用示范平台。以四类标杆企业为建设主体，通过虚实结合、点面结合的途径，完善北京数字经济标杆企业产品服务应用示范制度，搭建北京数字创新应用线上展示平台，进一步研究推进北京数字经济创新应用示范园区建设。建立示范项目筛选机制，示范项目的选择要从北京经济社会发展实际需求出发，紧密围绕地区资源禀赋、产业布局、区位优势和科技优势等，紧密结合四大类标杆企业的产品与服务，开展不同类型、不同范围的展示、实验、体验活动。充分实现企业和政府的合力，联手建设一批政策先行、机制创新、市场活跃的数字经济创新应用示范基地，形成一整套可复制、可推广的经验做法。

第七，加强标杆企业行业的自律建设。四类数字经济标杆企业处在技术创新的最前沿，技术伦理构建和行业自律工作任重道远。应充分发挥四类标杆企业所处行业中协会、联盟、联合会等组织的作用，建立健全企业评价信息征集和披露机制，制定相关的伦理标准和诚信制度，强化企业的人文关怀和诚信意识，加强伦理约束和行业自律。政府相关部门委托第三方定期开展四类标杆企业技术伦理和行业自律评价，向社会定期公布评价结果，维护行业人文底线，确保行业声誉。探索建立违纪违规、诚信缺失企业的"黑名单"制度，对发生重大质量安全事故、伦理失范和诚信缺失的企业，按有关规定予以惩处。

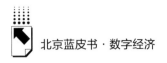

参考文献

张劲松：《树数字经济标杆　塑首都发展典范》，《前线》2022 年第 12 期。

王鹏、贾映辉、李秋爽：《数字经济标杆城市建设视角下智慧北京发展策略研究》，《数字经济》2022 年第 8 期。

唐建国、赵刚：《北京：建设全球数字经济标杆城市策略》，《中国信息界》2022 年第 1 期。

徐逸智、常艳、刘作丽：《系统构建数字经济标杆城市》，《前线》2021 年第 9 期。

李志起：《建设数字经济标杆城市要发挥民企作用》，《北京观察》2021 年第 5 期。

李茂：《北京数字空间发展与安全的内在要求及实现路径》，《科技智囊》2022 年第 9 期。

B.10
2022年北京数字经济人才发展报告

鄢圣文 罗植 李志斌*

摘　要： 北京数字经济人才市场繁荣发展，数字经济产业人才队伍建设稳步推进。但数字经济人才供需鸿沟仍在加深，高校的数字经济人才培养存在短板，传统的人力资源体系尚未完成转型，数字经济的领导力亟待提升。北京市应持续建设有全球影响力的数字创新策源地，全面夯实数字产业发展底座，建设高水平的数字人才高地。要进一步建设和完善数字经济多层次人才培育体系；通过数字政府等高标准项目，推动企业数字人才成长；改善营商环境等，促进数字人才创业，推动数字人才发展；强化人才交流机制，拓展全球数字人才引进路径。

关键词： 数字经济人才　数字产业　人才培养　人才引进　营商环境

建设数字中国是数字时代推进中国式现代化的重要引擎，是构筑国家竞争新优势的有力支撑。加快数字中国建设，对全面建设社会主义现代化国家、全面推进中华民族伟大复兴具有重要意义和深远影响。《数字中国建设整体布局规划》提出，要做强做优做大数字经济，培育壮大数字经济核心产业，研究制定推动数字产业高质量发展的措施，打造具有国际竞争力的数

---

* 鄢圣文，北京市社会科学院管理研究所副研究员，主要研究方向为人力资源战略规划、绩效和薪酬管理、劳动力市场理论与政策；罗植，北京市社会科学院管理研究所副研究员，主要研究方向为公共管理、政策评估；李志斌，北京市社会科学院管理研究所助理研究员，主要研究方向为产业经济、公共政策。

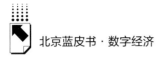

字产业集群。要强化人才支撑。构建覆盖全民、城乡融合的数字素养与技能发展培育体系。统筹布局一批数字领域的学科专业点，培养创新型、应用型、复合型人才。

一 数字经济产业人才概念

（一）数字经济行业分类标准依据

国家统计局制订《数字经济及其核心产业统计分类（2021）》，确立数字经济核算的统计标准、口径和范围。从"数字产业化"和"产业数字化"两个维度，对数字经济范畴进行了核定，并划分为数字产品制造业、数字产品服务业、数字技术应用业、数字要素驱动业和数字化效率提升业等五个大类。前四大类属于数字经济核心产业，是数字经济发展的基础，而第五大类是产业数字化部分，融合数字技术与实体经济，通过数字化技术提升传统产业。这样的分类有助于精准理解数字经济的概念，并促进数字经济相关数据统计和分析。

（二）数字经济产业人才定义

产业人才是在新一轮科技革命背景下知识—能力结构发生深度改变后的各类科技人才的统称，涵盖新一轮科技革命的所有关键性、基础性领域，主要包括大数据人才、云计算人才、物联网人才、人工智能人才、区块链人才等。

数字人才（数字经济人才）主要指的是数字经济领域具有信息和通信技术（ICT）相关数字技能的从业者，以及其他与信息技术专业技能互补协同的跨界人才。按数字经济行业分为数字产业化人才和产业数字化人才。按企业管理分类，包括以 CTO 为代表的数字管理人才，以数据工程师为代表的数字专业人才，以产品经理等为代表的数字应用人才。

二　北京市数字经济产业人才建设

《中华人民共和国职业分类大典（2022年版）》首次标注了97个数字职业，对数字人才单独类别化系统化，开启了数字人才刚需时代。随着数字经济成为全球增长新动能，数字人才日益成为经济数字化转型的核心驱动力，数字人才为数字经济第一资源。我国拥有全球最大的数字消费市场，正在推动数字经济快速发展，迅速增长的用户数量以及规模庞大的数字市场进一步增强了北京数字产业化和产业数字化的竞争力，活跃了数字人才市场，数字经济产业人才队伍建设稳步推进。

（一）数字人才市场繁荣发展

1. 人才数字化转型势不可挡

数字化人才引导企业数字化转型。国外研究表明，数字化企业的盈利能力比行业平均水平高出26%。随着数字经济的迅速发展，数字化转型已成为企业发展的必然选择。从中国企业转型过程来看，规模巨大的互联网用户和消费数据为需求端的数字化奠定了良好的基础，但供给端的数字化发展才刚起步。结构性矛盾引发供需失衡，阻碍数字化转型之路，而供给侧企业的转型发展，更为凸显数字化人才的重要性。数字化人才与组织是国央企转型的重要支撑，近年来，国央企加速打造数字化高效组织，集聚数字经济人才，推动企业高质量发展。拉勾招聘的《国央企数字化转型人才白皮书》显示，国央企正全力推进数字化转型，数字化专业人才需求增长迅速，2022年国央企专业技术人才新发职位量同比增长8%。[①]

2. 数字化拉动就业市场供需两旺

2022年，面对众多影响因素，企业的压力较大，既要注重提高组织效率，又要保护核心业务不受影响，专注于核心业务。从就业市场状况来看，

---

① 拉勾招聘：《国央企数字化转型人才白皮书》，2022年12月。

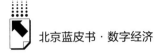

与前些年相比，雇主的招聘需求减少。随着国家"十四五"数字经济发展规划的实施，大量龙头企业涌现出来，挖掘出更多的数据资源价值，行业数字化转型加快，国央企数字技术人才呈现出供需两旺。研究表明，国央企对技术岗位的需求明显增加。在人才供给端，2022年技能型和应用型人才的供需比增长了几倍，尤其是更受国企青睐的"90后"求职者。除了国央企，数字技术的浪潮还波及新消费、大众文化娱乐、体育等行业。国央企积极进行数字化转型，吸引了众多行业的求职者流入。拉勾招聘数据显示，企业服务行业人才流入占比最高，达到24%。电商、移动互联网、金融及教育行业人才流入占比均超10%。投递国央企岗位的数字化人才集中分布在北京、上海和深圳等一线城市，合计占比为36.6%。

3. 结构性矛盾突出，人才招聘难度不减

2022年，不少企业采取收缩战略以应对经济下行趋势，减少职位需求，求职市场竞争加剧，但人才供需结构性矛盾突出，HR招聘难度不减，企业的人才需求从批量增长阶段进入去肥增瘦阶段。随着产业技术的发展，企业对求职者的要求提升。64%的HR需要更具专业能力的技术人才，55%的企业偏向于选择能灵活应对业务需求变化的人才。这也解释了岗位供需比虽然从7增长到11，但仍然有46%的HR认为招聘难度加大。就业市场人才结构变化影响城市竞争力以及企业战略布局。2022年应届毕业生总量和增量均创历史新高。随着新一线城市频频发布人才引进政策，杭州、成都、武汉等新一线城市的人才竞争力增强，更多大学生就业偏好城市由一线城市转向二线城市（见图1）。这也反向影响了企业在新一线城市的布局。

4. 数字化应用人才需求占比近半，技术岗位增幅最大

随着人工智能、云计算、区块链、5G等新技术发展赋能，国央企数字化转型持续深化，对数字化人才的需求增加。数字化人才可划分为管理人才、专业技术人才和应用人才。2022年数字化应用人才岗位种类繁多，人才需求量大，该类岗位需求占比达46.6%，主要包括产品经理、运维工程师、数据工程师等岗位。2022年国央企专业技术人才的岗位需求占比明显提升，从

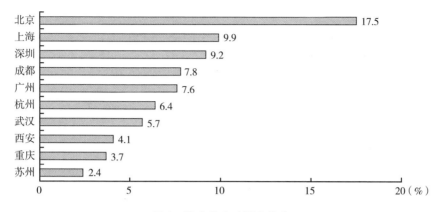

图1 数字化人才城市分布

2021年的29.6%增长到37.5%，增幅在三类岗位中居首（见图2）。在2022年国央企数字化人才需求岗位 TOP10 中，JAVA 工程师、产品经理、前端工程师跻身前三名（见图3）。国央企倾向于招聘有经验的人才，大部分要求候选人使用某种编程语言超过3年，看重学历、互联网大厂背景和业务背景。

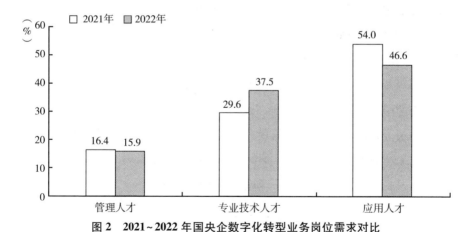

图2 2021~2022年国央企数字化转型业务岗位需求对比

5. 数字化科技人才薪酬整体增长

《2022数字化科技人才招聘白皮书》显示，2022年数字化科技人才薪酬整体呈现增长趋势，但仍不及求职者预期，而高年资职场人士薪酬涨幅较

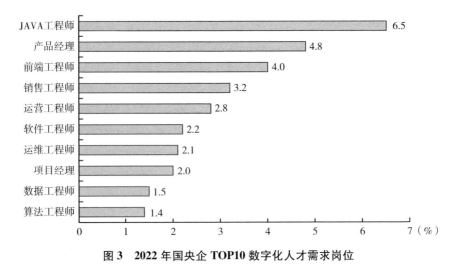

图3 2022年国央企TOP10数字化人才需求岗位

大。①数字化科技人才薪酬平均上涨13%。虽然2022年经济下行，企业业务调整、裁员消息不断，但得益于数字经济发展，数字化科技人才平均薪酬仍旧实现正增长。对比2021年，2022年数字化科技人才平均薪酬实现13.2%的增幅。分岗位来看，设计岗和销售岗平均薪酬领涨，分别增长13.9%和13.8%。而程序员薪酬涨幅仅为10.7%。相较而言，求职者对涨薪预期更高，与实际加薪幅度形成鲜明落差。②应届毕业生岗位薪资小幅下滑。入门级和资深从业人员薪酬增长呈现两极分化趋势。2022届高校毕业生达到1076万人，应届生不仅求职竞争加剧，平均薪酬较2021年也有所下降，程序员、产品岗和运营岗薪资上限同步下滑。算法工程师、架构师、大数据开发工程师整体薪酬较高，而测试工程师相对偏低。北京程序员平均薪酬领先于其他一线城市，比新一线城市高10%~20%。①

（二）人工智能产业人才集聚驱动

《2022年北京人工智能产业发展白皮书》显示，截至2022年，北京拥有全国最多的人工智能企业，占全国企业总量的29%。拥有核心技术人才

---

① 拉勾招聘：《2022数字化科技人才招聘白皮书》，2022年12月。

超过 4 万人，占全国的 60%。北京多个区域已开始或完成"智慧城市大脑"相关部署，北京迈向全域场景开放的智慧城市 2.0 阶段。①

1. 多项指标位居第一

人工智能对社会经济发展各领域的渗透，推动了技术发展、产业升级和生产力跃升，促进了新旧动能转换和经济高质量发展。近年来，北京市大力建设国家人工智能创新应用先导区，积极探索人工智能产业发展新路径，在科技创新、融合应用、生态环境建设、体制机制创新等方面取得了重大进展。目前，北京市拥有全国最强的产业集聚能力，形成了全栈式人工智能产业链。截至 2022 年 10 月，北京市已有 1048 家人工智能核心企业，占全国的 29%，排名全国第一。此外，北京加速建设人工智能创新策源地。北京市高校和科研机构云集，《2022 年北京人工智能产业发展白皮书》显示，北京市人工智能领域核心技术人才超过 4 万人，占全国的 60%。同时，北京的人工智能论文发表量居全国第一。

在国家人工智能创新体系中，北京市占据着重要的地位。根据工信部揭榜挂帅优胜项目，北京共有 37 个项目、32 家单位上榜，数量居全国第一。此外，北京的国家开放创新平台数量也领跑全国，在 24 家获批建设国家新一代人工智能开放创新平台的企业中，10 家企业总部位于北京。这表明，北京市积极推进人工智能发展，正在成为我国人工智能产业的领军城市之一。

2. 迈向智慧城市2.0时代

近年来，北京市的人工智能支撑能力不断提高。在人工智能算力发展方面，北京位居全国第一。此外，北京市政务数据开放也走在前列，已向公众开放了 115 个市区级单位的公共服务事项指南、财税金融、城市管理等领域的 15880 个公共数据集。

在智能模型方面，智源"悟道 2.0"已成为全球最大的智能模型，其参数规模达到 1.75 万亿。另外，百度推出的"文心"大模型参数规模也达到

---

① 北京市经济和信息化局：《2022 年北京人工智能产业发展白皮书》，2023 年 2 月。

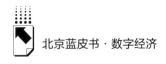

了 2600 亿，是目前全球最大的中文单体模型。

此外，北京国家人工智能先导区建设取得了显著成果。在 2022 年冬奥会期间，数字人和智能机器人等技术成功落地。海淀、朝阳、西城、昌平、通州等区已开始或完成了"智慧城市大脑"相关部署，北京迈向了全域场景开放的智慧城市 2.0 阶段。此外，无人出行服务也从示范运营阶段迈入商业化试点阶段，并在北京市逐步推广。北京市还发布了 36 家智能工厂和 47家数字化车间名单，这些举措有助于促进人工智能与智能制造的融合创新落地。

3. 着力构建开源框架和通用大模型生态

2023 年，北京市将持续推进"五子"联动，积极融入新发展格局，并实现人工智能产业的新发展，为建设国际科创中心和全球数字经济标杆城市贡献力量。在政策引导层面，北京不断推动建设具有全球影响力的人工智能创新策源地。此举将引领企业、高校、科研院所、新型研发机构、开源社区等围绕人工智能关键核心技术进行协同攻关，推动人工智能产业可持续发展。同时，北京将全面夯实人工智能产业发展基础，支持头部企业打造像ChatGPT 这样的大模型，着力构建开源框架和通用大模型的应用生态。此外，北京还将加强人工智能算力基础设施布局，加速人工智能基础数据供给。

在产业环境的创建方面，北京将加快建设国家人工智能创新应用先导区，支持人工智能优势企业在自动驾驶、智能制造、智慧城市等领域开展创新应用，全面构筑人工智能场景创新高地。与此同时，北京积极探索人工智能安全、科技伦理治理机制，研究人工智能融合应用安全、伦理治理范式，构建法律、市场、代码架构和社会规范相结合的多元路径。

在人才支撑方面，北京将率先建成高水平人工智能人才高地，科学谋划高端顶尖人才和人工智能复合型人才引进培育机制，进一步促进海外顶尖人才在京创新创业，激活创新驱动"源头活水"。这些努力将有助于北京成为人工智能领域的领军城市。

（三）互联网和电商人才需求各异

1. 互联网人才溢出，市场需求收紧

经历多年的高增长，互联网行业开始步入降本增效、力求稳增长阶段。2022年不少公司陆续宣布裁员，部分被裁员工自嘲"毕业生"。互联网人才溢出，市场需求收紧。受到全球经济形势不稳定等因素影响，企业招聘意愿偏低。《2022年8月互联网行业人才需求指数报告》显示，各城市人才需求量同比回落明显，其中杭州降幅达到49%，北京人才需求量减少37.8%。在严峻的就业形势下，互联网人才求职压力剧增。针对就业难问题，一些招聘平台联合知名互联网公司开设"毕业生"招聘专场，大量释放JAVA开发、产品经理、市场运营、UI设计等岗位，涉及互联网、房产、新零售等多个行业。通过提供各项就业服务，帮助挖掘企业急招需求，帮助求职者尽快找到合适的工作。为了提供更好的求职体验，招聘平台连线不同领域专家解读最新就业趋势、指导职业规划、提供面试辅导及心理疗愈等服务，针对性地帮助互联网人才解决求职中的痛点和难题，提升人才职场竞争力。①

2. 电商人才需求增加

"双11"购物狂欢节自淘宝2009年首届举办，经过十余年发展，已经成为中国年度最大的电商促销节日。垂直及综合类电商平台、短视频平台、内容平台趁着流量高峰期开启打折促销模式，商家和用户规模呈爆发式增长，预售时间提前，战线拉长，消费热情高涨，各大平台不断刷新商品成交额。"双11"改变了大众消费习惯，改变了电商产业格局，也改变了电商行业人才结构。2022年，跨境电商业务开展难、平台流量下降，很多电商为缩减运营成本采取降薪或裁员等措施。招聘数据显示，2022年电商行业相关雇主招聘预算减少，岗位需求增量较小，与2021年相比，新发职位增长9%，而平均月薪却同比下降5%（见表1）。②

---

① 拉勾招聘：《拉勾招聘"真招节"启动 字节、美团等互联网大厂批量招聘复苏》，2022年10月。
② 拉勾招聘：《2022年双11电商人才数据报告》，2022年11月。

表1 电商行业新发职位量占比及平均薪资

单位：%，千元

行业	2022年新发职位增幅	平均月薪资		
		2022年	2021年	同比增长
电商行业	9	15.17	15.98	-5
内容社区/短视频行业	13	25.59	22.75	12
物流行业	7	13.16	14.46	-9
MCN行业	4	14.37	14.39	0

数据来源：拉勾招聘大数据研究院。

三 北京市数字经济产业人才发展面临的问题

北京作为中国互联网的发源地，聚集了我国大量头部科技企业，同时也是科技初创企业的聚集地。在建设国际科技创新中心、打造全球数字经济标杆城市的过程中，北京已经成为我国数字经济发展高地，但在数字技术与产业协同发展、产业国际竞争力提升方面仍存在一些问题。一是相较于发达国家，北京数字经济总量占比较小，市场规模有待提升。2020年美国、德国、英国等发达国家数字经济占GDP的比重均超过60%，截至2022年前三季度，北京数字经济占GDP的比重达到42.7%，仍有较大差距。二是与产业融合度不足。在产业数字化这一主要领域，从全球范围来看，2020年产业数字化占数字经济的比重为84.4%，而我国数字经济与农业、制造业的融合程度较低，北京数字经济产业大多聚焦服务领域，还需发挥科技研发的作用推动优势传统企业数字化转型。三是服务产业的数字人才持续短缺。数字技术快速更新迭代，数据价值应用、AI等领域人才缺口较大，目前单一性专业人才很难满足数字化转型发展需要。中小企业对数字化认知水平较低，对成本的承受能力较弱，人才也更为缺乏。[1]

---

[1] 刘振飞：《北京应加速形成具有国际竞争力的数字经济产业集群》，《北京日报》2023年1月19日。

（一）数字经济人才供需鸿沟仍在加深

在数字经济人才需求增长快、变化多，人才供给能力及配套资源不足等多因素的影响下，全球普遍面临着数字经济人才鸿沟加深的问题。北京数字经济领域的人才数量位居全国前列，但人才短缺问题同样突出。数字经济人才短缺不仅是数量上的供不应求，更突出的问题是高质量人才的不足和结构上的短缺。比如，在金融科技领域，人才主要覆盖银行的营销和风控等岗位，软件工程师、数据分析师、技术架构师、数字运营、对公业务等方面的人才缺口较大。不仅如此，许多数字技术人才和应届毕业生没有金融领域的从业经历，缺乏解决实际问题的经验，在场景应用、金融安全、数据技术等方面的专业技能亟待提升。数字经济人才的供需鸿沟主要源自学校培养和工作需要脱节、在职培训和市场需求脱节，以及人才结构和业务发展脱节。首先，高校一直是各类人才培养的主阵地。目前，许多高校在数字经济人才的培养中，仅简单地增设了计算机等相关课程，只是专业课程和计算机等数字经济相关课程的简单叠加，并没有实现二者的深度融合，从而导致校园招聘的数字经济人才在解决实际问题时能力不足。其次，不少企业的内部培训仍然存在形式单一和走过场等问题，有效的数字经济人才培训体系尚未形成。比如，许多在职培训都是线上课程，以讲座为主，内容碎片化严重，难以形成系统性的知识体系。因此，员工很难真正理解数字经济的内在逻辑，无法成为能够满足市场需求的数字经济人才。最后，许多传统行业的数字化转型不断加速，对既熟悉业务技能又掌握数字化技术的高水平、复合型人才的需求越来越大。比如，现代化的智能制造类专业人才必须掌握综合实践技能，除传统的业务技能外，还要掌握数字化软件设计、CAM仿真加工、CAE质量分析、数字化检测等方面的知识。然而，现有的人才结构通常只能满足部分基本岗位的数字化需求，难以满足许多高水平岗位的需求，导致人才结构和业务发展脱节的现象出现。

（二）高校的数字经济人才培养存在短板

高校是各类人才供给的主阵地，数字经济人才也不例外。然而，数字经济人才需求急速增长，高校的培养体系未能完全适合。第一，高校的专业设置和课程安排存在路径依赖问题，短期内无法适应数字经济发展需要。数字经济时代，高校应该围绕新技术、新产业、新业态，加强新工科、新文科、新商科等建设，强化学生获取数据、分析数据、运用数据能力的培养，提高学生适应数字经济时代的能力。但是，高校人才培养的周期较长，人才培养结构往往需要四年甚至更长时间才能得到调整，导致高校数字人才培养效率滞后于经济发展需要。同时，高校教师结构和知识结构具有惯性，存在路径依赖问题，对专业的调整往往存在畏难甚至抵触情绪，相关数字课程的建设也需要一个过程。第二，复合型人才培养机制不够健全。数字经济的本质是数字技术与产业、场景、业务的深度融合，需要学生能够将数字技术与一个或多个专业能力融会贯通。那么，高校就需要以数字经济为基础，积极推进学科交叉整合，把数字素养教育渗透至人才培养的各个环节，大力培养复合型数字人才。但是，一些高校教师仍然固守传统思维观念，数据意识淡薄，对大数据重视不够、运用不足、使用范围不广、效果不佳，主动运用大数据进行教学创新的意识不强，不利于复合型数字人才培养。第三，学生的创新能力培养存在瓶颈。创新是数字经济发展的核心。高校只有积极调动大学生创新的兴趣，激发大学生探索未知的热情，为大学生埋下创新的"种子"，才能让其在未来的工作岗位上创造出创新性成果。虽然很多高校已经积极举办各类大学生创新活动，但目前并未取得显著成效。创新教育理念"窄化"、与专业教育割裂，教师队伍能力欠缺、实践平台匮乏、合作网络和资源支撑体系建设滞后等诸多瓶颈亟待破解。

（三）传统的人力资源体系尚未转型

数字经济人才缺失问题也反映出传统的人力资源体系需要调整，单一维度的调整难以满足传统企业的数字化需要，也不能满足数字经济时代的人才需求，应至少包括数字经济人才培养的标准、招聘、选拔、培训、绩效考核等方面。其一，数字经济人才发展通道有待畅通，促进数字经济人才成长。许多企业的岗位晋升通道单一，且划分过细，等级较多，晋升年限要求很高。在这种单一的晋升制度下，科技人才晋升缓慢，许多甚至停滞不前，影响了其对职业的满意度。不仅如此，在岗位能力和资历认定等方面，许多企业针对数字经济类岗位都没有明确的标准，不能有效激发数字经济人才的工作热情。更有甚者，一些企业在新技术应用方面缺少高级专家，能力不足，还处于依赖外包服务阶段，不利于自主数字经济人才的培养。其二，数字经济人才培训难以发挥预期效果。传统的培训模式相对稳定，无法适应数字经济领域的快速变化和思维模式。比如，数字经济领域的新技术层出不穷，但是企业内部的专业研究团队和师资队伍很难紧跟这些新技术，导致设计的培训课题跟不上技术和时代变化。同时，传统的培训，以讲座、视频等形式为主，针对技术融合开发、新技术业务知识等综合能力的培养明显不足。其三，数字经济人才激励保障机制需要进一步完善。在绩效考核上，许多企业没有针对数字经济人才特点设计综合评价指标体系，仍然采用传统的统一体系，在专业程度和价值贡献等方面的评价不够深入。

（四）数字经济领导力亟待提升

数字经济时代不仅对专业技术人才提出了数字化要求，也对企业领导者的认知、思维、实践能力提出了数字化要求。调查显示，在数字经济中拥有强大领导能力的公司，其财务业绩甚至可以超过其他公司的50%以上。然而，目前大多数企业在数字经济中缺乏领导力。关于数字经济领导力虽然没有相对一致的内涵，但其外延主要包括商业洞察力、数字化感知与意识、数字商业转型领导力，以及数字价值观、学习能力、驱动能力、转型能力、人文关怀等。数字经济中的领导力不是通过几次简单的培训就能实现的。数字经济中的领导者需要有足够的数字洞察力和对市场的敏捷反应，能够快速运用数据思维对组织进行战略调整，并不断改进组织。在全球人才竞争的过程中，数字经济领导力已经成为竞争的关键。因此，可以说，提升数字经济的领导力不是一朝一夕的事情，而是需要很长一段时间。

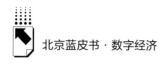

四 北京市数字经济产业人才发展趋势与策略

随着数字领域的技术创新加速,各领域的数字人才需求急剧增加。人才和技能的培养不再仅仅针对高技能人才,而是面向全体公民的延伸。北京正在建设全球数字经济标杆城市,更加需要强化数字人才和数字技能的培养。随着人口红利的逐渐消减,劳动力素质的重要性日益凸显。壮大数字经济产业人才队伍、提高劳动者技能水平,适应经济数字化转型的需要,既是数字经济发展的现实要求,也是经济高质量发展的重要保障。

(一)数字人才新职业发展趋势

1.新职业发展趋势

有些新职位已经存在,但尚未被纳入国家职业分类大典,包括:生活服务业中的数字化运营师、收纳师等;伴随着新行业出现的新职业,尽管从业人员较少,但发展势头良好,如社区团购团长、私影行业观影顾问、版权购买师、VR 指导师、奶茶试喝员、宠物烘焙师等。[①]

2.新职业的未来

(1)新职业带动人才需求

未来五年,新职业的人才需求量较大。预计云计算工程技术人员近150万人、物联网安装调试员近500万人、无人驾驶员近100万人、电子竞技员近200万人、电子竞技运营师近150万人、人工智能工程技术人员近500万人(见图4)。作为2019年发布的第一批新职业的代表,人工智能工程技术人员、物联网工程技术人员、大数据工程技术人员、云计算工程技术人员如今已成为数字经济领域的核心人才,并成为数字技术人才的中坚力量,2019~2021年上述人才需求同比增长迅猛,年均增速分别为28.01%、25.94%、36.14%。

年轻人青睐新职业,兴趣爱好成为其最大驱动力。B 站联合 DT 财经

---

① 猎聘:《2022新职业白皮书出炉!什么新职业最吃香?》,2022年4月。

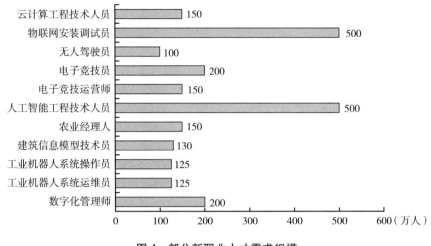

图4　部分新职业人才需求规模

进行的"新职业尝试意愿度调研"发现，12%的年轻人正尝试兼职新职业，5.5%已经全职投入，58.5%希望尝试。超过78%的年轻人青睐新职业的原因是"符合兴趣爱好"。77.1%的年轻人在考虑是否从事新职业的时候，害怕收入养不起自己，58.3%担心工作不稳定，42.6%忧虑保障机制不完善。

（2）新职业背景下的动态劳动关系、成长性思维、拥抱数字化

一是动态劳动关系加速形成。据Upwork平台的数据，美国有5730万人为自由职业者。到2027年，自由职业者将达到8650万人。据盖洛普的数据，36%的美国就业人员通过主要或次要工作参与零工经济。据麦肯锡的数据，1/6的传统工作者希望成为主要的独立零工经济人。据爱迪生研究的数据，打"零工"者更有可能是年轻人，38%的18~34岁年轻人偏好零工经济。新职业的发展促进了更多灵活用工群体的出现，越来越多的年轻人在新职业的大环境下从事非全职工作，促进组织精准实现人岗匹配及人力资源的弹性管理。

二是成长性思维——变化中保持竞争力。新职业带来行业发展新动能，2020年初，人社部中国就业培训技术指导中心推出新职业在线学习平台，

2021年7月13日，新职业在线学习平台3.0版正式上线。自2020年6月平台上线以来，学习人数达到809万（人次达到2757万）。2021年4月，人社部制定了《提升全民数字技能工作方案》，要求各地面向新技能新职业，重点开展人工智能、大数据、云计算等数字技能培训。未来新职业将提升人才数字化技能的学习，实现自决策、自执行、自适应、自学习的管理模式。

三是拥抱数字化——体现专业性。56个新职业主要涉及高新技术、区块链、信息安全、在线学习、养老健康、新型消费、先进制造、绿色环保等领域，集中分布于新兴产业和现代服务业，新职业基本具备数字化属性。

（二）北京市数字经济人才发展策略

当今全球数字技术和应用呈现加速发展趋势，从国家层面到地方政府层面都通过大力布局基础设施、完善法律法规、加强人才培养等来促进数字产业发展。北京市应持续建设有全球影响力的数字创新策源地，全面夯实数字产业发展的底座，建设高水平的数字人才高地，积极吸引海外顶尖人才在京创新创业。未来北京将充分利用在科技创新、应用创新方面的丰富经验和优势资源，积极探索创新攻关、生态平台、要素供给、场景开放、安全治理、人才培育等，为中国乃至全球的数字产业发展找到前进之路。

1. 建设和完善数字经济多层次人才培育体系

在科教资源和人才智力上，北京处于优势地位，要充分利用这些优势资源，建立和完善数字经济领域多层次的人才培养体系。首先，健全高校数字人才培养体系。汇聚多方优质资源完善现有学科体系，加强数字产业领域的新学科与交叉学科建设，明确高职高专院校、普通高等学校不同层次的人才培养目标，采取产学结合方式解决校企人才输送低效问题。集聚优质师资力量，编制各类数字经济人才培养标准，增设数字经济及其外延专业，细化培养方案。

强化产学研协作，培养数字人才。在各行业的数字化转型中，依托人才市场进行招聘解决数字化人才供给问题愈发困难，为了保障数字化人才供给，主要依靠内部的人才成长和校园应届生招聘。在此基础上，建立产学研联合培养机制，利用高校、科研机构和龙头企业的专家、设施和资金等资源，联合培养既具有理论素养又具备实践技能的高素质数字人才。对于培养方式而言，企业内部的"以工代训"是提升员工技术能力的最佳方式，同时应结合企业"学徒制"试点，促进内部技术能力的提升。此外，外部专业科技公司可提供定制化技术培训服务，联合开展技能竞赛、技能认证等活动，以促进人才队伍的建设。

加快数字技能职业培训、鼓励民营企业投入数字经济人才培养领域，加快全社会数字技能职业培训机构和数字培训平台的建设，这些都是推动数字经济发展的重要举措。同时，还应当鼓励市场化培训机构的发展壮大，并结合产业实际需要，制定数字人才技能职业培训标准，不断优化数字技能培训课程体系。此外，在国家减负政策下，众多初等教育培训机构正面临转型机遇，可以鼓励有条件的培训机构转型成为数字经济人才培养机构。

当前，北京数字经济的发展更多地体现在服务业，农业和制造业的数字化程度仍然较低。除了促进农业和制造业的数字化转型外，也需要保持服务业的先行优势。为此，需要加强应用型人才培养，特别是新消费和新金融领域的数字经济人才。在技术赋能业务方面，需要大量的业务人员基于各种业务场景使数字技术与业务融合，如敏捷研发、全域营销、数字化供应链管理等。这些措施有助于加快数字化转型的速度，打造数字经济的新优势，并为城市的经济发展提供强有力的支持。

2. 通过数字政府等高标准项目，推动企业数字人才的成长

从项目规划到实施引领各个层级数字人才的成长与发展。实施重大政府数字产业项目带动战略，发挥数字产业的要素集聚效应。产业集群和要素聚集是数字产业发展专业化和区域规模化的深刻变革和逻辑演进。数字产业与制造业的区别在于，数字产业的集聚效应并非基于物流成本和交易规模，而是基于人才集聚。这意味着，数字产业的发展不仅需要高效运作的物流和交易体系，更需要具备创新意识、技术能力和创造力的高素质人才。因此，数字产业的集群效应是由技术、资本、市场和人才等多种要素构成的生态系统协同作用的结果，人才的集聚效应是数字产业集群不可或缺的一部分，是数

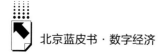
字产业长期发展的关键因素之一。

为加强数字产业集群的人才吸引力,数字产业集群可以用来助力数字人才的成长。由于高科技企业的聚集,人才在企业之间的流动非常便捷且频繁。人才可以在不同的数字产业内的企业流动。此外,由于创业失败的成本相对较低,高素质人才有着较高的创业热情,一般工程师也愿意加入直接或间接关联的创业公司打拼。这种跨界流动在数字产业集群更为普遍,通过数字产业集群提供的平台和机会,数字人才能够得到更全面的锻炼,拥有更为开阔的视野和创新能力,有助于数字产业市场的不断扩大和更新换代,形成数字经济生态系统的持续发展。

3.改善营商环境等软措施,促进数字产业发展,推动数字人才成长

为促进数字产业发展,维护公平竞争市场环境,应当研究出台一系列支持数字产业发展的政策举措。可以考虑制订民营数字企业优化计划,鼓励各类融资机构加大对民营企业的投资力度,以及加大政府采购对民营企业的支持力度。此外,还应当提高市级部门年度采购项目预算总额中专门面向中小微民营企业的比例,鼓励中小微民营企业积极参与政府采购招标,提升自身市场竞争力。

在具体政策方面,可以考虑推出税收优惠政策,简化数字企业的审批流程,加大对数字企业研发和创新的财政支持力度,并完善知识产权保护体系,为数字企业发展提供更加有力的保障。同时,应当建立数字经济产业园区、孵化器等基础设施,提供便捷的场地、人才和资金支持,促进数字产业集群的形成和发展。

加大数字产业的知识产权保护力度,完善知识产权制度,加大打击侵权行为力度,解决数字人才创业的后顾之忧。

这些措施有助于优化数字经济发展的环境和机制,推动数字产业快速发展,提高企业的市场竞争力和创新能力,为数字经济发展打下坚实的基础。同时,应当加强对数字经济企业的监管,维护公平竞争的市场环境,为数字经济企业的逐步壮大提供稳定的市场环境和政策支持,从而助推数字人才成长。

4. 强化人才交流机制，拓展全球数字人才引进新路径

为了满足数字化时代对高素质人才的需求，需要引进国内外优秀的数字人才。针对这一目标，应当制定国内外数字人才引进规划和需求清单，并不断扩大引进规模，以满足数字人才需求。通过这些举措，可以提高企业和组织的数字化水平，促进科技创新和经济发展，推动数字经济快速发展。

以多样、灵活的方式吸引高层次人才来京。一是加大数字经济产业人才政策宣传力度，以实地宣讲、新媒体传播等多种方式帮助企业了解人才优惠政策。二是将数字经济人才列入全市急需紧缺人才引进指导目录，依托高层次数字经济产业平台聚拢高层次人才。三是充分利用"两区"和"先行先试"的优势，建设具有国际竞争力的人才体制机制，在全球范围吸引"高精尖缺"人才。

加大对人才交流的支持力度。只有人才的深度交流，才能碰撞出创意的火花，助力于青年成长。此外，各种社团组织和社交活动也为不同公司之间的同行提供了交流的平台。在这样的交流过程中，人才可以分享创意，甚至催生更多的创业机会。因此，社团和社交活动的举办对于促进行业内的交流与合作具有重要的意义，有利于推进各个领域的发展，吸引更多相关学科人才在数字技术和数字经济领域发展。

参考文献

艾媒咨询：《2022 年中国互联网招聘行业研究报告》，https：//www.iimedia.cn/c400/84551.html，2022 年 4 月。

艾瑞咨询：《2022 年企业数字化人才发展白皮书》，https：//report.iresearch.cn/report/202206/4018.shtml，2022 年 6 月。

北京市经济和信息局：《2022 年北京人工智能产业发展白皮书》，2023 年 2 月。

拉勾招聘：《国央企数字化转型人才白皮书》，2022 年 12 月。

拉勾招聘：《2022 数字化科技人才招聘白皮书》，2022 年 12 月。

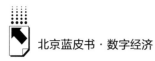

猎聘：《2022 新职业白皮书出炉！什么新职业最吃香?》，2022 年 4 月。

刘振飞：《北京应加速形成具有国际竞争力的数字经济产业集群》，《北京日报》2023 年 1 月 19 日。

中国上市公司协会：《数字创新　共见未来——解读〈中国上市公司数字经济白皮书 2022〉》，2022 年 6 月 30 日。

B.11
北京市数字经济全产业链开放新进展

李江涛　吴向阳*

摘　要： 为了推动北京市数字经济发展，打造全球数字经济标杆城市，数字经济全产业链开放成为重要的途径和手段。北京市通过制定和实施《北京市数字经济全产业链开放发展行动方案》来打通数字经济产业堵点，提升数字经济的竞争力。本文对北京市数字经济全产业链开放发展的理论基础、内容及实施进展进行了阐述。

关键词： 数字经济　全产业链开放　北京

一　引言

2020年北京市发布《北京市促进数字经济创新发展行动纲要（2020—2022年）》，吹响了数字经济发展的冲锋号，指明了数字经济发展的总方向。北京数字经济建设聚焦数字基础设施建设、数字产业化、产业数字化、数字治理、数字价值化和数字贸易六大方面，实施基础设施保障提升工程、数字技术创新筑基工程、数字产业协同提升工程、农业工业服务数字化转型工程等九项重点内容。2022年前三季度，北京市数字经济实现增加值1.28万亿元，占北京市国民生产总值的42.7%，比上年提高了1.6个百分点。数字经济已成为新时代首都发展的重要驱动力，数字化赋能产业、赋能城市、赋能民生作用明显，对加强"四个中心"建设、提升城市治理水平具有关

---

* 李江涛，北京市社会科学院管理研究所副研究员，主要研究方向为产业经济学、企业管理；吴向阳，北京市社会科学院管理研究所副研究员，主要研究方向为环境经济学、公共管理。

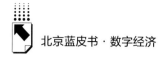

键支撑作用。建设全球数字经济标杆城市，是北京顺应科技革命和产业变革趋势做出的重大决策，是联动"五子"、融入新发展格局的战略性安排。

为了实现建设全球数字经济标杆城市的宏伟目标，为数字经济标杆城市的打下开放的基础、构造创新的平台，2022年5月北京市出台《北京市数字经济全产业链开放发展行动方案》（以下简称《方案》），提出通过一系列的措施和行动，争取在2~3年内率先建成活跃有序的全国数据要素市场体系，显著发挥数据要素赋能经济高质量发展的作用，将北京打造成为数字经济全产业链开放发展的高地。《方案》系统规划了数字经济全产业链开放的全面图景和行动指南，必将极大地推动北京市数字经济高质量发展。

二　数字经济全产业链开放发展的理论基础

经历40多年的改革开放，我国从一穷二白发展到经济总量位居全球第二，这个伟大的实践无可争辩地证明：以开放促改革、促发展，是我国现代化建设的最重要法宝，决不能丢。开放促进发展，开放促进创新，不仅体现在国家发展上，也体现在产业发展上。中国改革开放的理论和实践经验就是数字经济全产业链开放的理论基础和实践指南。数字经济的高质量发展，离不开数字经济全产业链的高度协同和开放创新。

（一）全产业链开放的概念

产业链是产业经济学的重要概念，是指产业各个部门之间基于技术、市场、社会分工及时空布局等要素构成的链条和由此形成上下游关联的关系。通常可以从以下几个维度予以理解。

1. 价值链理论

波特于1980年提出的价值链理论，是全球贸易竞争理论的重要组成部分。该理论认为企业活动并不是分散的、孤立的，而是互相关联的。企业应该将其活动视为一条完整的价值链。这一理论主要探讨了企业的内部价值链和外部供应链、分销链等各个环节之间的关系，以及如何通过优化价值链来增强竞争优势。

2. 供应链管理理论

供应链管理理论是指通过优化企业内部和企业之间的生产、流通、销售等各个环节，实现企业与整个产业链各方之间的协同，从而实现效益最大化。这个理论的关键在于企业之间的协调、合作和沟通。

3. 战略联盟理论

战略联盟理论强调企业之间的资源整合和战略合作，通过建立联盟或者合资公司，共享资源和风险，实现资源优势最大化。这个理论的核心在于企业之间的合作和整合。

4. 生态系统理论

生态系统理论强调企业与其所在生态系统其他成员之间相互联系、相互影响和相互依存的关系，从而实现创新和共赢。这个理论的核心是企业与其生态系统的协同发展和创新。

5. "全产业链脉动"服务理论[①]

"全产业链脉动"服务理论强调在物联网、大数据、人工智能等新兴技术大量应用的背景下，通过生产服务和产品服务的提升，充分展现数据脉象价值和数据脉动价值，充分体现数据、体验、平台等新型生产要素的价值作用，增强数据价值链的增值能力。"全产业链脉动"服务理论能够贯穿于生产环境和市场环境，通过把握全产业链个体成员、群体成员脉象价值精准地刻画"全产业链脉动"状态，在数据价值生成、数据价值传递和数据价值实现过程中精准地感知数据脉动价值，从而更加精准地创造全产业链可持续发展的生态环境。

全产业链概念的提出，使产业链的上下游之间从合作与竞争关系变成全产业链的协同关系，以价值观、资源观、产品与服务观来审视企业与企业之间的关系，开放合作，协同律动，创新共赢。全产业链的完整度、协同度、韧度、安全度已经成为区域经济和行业经济发展的重要衡量标准。

---

① 赵林度、刘丽萍、任雪杰、邱华清：《"全产业链脉动"：制造业服务化》，科学出版社，2021。

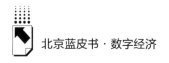

（二）全产业链开放发展的形势

近年来，全球贸易保护主义有所抬头，叠加技术变革和要素成本变化影响，全球产业链的稳定性和竞争力正面临越来越大的挑战，产业链本地化、分散化、区域化趋势凸显。全球产业链更加关注安全、更加关注稳定、更加关注性价比。普华永道在博鳌亚洲论坛 2023 年年会期间发布的《第 26 期全球 CEO 调研中国报告》显示，69% 的中国内地公司管理者和 56% 的中国香港公司管理者考虑调整其当前市场布局和（或）开拓新市场，他们更倾向于调整供应链布局，以减小在地缘政治冲突中的风险敞口，为此，一些企业将供应链转移到东南亚或其他区域市场。

我国各地都十分重视产业链的开放发展，把产业链的安全稳定放到经济发展的优先位置。党的二十大报告提出，要着力提升产业链供应链的韧性和安全水平。习近平总书记强调，要增强产业链供应链的竞争力和安全性。建链、补链、强链、稳链是我国产业链开放发展的"四策"，具体来看，就是加强顶层设计，根据重点产业发展方向，制定产业链发展规划，通过建链、补链、强链、稳链，把产业链变成纵横交错的产业链网，打造层级丰富、上下互通、左右联动的产业生态，提升供应链的协调能力和响应速度。发挥数字经济竞争优势，提升产业链供应链创新应用能力，积极应用信息技术、数字技术、人工智能和大数据，促进供应链的价值和效率提升。深化改革，创新产业链开放发展，培育更具开放性和包容度的供应链体系。

国内不同的城市在全产业链方面做了较多的工作。如武汉近年来推动新能源汽车全产业链发展，部分城市推动房地产的全产业链发展，上海市推动医药行业、芯片行业的全产业链发展。全产业链开放不仅有利于获得经济效益，而且能加快产业发展。北京市近年来推动全产业链开放主要聚焦四个领域，分别是科技创新、数字经济、生物制药和绿色金融领域。2022 年北京市在原有的生物制药全产业链方案以及相关产业的基础上，着力形成数字经济全产业链开放格局，并推出《北京市数字经济全产业链开放发展行动方案》，推动北京市数字经济产业配套政策完善。北京市数字经济发展主要体现在金融、医疗、交通、工业等领域，同时推动供电、供水、供气、交通运输等领域的数字经济开放。

三　北京市数字经济全产业链开放路径探索

（一）北京市数字经济全产业链开放发展行动方案概述

根据《北京市数字经济全产业链开放发展行动方案》，要推进北京市数字经济全产业链开放发展，充分释放数据要素的价值，激发数字经济的活力，构建数字驱动未来产业发展的数字经济体系，加快建设全球数字经济标杆城市。围绕"六个一批"，即利用2~3年的时间，制定一批数字要素团体标准和地方标准，开放一批数据应用特色示范场景，推动一批数字经济国家试点任务率先落地，出台一批数字经济产业政策制度规范，加快孵化一批高成长性的数据服务企业，形成一批可复制可推广的北京经验，在全国率先建成活跃有序的数字要素市场体系。① 数据要素赋能数字经济发展，助力北京市标杆城市建设，将北京市打造成数字经济全产业链开放发展和创新的高地。

北京市针对推动数字经济全产业链开放行动提出了六个方面22项措施，并在实施过程中细化为49项试点措施和116项任务。具体来说，北京市针对数字经济开放提出的措施包括：一是加速数据要素化进程。二是推动数据要素市场化改革突破。三是打造数字技术新优势。四是赋能重点产业创新发展。五是加强数字经济治理。六是增强数字经济发展支撑。

1. 加速数据要素化进程

一是组建数据要素标准委员会，加强数字经济领域的技术标准创制，针对数据采集、交易、流通、安全制定规范。在此基础上，开展北京重点数字领域的数据采集标准化试点，如自动驾驶、数字医疗、数字金融、智慧城市

---

① 北京市经济和信息化局：《北京市数字经济全产业链开放发展行动方案》，http：//www.beijing.gov.cn/zhengce/zhengcefagui/202205/t20220531_ 2724836.html，2022年5月31日。

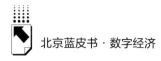

等，提升高质量数据供给能力。二是制定数据分类分级规划，为数据要素市场化与安全性制定管理规范。三是建设数据资产登记和评估机制，确立数据要素可交易的标的地位。

2. 推动数据要素市场化改革突破

一是向外资开放增值电信业务。二是加强公共数据的开放共享，鼓励企业对外提供数据服务。三是促进数据交易的健康发展，建设北京国际大数据交易所，推动完善数据"可用不可见、可控可计量"的交易模式。四是推动数据跨境流动服务。五是开展数据资产化探索，尝试数据资产质押融资，推动数据资产价值的实现。

3. 打造数字技术新优势

打造一批产业链高水平发展的关键技术和科技产品，推动新的操作系统、新的平台和新的技术形成。同时构建数字技术的创新生态，如在建设国际开源社区方面吸引外国资源，鼓励打造自动驾驶场景，搭建人工智能数据库，支持平台和社会服务。

4. 赋能重点产业创新发展

加快科技研发，探索知识生产新模式。加快工业互联网产业发展，支持工业软件开发，支持工业数据信息的开放共享。加速发展智能网联汽车产业，持续推进高级别自动驾驶示范区 3.0 建设。加快数字医疗产业发展，建设全民健康信息平台，为全民的健康提供高效的数字医疗服务。加快数字金融产业发展。加快智慧城市发展，使智慧城市尽快地赋能城市治理。提升"七通一平"的共性服务能力，利用"一网通办""一网统管""一网慧治"推动公共服务流程重构。启动城市副中心指挥标杆城市建设。

5. 加强数字经济治理

数字经济治理主要强调数字经济安全，如建立数据安全评估机制，建立网格安全体系等，企业要制定数据安全合规管理制度和机制，设置数据安全工作岗位。对平台企业的数据安全合规要更加重视。在数字金融、自动驾驶、数据交易等业务场景要开展"沙盒监管"试点。要建立自主可控的软硬件系统。

6. 增强数字经济发展支撑

一是加强数字基础设施建设，主要包括新一代通信网络基础设施、算力基础设施等。二是优化数字营商环境，主要是数字人才的培养和引进、数据知识产权保护、数字经济引导基金等，以及继续办好全球数字经济大会，打造关于数字经济的国际交流平台，建立国际数字治理研究院，促进北京市数字经济朝着高水准方向发展。

北京市发展数字经济有以下特点。一是重视基础设施建设，为北京市全产业链开放创造前提条件。二是重视制度标准的建设，为北京市数字经济全产业链开放提供制度保障，完善制度标准，通过各部门通力协作，形成数字经济发展的制度优势。三是构建不同的组织平台，出台不同的解决方案，推进北京市全产业链开放。四是北京市重点发展智慧城市、自动驾驶、数字医疗，以及数字交易平台、数据开放等。五是抓住了数字技术和数据要素这两个核心关键点。

（二）北京市数字经济全产业链开放路径分析

数据要素已经成为继土地、资本、劳动力、技术四大生产要素之后的第五大生产要素，以数据为核心的数字经济呈指数级增长，但数据要素市场却发育不良，数据孤岛、信息爆炸、数据封闭问题并存，大量数据重复生产或得不到开发利用，企业间信息不共享，造成数据要素的巨大浪费，数据赋能实体经济的潜力还没有被充分挖掘，数据要素流动受到极大阻碍。以数据为核心的数字经济到了必须通过设计数据基础制度来促进数据要素开放流动、安全合规的发展阶段。北京市出台的数字经济全产业链开放行动方案，可谓三月春雨、恰逢其时，以开放提升数据要素的供给质量，推动数据要素市场化，促进产业人口创新和应用，针对数据产业链补短板、锻长板，促进数字产业生态平衡。

1. 以开放提升数据要素规模和质量

要推动不同场景、不同领域数据的标准化采集和兼容互通，制定本市公共数据开放年度计划，推动水电气热、交通等公服企业开放数据，鼓励企业等各类机构对外实行各种形式的数据开放和共享,建设数据共享空间。共建人工智能数据标注库,为发展 AI 提供训练数据库。大幅提升数据要素生产供给能力和供给质量,为数据市场化、数据场景应用和创新提供源源不断的"活水"。

既要讲数据供给的数量,还要讲数据的合规可控,消除数据流动中的安全和隐私隐患,进一步,数据质量甚至比数据规模更重要。因此,北京聚焦数据基础制度。组建数字经济标准委员会,加强数据领域的标准化和规范化,提升参与国际数据标准制定的话语权。优先在数字经济重点领域如自动驾驶、数字医疗、数字金融、智慧城市等领域开展数据采集标准化试点,让产业链开放成为提升数据要素质量的助推剂。

2. 以开放促进数据产业的强链和延链

北京市依托产业链开放优势,加强重点产业发展,让"强链"更优更精。智能网联汽车产业和智慧城市是北京数据经济中的"强链",智能网联汽车是集交通、信息、计算和能源于一体的新型融合系统,智慧城市为智能网联汽车发展提供了城市数据感知,智能网联汽车是智慧城市建设的重要节点单元,二者互相赋能、协同发展,实现全面感知、泛在互联、普适计算与融合应用。北京智能网联汽车创新车路云一体化实践,在经开区建成了 60 平方公里高级别自动驾驶示范区。2023 年,计划在亦庄新城范围内再建设 100 平方公里示范区,并逐步扩展至 500 平方公里。在持续推动智慧交通应用方面,北京市在双智建设过程中注重发挥车路云一体化的经济与社会价值,开展应用场景商业化落地,通过示范区前端感知系统的数据共享,赋能智慧交通,提升城市交通治理水平。既要开放"强链",也要开放"延链",扩大数字经济的应用场景,优化产业链上下游之间的协作与衔接,深化不同产业之间的业务关联、链条延伸、技术渗透,提升产业链和供应链的韧性。如经开区 2022 年底就发布了 10 多个特色示范性数字经济应用场景,包括大数据基因检测、无人零售、AR 字幕眼镜、数字资产流通平台、汽车零部件智能工作、"碳管理 SaaS 平台"等。朝阳区 2023 年发布元宇宙数实融合 MaaS 等七大应用场景。数字经济不断延链,提升市民对新经济应用场景的感知度和场景建设的参与感，激发社会各界主动发现场景、刻画场景、布局场景、营销场景的积极性。

3. 以开放锻造数据产业的安全和流动

数据安全永远是数据产业开放的第一要务，安全合规的数据要素是市场化的必然要求，也是数据经济和国家安全的必然要求。既要开放，也要流动，更要合规与安全。北京市在建立开放的数字经济产业链中特别注重安全性，建立网格安全和数据安全的评估机制，建立全流程的数据合规指引，出台大数据应用的禁止清单和谨慎清单，提高异常数据交易、敏感数据的监测和追溯能力。

4. 以开放激发数据产业生态的活力和创新

推动数据开放共享，释放数据要素的原生动力，激发数据潜力，促进数据增值，构建更多元、更有活力、更有创新性的数字产业生态，打造推动数字技术创新的营商环境。北京市加快建设国际开源社区，吸引国内外开源项目和机构，对外资试点开放增值电信业务 IDC、CDN、ISP 等，支持建设各类产学研协同创新平台，打通贯穿于基础研究、技术研发、中试熟化与产业化全过程的创新链，形成多样化数字技术创新生态，充分释放创新活力。加快突破数字经济核心技术，构建更加自主可控的现代产业技术体系，集中突破高端芯片、人工智能、关键软件、区块链、隐私计算、城市空间操作系统等领域的关键核心技术。

四 北京市数字经济全产业链开放的实践与成效

（一）北京市数字经济全产业链开放的实践

为了扎实推进和落实《方案》，北京市构建了以经济和信息化局为牵头单位、17 个局办以及中关村管委会和经济开发区管委会，共有 19 个主体单位参加的组织架构，明确其制定工作规划、细分年度任务和实施步骤的职责。

北京市以《方案》为基础，实施6个方面22条具体措施，细化49条试点措施，形成116项具体任务。目前，这些具体任务一部分顺利完成，一部分接近完成，还有一部分在规划的指导下正在稳步推进中。

（二）北京市数字经济全产业链开放的成效

第一，形成了一系列数字经济全产业链开放的新组织形态。北京市成立了北京市数字经济标准委员会，为标准的制定和评估打下了基础。进一步完善了北京市数字经济交易联盟，为加强内外合作提供了基础。成立了北京市数字治理研究院，为数字经济的发展搭建了组织平台。成立了北京市数据资产登记中心，为数据交易打下基础。

第二，搭建平台助力数字经济全产业链开放长期化。成立北京市数据托管服务平台对数据进行监管，成为国内首个可支持企业数据跨境流通的数据托管服务平台。构建开放的公共数据平台，为公共数据打造交易环境。完善数据安全态势感知平台，强化敏感数据监测、异常流动分析和安全事件追溯处置。构建北京市全民健康信息平台和北京市医疗保障平台，为个人医疗信息电子化和数字化医疗提供基础。

第三，打造北京市数字经济全产业链开放制度性基础。北京市出台了《北京市智能网联汽车政策先行区数据安全管理办法（试行）》《北京新型智慧城市感知体系建设指导意见》《北京市智慧城市规划和顶层设计评审实施细则》《北京市数字经济全产业链开放发展行动方案》。北京市国际大数据交易所发布《北京数据交易服务指南》，是全国首套数据交易规则体系，涵盖交易主体认证、资产评估、价格发现、交易分润、安全保障、争议解决等各项机制。最重要的是，《北京市数字经济促进条例》于2023年1月1日起正式施行，北京市的数字经济发展有了地方法规的保驾护航。促进数字贸易高质量发展措施、软件和信息服务业高质量发展政策、新型智慧城市感知体系建设实施方案、平台经济和电竞产业健康发展规范等陆续实施，推动多项以信用为基础的新型监管机制出台；聚力发展互联网3.0，发布国内首个数字人产业政策及两项数字人标准。

第四，数据要素的合规流通交易开启。加强公共数据开放，实现数据调用 5433 万次。国际大数据交易所首推"可用不可见、可控可计量"交易模式，完善基于自主知识产权的交易平台，上架数据产品 1364 个，参与主体 329 家，交易调用 7.73 亿笔。发布全球首个基于真实场景的车路协同自动驾驶数据集。成立全国首个数据资产登记中心，发布首份数据资产评估报告，落地全国首笔千万级数据资产评估质押融资贷款。推动数据跨境流动地方性探索，支持设立数据跨境安全与产业发展协同创新中心。

第五，提升北京市数字经济的影响力。北京市在 2022 年成功举办了全球数字经济大会，聚焦"启航数字文明——新要素、新规则、新格局"这一主题，充分发挥北京数字经济的引领示范作用，《北京数字经济发展报告（2021~2022）——建设全球数字经济标杆城市》正式发布，北京数字经济的影响力大幅提升。举办了北京市数字评价工作互联网创新论坛、京津冀保险协同论坛、数字经济行业挑战赛等，极大地提高了北京市在数字经济以及数字经济开放方面的影响力。

第六，北京市数字产业的核心竞争力显著增强。北京市人工智能、区块链、信创、工业互联网等新兴数字产业规模均居全国之首，集成电路装备产业集群规模为全国最大。2022 年 1~11 月，全市软件和信息技术服务业实现收入 2.1 万亿元，同比增长 9.7%。截至 2022 年 11 月底，千兆固网累计接入 129.6 万用户，建成 5G 基站 7.5 万个，万人 5G 基站数、算力规模指数、卫星互联网集聚企业数量、商业卫星数量等均领先全国。2021 年全市数字经济收入千亿级企业 5 家、百亿级企业 58 家、十亿级企业 386 家，对数字经济核心产业的贡献达 80%。北京已经完成了百比特超导量子芯片的样片制备，构建完成了国产自主化新一代量子计算机云平台 quafu，已上线芯片数和单芯片比特数均达到国际先进水平。制备出了国内第一个基于超导-Ⅲ-Ⅴ族半导体纳米线的量子比特，支持智源研究院"悟道"大模型向多语言、多模态发展。

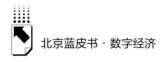

参考文献

魏昕悦：《五年激流勇进　书写经信篇章　发挥经信力量　为首都高质量发展"压舱"》，《北京日报》2023 年 1 月 11 日。

邹洁：《激发经济活力　北京加速释放数据要素价值》，《中国工业报》2022 年 6 月 10 日。

朱松梅：《朝阳发布七大数字经济应用场景》，《北京日报》2023 年 3 月 21 日。

沈建光：《全球产业链供应链重构　中国需加快产业数字化转型》，《现代物流报》2022 年 12 月 12 日。

比 较 篇

Subjects for Comparison

B.12
全球城市数字经济发展的新实践

殷利梅　陈耿宇*

摘　要： 5G、数据中心、云计算、人工智能、物联网、区块链等数字技术正在重塑世界经济发展模式，为全球各地城市数字经济发展的新实践提供了动力。美国纽约实施新的战略计划，西班牙巴塞罗那着力打造数字人才之都，韩国首尔拥抱元宇宙等数字产业前沿，英国伦敦形成了支持初创企业发展的良好氛围，推动形成产业创新集群，促进中小企业数字化转型。新加坡、加拿大多伦多、意大利米兰等以人为中心优化城市数字服务。世界范围内城市数字经济发展的实践及其经验，为北京建设全球数字经济标杆城市提供了较好的参考与借鉴。

* 殷利梅，国家工业信息安全发展研究中心信息政策所数字经济研究室主任、高级工程师，主要研究领域为数字经济战略、数据要素、数字政府；陈耿宇，国家工业信息安全发展研究中心信息政策所数字经济研究室助理工程师，主要研究领域为数字经济测度、数字产业、城市数字经济。

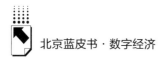

关键词: 数字经济 城市数字化转型 智慧城市 数字人才

城市是全球数字经济发展的重要引擎,世界各地城市普遍重视根据自身特色优势发展数字经济。2022年,主要城市持续优化数字经济政策布局,更新发布城市发展战略计划,打造形成数字创新聚集高地,不断优化数字公共服务。

一 持续加大政策与资金支持力度

美国、德国、加拿大、澳大利、新加坡、南非和西班牙等国的城市结合自身特点、发展目标,通过强化战略计划指引、加大资金支持力度、培育与吸引数字人才等手段,促进城市数字经济可持续发展。

(一)加强战略计划指引,促进城市创新和数字化转型

美国纽约、德国柏林顺应时代变化推出新的发展战略,促进城市创新和数字化转型。2022年1月,纽约市创建了技术与创新办公室(Office of Technology & Innovation, OTI)。OTI于2022年10月发布《战略计划2022》,提出五个战略重点,包括建设互联城市、提供数字服务、发挥数据的作用、面向所有人的技术创新、增强技术弹性。该战略旨在改善城市的数字基础,即数字基础设施,统筹城市数据资产,推动纽约市发展成为创新中心。[①] 2022年12月,柏林市通过了"共同数字化:柏林"战略。该战略融合了柏林的数字战略和智慧城市战略,目标是以可持续、合作、有弹性并面向共同利益的方式推进柏林的数字化转型。[②] 2000多名来自各领域的柏林人参与该

① 纽约市技术与创新办公室:《战略计划2022》,https://www.nyc.gov/assets/oti/downloads/pdf/about/strategic-plan-2022.pdf,2022年10月。
② 柏林州新闻和信息办公室:《参议院通过"共同数字化:柏林"战略》,https://www.berlin.de/rbmskzl/aktuelles/pressemitteilungen/2022/pressemitteilung.1276959.php,2022年12月20日。

战略的起草工作。

美国洛杉矶、加拿大多伦多、澳大利亚悉尼等均制定计划，着力完善城市数字基础设施。2022 年 1 月，洛杉矶市信息技术机构（Information Technology Agency，ITA）发布《2022-2023 战略计划》，包括数字基础设施投资、智能城市平台开发等一系列举措，如为远程办公提供下一代基础设施支持。该计划强调落实 2021 年发布的《SmartLA 2028 智慧城市战略》。该战略提出洛杉矶智慧城市建设的五个支柱，即基础设施数据工具和实践、数字服务和应用程序、连通性、数字包容性、治理。[①] 2022 年 4 月，多伦多市议会批准《数字基础设施战略框架》（Digital Infrastructure Strategic Framework，DISF），作为该市强化数字基础设施举措的方向。[②] 2022 年 5 月，悉尼市发布《信息和技术战略》（Information and Technology Strategy）。该战略以连通性、开放数据和平台、创新和技能、安全和隐私为重点，强调改善数据质量和管理，进一步提高网络安全水平，优化数字基础设施的布局。[③]

（二）加大资金支持力度，提升城市数字包容性和宜居性

美国波士顿、新加坡和南非约翰内斯堡等城市分别在数字包容、企业数字化、医疗数字化等领域加大资金支持力度，推动城市经济发展。2022 年 2 月，波士顿市长宣布投资超过 1200 万美元，通过提供 6200 台 Chromebook 笔记本电脑和 3000 台 WiFi 路由器，为近 2.3 万名波士顿居民、图书馆用户和学龄家庭提供设备支持，促进数字包容。波士顿公共图书馆、波士顿房屋管理局和 20 多个社区合作伙伴已经向波士顿居民分发了 7000 多台设备。[④]

---

① 洛杉矶市信息技术机构：《ITA 发布 2022-2023 战略计划》，https：//ita. lacity. gov/news/ita-publishes-2022-2023-strategic-plan，2022 年 1 月 25 日。

② 多伦多市：《市议会批准新的数字基础设施战略框架》，https：//www. toronto. ca/news/city-council-approves-new-digital-infrastructure-strategic-framework/，2022 年 4 月 6 日。

③ 悉尼市：《信息和技术战略》，https：//www. cityofsydney. nsw. gov. au/~/media/corporate/files/projects/policy-planning-changes/delivery-program-operational-plan-2022-23/draft-it-strategy---2022-2026---exhibition. pdf？download=true，2022 年 5 月。

④ https：//www. boston. gov/news/over-12-million-invested-digital-equity-and-inclusion.

同月，新加坡宣布将增强数字能力作为首要任务，将在数年内额外拨款 2 亿新加坡元（约合人民币 9.4 亿元）协助企业和员工提升数字能力，部分款项将用于帮助企业采用机器人技术等前沿数字解决方案。① 2022 年 5 月，南非约翰内斯堡公布预算计划，为城市数字化的优先考虑项目——医疗保健系统数字化，注资 2150 万兰特。同时，还提供预算用于再创建 500 个 WiFi 热点。约翰内斯堡市议员 Julie Suddaby 表示，互联网连接可以被称为一项基本人权，投资互联网，让居民获得工作机会，满足学生的学习需求，让政府能够与居民互动。②

（三）培育吸引数字人才，营造发展数字经济的良好环境

新加坡、西班牙巴塞罗那为培育吸引数字人才提供产学认证相融通的培训计划。2022 年 7 月，新加坡正式推出了为期三年的"AI 学生拓展计划"（AI Student Outreach Programme），旨在从各个年龄段培养新加坡人工智能人才。该计划分为三个阶段，为参与者提供编程技能和人工智能项目的实践经验。每个阶段的学生将获得相应的行业认可证书，比如，第三阶段的学生将获得谷歌专业机器学习工程师证书。第三阶段的理工学院学生和大学生将获得实习机会，与 AI Singapore 的工程师一起开展项目。通过该计划，预计超过 15000 名中学生、大学生将有机会参加在线培训课程，学习和掌握人工智能相关知识与技能。③ 西班牙巴塞罗那推出"巴塞罗那数字人才"（Barcelona Digital Talent，BDT）计划。该计划由世界移动之都巴塞罗那（Mobile World Capital Barcelona）和其他公私实体推动，旨在使巴塞罗那成为数字人才之都。BDT 计划支持开展专业人士数字技能再培训，提供有关数字行业的最

---

① 《2022 年预算："首要任务"是加强数字能力；推动创新也提上日程》，https：//www.channelnewsasia.com/singapore/budget-2022-first-priority-strengthen-digital-capabilities-push-innovation-also-agenda-2506491，2022 年 2 月 18 日。
② 《约堡市的电子医疗系统获得巨额预算》，https：//www.itweb.co.za/content/VgZey qJlV287djX9，2022 年 7 月 5 日。
③ 《新加坡推出"AI 学生拓展计划"》，https：//learn.aisingapore.org/student-outreach-programme/，2023 年 1 月 2 日。

新动态、数字技能情报等。通过 BDT 平台，可以访问相关的课程目录、报告和统计数据，获得技能提升活动以及其他数字领域相关的项目和活动的信息。BDT 发布的《2022 年数字人才概览》指出，2021 年，9400 名数字专业人士进入巴塞罗那劳动力市场，比 2020 年增加 40%。BDT 积极开展数字人才培育与人才对接，2022 年上半年对 3000 名专业人员进行了数字技能培训，并将 500 多名专业人士与埃森哲、ManoMano 和苏黎世等公司联系起来。此外，BDT 还组织了两场"黑客马拉松"比赛，以期解决相关数字挑战，约有 180 名前端、后端或数据科学等领域的专家参加了比赛[1]。

二 打造形成数字创新聚集高地

美国、印度、韩国、阿拉伯联合酋长国、英国、西班牙等国的城市通过打造数字创新产业集群、拥抱数字创新前沿、支持初创企业、促进中小企业数字化转型等促进城市数字经济创新发展。

（一）打造数字产业集群，加速构建数字创新生态系统

创新集群能够整合和协调资源，提供资金、技术、创新空间，支持创新活动，促进创新者之间的交流，从而实现商业价值最大化。美国奥斯汀和围绕印度班加罗尔的卡纳塔克邦的数字产业创新集群正冉冉升起。

奥斯汀作为美国城市数字经济发展的代表之一，创造了浓厚的创新氛围并吸引了众多高科技企业。奥斯汀位于得克萨斯州中部（得州丘陵地形起点处），也被称为硅丘（Silicon Hill）。2022 年 4 月，奥斯汀市举办第 18 届 InnoTech Austin，包括 20 多场关于 IT 领导力、DevOps、云原生、网络安全、颠覆性技术、人工智能、区块链、数据分析等主题的会议，促进奥斯汀蓬勃发展的科技社区之间建立联系。同时，奥斯汀举办了科技女性峰会，促进

---

[1] https：//mobileworldcapital. com/en/pressrelease/barcelona－digital－talent－has－contributed－to－the－training－of－almost－3000－digital－professionals－in－its－first－six－months－of－2022/.

IT 领域的职业女性交流。① 2022 年 9 月，奥斯汀举办 DeveloperWeek Cloud，汇聚超过 3500 名云工程师和开发人员、IT 经理、企业家，共同探索云计算创新。奥斯汀充满创新活力，吸引了诸多美国硅谷企业入驻。美国传统创新集群加州 101 公路走廊（硅谷）拥有谷歌、苹果、英特尔等互联网科技巨头，领跑全球数字技术创新发展。但硅谷地区的高税额、高消费、高租金导致科技企业纷纷迁出。2021 年 10 月，特斯拉 CEO 马斯克宣布将正式把特斯拉总部从硅谷迁至奥斯汀。2022 年，特斯拉投产得克萨斯—奥斯汀超级工厂。此外，甲骨文、德罗普博克斯公司、在线调查公司 QuestionPro 等企业也宣布将把其总部从硅谷迁至奥斯汀。

班加罗尔位于印度南部，是印度第三大城市，被誉为"印度版的深圳""亚洲硅谷"。据《2022 年中全球独角兽榜》，班加罗尔以 33 家企业位列第六。② 2020 年，印度卡纳塔克邦政府启动了"超越班加罗尔"（Beyond Bengaluru）计划。该计划的重点是在班加罗尔市以外建立创新和技术生态系统，促进卡纳塔克邦新兴技术集群发展。"超越班加罗尔"计划是基于卡纳塔克邦"数字经济使命"（Karnataka Digital Economy Mission，KDEM）制定的。KDEM 是非营利组织，旨在充当州政府和行业之间的桥梁。KDEM 的重点是通过保持公司、投资者和更广泛的全球生态系统之间的对话来促进产业集群发展。KDEM 于 2022 年 11 月举行了"超越班加罗尔技术峰会"，制定了 2026 年路线图。根据"超越班加罗尔"计划，Mysuru 将成为网络安全和电子系统设计和制造（ESDM）中心，Hubballi-Dharward-Belagavi 将成为农业技术、ESDM、人工智能中心，Mangaluru 将成为金融科技和医疗科技中心。此外，"超越班加罗尔"计划的一项关键举措是 Start-Up Grida，即整合数字经济领域的各种初创技术企业。已经有超过 400 家初创技术企业加入了该网络，每

① 奥斯汀技术委员会（ATC），https：//www.austintechnologycouncil.org/event/innotech-austin-2/，2022 年 4 月 27 日。
② 胡润研究院：《2022 年中全球独角兽榜》，2022 年 8 月 30 日。

家企业都可以通过该网络访问基础设施和定制合作伙伴服务等。① 印度预计，到 2025 年数字经济规模将达到 1 万亿美元，其中卡纳塔克邦将为这一目标贡献 3000 亿美元。

（二）紧跟新兴数字产业前沿，着力提升城市竞争力

英国伦敦、韩国首尔、阿拉伯联合酋长国迪拜、美国旧金山、洛杉矶等城市积极布局和推进人工智能、元宇宙和无人驾驶等数字产业创新前沿。

人工智能方面，以近期大热的 ChatGPT 为例，众多城市已行动起来了，构建基于 ChatGPT 的各种工具以提升城市治理水平。美国马萨诸塞州政府技术供应商 ClearGov 正在使用基于 ChatGPT 的工具编制预算，以节省时间、提高效率。新加坡政府正在开发一套名为"PAIR"的系统，类似于 ChatGPT，旨在辅助公务员工作。可以预见，ChatGPT 将深刻改变城市的数字治理模式，全方位提升治理水平。伦敦的定位为人工智能伦理的领导者。伦敦将聚焦人工智能治理，为其他城市提供可以效仿的蓝图。2022 年 10 月，伦敦技术与创新办公室推出了伦敦数据伦理服务，旨在支持以符合道德的方式使用居民数据。② 此外，伦敦是顶尖人工智能研发机构 DeepMind 的所在地，超过 600 家人工智能相关公司在伦敦设立了总部。

元宇宙方面，2021 年 11 月，首尔宣布打造元宇宙首尔（Metaverse Seoul）。计划用 5 年的时间来推进元宇宙项目，包括虚拟市长办公室、元宇宙 120 中心、虚拟旅游区、通过数字孪生来改善市政管理等。首尔致力于成为全世界第一个进入元宇宙的城市，2022 年开始，将分三个阶段建设价值 39 亿韩元（约 2100 万元人民币）的元宇宙平台，分别是引入阶段（2022 年）、扩张阶段（2023~2024 年）、定居阶段（2025~2026 年）③。2022 年 7

---

① https：//belagaviinfra. co. in/tech-summit-looks-beyond-bengaluru-to-achieve-10k-startups-goal-by-2030/.

② 伦敦技术与创新办公室：《LOTI 为伦敦推出新的数据伦理支持》，https：//loti. london/blog/loti-launches-new-data-ethics-support-for-london/，2022 年 10 月 12 日。

③ 《首尔冲向元宇宙》，https：//www. thepaper. cn/newsDetail_ forward_ 19558618，2022 年 9 月 2 日。

月，迪拜政府成立了未来技术和数字经济高级委员会，旨在通过投资元宇宙、促进全球数字经济组织建立战略伙伴关系等，帮助塑造人工智能的未来，提振迪拜的数字经济。其重点关注元宇宙、人工智能、区块链、Web3.0、虚拟现实、增强现实、物联网、数据中心和云计算等领域。

无人驾驶方面，2022年2月，美国加利福尼亚州允许全自动驾驶汽车接载乘客，美国通用汽车公司的子公司Cruise和Alphabet的子公司Waymo获得该许可，开始在加利福尼亚州旧金山市提供服务。[①] 2022年12月，Waymo将其无人驾驶服务范围扩展到整个旧金山市，全天候提供服务。2022年11月，Lyft和无人驾驶技术公司Motional表示，将在洛杉矶推出自动驾驶出租车服务，洛杉矶的用户将可以通过Lyft应用程序呼叫由Motional生产的现代Ioniq 5电动自动驾驶出租车。

（三）加大投融资支持力度，推进初创企业创新发展

美国奥斯汀、英国伦敦等城市形成了支持初创企业发展的良好投融资氛围，建立了支持初创企业发展的生态系统。奥斯汀形成了充满活力的创业文化，越来越多的投资者被吸引到这个城市，现有117家风险投资公司以奥斯汀为"家"。截至2022年8月，奥斯汀进行了144轮融资，投资活跃。2022年，奥斯汀的创业生态系统价值（企业总价值总和）达到1153亿美元，过去5年上涨了2.7倍。奥斯汀现有超过3380家快速发展的公司。与美国科技行业的整体表现相反，无论经济波动如何，奥斯汀的生态系统价值一直在增长，使其成为全球最具弹性的技术中心。[②] 2022年4月，伦敦金融城政府（City of London Corporation）发布的报告显示，2021年伦敦在吸引外商投资金融和专业服务领域方面表现出色，排名世界第一。[③] 特别是，伦敦的科技

---

① 《加州向Cruise、Waymo颁发自动驾驶汽车服务许可证》，https://www.reuters.com/technology/california-issues-permits-cruise-waymo-autonomous-vehicle-service-2022-02-28/，2022年2月28日。

② 《奥斯汀拥有20家独角兽，围场中还有更多》，https://dealroom.co/blog/austin-startup-ecosystem，2022年8月3日。

③ 《伦敦再夺第一，当选吸引外资最多的全球金融中心》，https://www.sohu.com/a/544064910_627135，2022年5月5日。

初创企业在 2021 年筹集了创纪录的 260 亿美元资金，与 2020 年相比增长了两倍以上。据英国税务和咨询机构 RSM UK 的报告，伦敦在 2021 年成为超过 1.8 万家科技初创公司的所在地。伦敦拥有强大的初创企业支持系统，提供各种资源来帮助创始人开展业务，包括完善的营商法规、资金支持、各种加速器和孵化器计划，以及庞大的人才库。伦敦为初创企业提供多种融资途径，其可以申请由商业、能源和工业战略部提供的一系列补助，或尝试贷款。此外，伦敦初创企业可寻求伦敦联合投资基金的支持。该项目由伦敦经济行动伙伴关系（LEAP）设立，专门用于投资 25 万~100 万英镑的种子轮。

（四）推动中小企业数字化转型，促进数字经济均衡发展

新加坡、美国纽约、日本东京等地为中小企业数字化转型提供服务、技术和培训支持。2022 年 2 月，新加坡宣布为中小企业开展研发（R&D）活动提供更多支持，加强企业生态系统建设，并启动一项名为"新加坡全球企业"的新计划，以帮助有发展前途的本地公司走向全球。2022 年 7 月，纽约市市长宣布向纽约市小企业资源网络（SBRN）投资 150 万美元，使其能够将计划时间延长至 2023 年。SBRN 支持了 1 万多家纽约市小企业。SBRN 于 2021 年 7 月发起"NYC Small Biz：Open+Online"项目，旨在帮助小型企业参与数字经济，包括为小型企业创建免费优质网站（包括电子商务）和新徽标。目前，该计划已经成功地将数百家零售商和餐馆的客户群体扩大到当地社区以外。此外，2022 年 2 月，纽约市小企业服务部（NYC Small Business Services，SBS）推出"员工培训"，帮助培训小型企业员工，使其获得在商业环境中茁壮成长所需的数字技能，促进小型企业数字化转型。2022 年 8 月，东京都政府与在线学习和教学企业 Udemy 宣布合作，提供数字技能课程来支持中小企业发展，作为东京都政府"DX 再培训支持项目（DX Reskilling Support Project）"的一部分，合作的目标是为东京 250 家中小企业的员工培育推动企业数字化转型所需的各种技能。

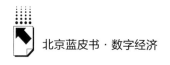

三 不断优化数字公共服务体系，
提升市民获得感、幸福感、安全感

美国、韩国、英国、加拿大、新加坡、日本、荷兰和意大利等国的城市通过完善城市公共服务设施、提升弱势群体数字公共服务获得感、推动以市民中心的城市数字治理等来持续优化城市数字公共服务体系。

（一）完善城市数字公共服务设施，着力提升市民数字体验

新加坡、韩国首尔和美国洛杉矶等城市适应提升居民数字体验的趋势，采用数字技术完善公共服务设施，采取举办挑战赛等方式解决城市问题。2022 年，新加坡 99% 的政府服务都是端到端的数字化。新加坡率先在全球范围内提供主动化和个性化的公共服务，在公共交通、医疗卫生、政务服务、社区服务等领域广泛利用大数据以及人工智能等数字技术。2022 年 8 月，韩国首尔举办第 26 届首尔物联网城市数据利用黑客马拉松（The 26st Seoul IoT City Data Utilization Hackathon），利用物联网（IoT）城市数据分析首尔城市现象或收集解决地区问题的方案。此前，首尔市已建成集合了公交综合管理系统、交通卡系统、监控摄像系统的"TOPIS"平台，通过收集、反馈和分析交通数据信息来改善市区交通状况。2022 年 9 月，洛杉矶市议会表决通过，将在接下来的五年里安装下一代公交候车亭，以提升乘客体验。例如，这些公交候车亭配备"最后一英里"的电动滑板车码头、共享快递储物柜，并具有显示公交实时到达和离开信息、城市信息和紧急广播的功能等，另外还将随着新技术的出现不断部署整合新功能。

（二）不断弥合数字鸿沟，提升弱势群体数字公共服务获得感

日本东京、韩国首尔、美国西雅图、新加坡等城市关注听取弱势群体的需求，提升对弱势群体的数字公共服务质量，并深入社区提高弱势群体数字

素养，改善其获得数字公共服务的能力。2022 年 3 月，东京都政府（TMG）公布 2022 财年预算提案，为"使用智能手表和其他有助于促进老年人健康的数字设备"项目安排预算，用于项目团队与专业机构合作开发一款可以测量血压、脉搏和其他指标的应用程序，以评估老年人的健康状况。2022 年 7 月，韩国首尔政府正式启动"与数字化时代弱势群体同行"活动。推广无人终端机等便民设施，普及智能手机等终端的简易操作方法，弥合"数字鸿沟"。首尔政府联合新韩银行、CJ CGV 等企业，组织老年人、残疾人等主要群体，启动了"政府—市民强化数字化时代应对能力合作机制"。首尔政府听取老年人、残疾人等人群的意见，与企业合作共同开发符合数字化时代弱势群体需求的无人终端机。该款无人终端机将尽可能简化用户界面，采用更大字号与简单用词。首尔政府还开展"慢慢来，不着急"活动，鼓励所有市民在无人终端机前学会等待，创造让弱势群体可以毫无顾虑地使用无人终端机的氛围，使其不再因害怕有人催促而不敢使用。2022 年 7 月，西雅图宣布资助了 19 个非营利组织，以帮助弥合整个城市社区的数字鸿沟。非营利组织提供多种类型的技能培训。资助项目必须在一年或更短的时间内完成，申请组织必须以现金或其他贡献满足至少 25% 的资金需求。2022 年 11 月，新加坡通信和信息部表示，2020 年以来，已有超过 21 万名老年人加入了 Seniors Go Digital。老年人可获得基本数字技能的一对一培训，如下载电话应用程序、进行视频通话。此外，公共服务部门还设立了 5 个 ServiceSG 中心，作为一站式实体接触点，指导并帮助老年人操作 20 个机构中常用的政务服务流程。银发办公室（Silver Generation Office）工作人员深入居民，传达政府政策精神，指导老年人在线申请参与数字援助计划。

（三）推动以市民为中心的数字治理，促进城市可持续发展

加拿大多伦多、意大利米兰等城市积极使用数字技术提升城市治理效能，以市民为中心优化城市数字治理体系。2022 年 1 月，加拿大多伦多市与数字政府和支付平台 Payit 建立了合作伙伴关系。Payit 助力居民适应现代

化，帮助多伦多城市服务进入数字时代。Payit 将为多伦多提供实时的支持，使其数字治理效能显著提升。2022 年 8 月，《经济学人影响力》（*Economist Impact*）发布的"2022 年数字城市指数"显示，荷兰阿姆斯特丹在数字连接、服务、文化和可持续性方面的得分在 30 个全球城市中排名第二。该报告特别提到阿姆斯特丹实施的交通管理缓解了拥堵问题、减少了碳排放，鹿特丹的交通治理水平因应用互联网等数字技术而显著提升。2022 年 11 月，意大利米兰市举办了米兰数字周。米兰数字周是欧洲规模最大的致力于教育、文化和数字创新的活动。米兰数字周为市民、公司、机构、大学和研究中心提供参与讨论的机会。米兰强调建立健康和可信赖的关系，以用户为中心关注市民使用体验。米兰专门创建了市民体验组织，关注市民体验，对数字渠道进行管理和开发。米兰市通过积极倾听市民的声音，以市民为中心优化城市数字治理体系。

四 对北京的启示与借鉴

2022 年，全球经济数字化发展趋势愈加明显，城市经济加速向数字化、网络化、智能化转型升级。世界各地的城市发展实践，对北京建设全球数字经济标杆城市具有借鉴意义，主要体现在以下三个方面。

（一）布局前沿产业，打造数字创新发展标杆

一是把握前沿产业领域的机遇。促进形成紧跟国家战略、符合行业发展规律、有利于企业创新、导向明确的前沿产业布局。借鉴印度实践，为前沿产业初创企业搭建生态伙伴朋友圈。支持大型企业参与投资前沿产业，构建敢于先行先试、投资前沿产业的投融资氛围。完善激励机制，推动企业提高研发强度，加速数字技术研发创新。

二是统筹规划数字产业集群的发展模式。加快推动创新密度高、市场潜力大的产业集群发展，如 5G、集成电路、智能网联汽车、工业机器人、基础软件、工业软件等，加强关键技术攻关、共性技术突破。推动形成大企业

引领、中小企业协同、创新企业不断涌现的城市数字经济创新发展格局，形成一批具有国际竞争力的引领型新兴数字产业集群。

三是完善促进数字产业集群发展的保障体系。建立符合北京市特点的产业竞争力评估模型，采取差异化政策措施，保障不同集群健康发展。建立技术创新中心等中介机构，促进集群企业的交流互动。加大市场监管力度的同时，推动实施数字产业集群营商环境优化与创新能力提升等工程，为数字产业集群发展提供环境保障。

（二）坚持以人为本，优化数字公共服务

一是优先考虑人的需求。借鉴首尔等城市的做法，调研了解弱势群体的需求，分析其对现有服务的反馈，并努力提供高效的服务。借鉴洛杉矶等城市的做法，引入新技术，改善市民使用体验，确保服务具有包容性、可延展性。

二是动员市民广泛参与。借鉴米兰等城市的做法，组织数字周等会议活动，为市民、企业、科研机构、高校提供参与城市数字治理讨论的机会。首尔等城市以挑战赛的形式动员各界人士广泛参与城市物联网应用创新、推动城市数字治理水平提升的方式也值得借鉴。

三是加强城市化转型建设。无论是多伦多市的数字支付还是新加坡的广泛采用数字技术都体现出强烈的城市治理数字化转型意愿。城市面临可持续发展的挑战，应进一步系统整合公共交通、医疗卫生、政务服务、社区服务等相关的软硬件技术。利用数字技术来改善市民生活，推动各项数字技术应用以人为本。

（三）培育数字人才，厚植数字经济沃土

一是形成完善的培育和引才体系。瞄准产业发展现状和技术趋势，借鉴新加坡和巴塞罗那的做法，优化数字技能人才培训体系，实施数字人才专项培养计划，对接国内外科技巨头，形成完善的培训、考核、实践体系。组织企业、高校和科研机构对北京市数字人才的供需动态进行联合研究，绘制数

字人才供需图谱，形成引才规范和标准。

二是完善数字人才基本保障。针对创新型数字技能领军人才实行人才梯队配套、科研条件配套、管理机制配套政策。完善人才激励机制，依托数字化平台探索构建充分体现知识、技术等创新要素价值的收益分配机制。针对兼职类数字技能人才收入不稳定的特征，推动建立多层次社会保险体系，推进社会保险法定人员全覆盖，维护各类数字技能人才的合法权益。

三是强化高端数字人才培养。完善数字创新人才培养机制，加强数字化领域创新团队培养工作，发挥科研机构、研究型大学、科技企业的先导作用，整合各类要素资源，建立联合培养机制，着力建设大批具有突出技术创新能力、善于解决复杂工程问题的数字领域工程师队伍，培养顶尖数字技能人才，加快形成数字技能人才的雁阵格局。

参考文献

纽约市技术与创新办公室：《战略计划2022》，https：∥www. nyc. gov/assets/oti/downloads/pdf/about/strategic-plan-2022. pdf，2022年10月。

柏林州新闻和信息办公室：《参议院通过"共同数字化：柏林"战略》，https：∥www. berlin. de/rbmskzl/aktuelles/pressemitteilungen/2022/pressemitteilung. 1276959. php，2022年12月20日。

洛杉矶市信息技术机构：《ITA发布2022-2023战略计划》，https：∥ita. lacity. gov/news/ita-publishes-2022-2023-strategic-plan，2022年1月25日。

多伦多市：《市议会批准新的数字基础设施战略框架》，https：∥www. toronto. ca/news/city-council-approves-new-digital-infrastructure-strategic-framework/，2022年4月6日。

悉尼市：《信息和技术战略》，https：∥www. cityofsydney. nsw. gov. au/-/media/corporate/files/projects/policy-planning-changes/delivery-program-operational-plan-2022-23/draft-it-strategy---2022-2026---exhibition. pdf？download＝true，2022年5月。

《2022年预算："首要任务"是加强数字能力；推动创新也提上日程》，https：∥www. channelnewsasia. com/singapore/budget-2022-first-priority-strengthen-digital-capabilities-push-innovation-also-agenda-2506491，2022年2月18日。

《约堡市的电子医疗系统获得巨额预算》，https：∥www. itweb. co. za/content/VgZeyqJlV287djX9，2022年7月5日。

《新加坡推出"AI学生拓展计划"》，https：//learn. aisingapore. org/student-outreach-programme/，2023年1月2日。

胡润研究院：《2022年中全球独角兽榜》，2022年8月30日。

伦敦技术与创新办公室：《LOTI为伦敦推出新的数据伦理支持》，https：//loti. london/blog/loti-launches-new-data-ethics-support-for-london/，2022年10月12日。

《首尔冲向元宇宙》，https：//www. thepaper. cn/newsDetail_ forward_ 19558618，2022年9月2日。

《加州向Cruise、Waymo颁发自动驾驶汽车服务许可证》，https：//www. reuters. com/technology/california-issues-permits-cruise-waymo-autonomous-vehicle-service-2022-02-28/，2022年2月28日。

《奥斯汀拥有20家独角兽，围场中还有更多》，https：//dealroom. co/blog/austin-startup-ecosystem，2022年8月3日。

《伦敦再夺第一，当选吸引外资最多的全球金融中心》，https：//www. sohu. com/a/544064910_ 627135，2022年5月5日。

B.13
国内城市数字经济建设新进展新经验

罗力卓　余宗佑　杨锦洲*

摘　要： 近期国内各地纷纷加快数字经济建设，亮点频出，本文对三类重
点措施展开分析，阐释了数字经济发展与实现"双碳"目标之
间的协同机理，分析了组织机制创新有利于解决数字经济发展中
的"卡、断、堵"问题，强调数字经济仍是稳经济、促就业、
保民生的重要引擎，并对广东、上海、成都等地的突出做法和典
型经验进行了分析，以期为数字经济发展助力北京市高质量发展
提供经验和借鉴。

关键词： 数字经济　碳达峰碳中和　组织机制　稳经济　促就业

过去一年，党中央延续了对数字经济发展的高度重视。党的二十大提出
加快数字中国建设，以数字化助力中国式现代化。数字经济是数字中国建设
的重要一环，近年国内城市数字经济发展呈现出三大特征：一是越来越重视
绿色、低碳、可持续，将数字经济发展与推进实现碳达峰碳中和目标统筹起
来考虑；二是持续推进组织创新与机制创新，建立以数据为核心的现代组织
体系；三是数字经济展现出强大的发展韧性，对稳经济、促就业、保民生的
支撑作用更加显著。把握数字经济发展脉络、总结典型城市建设经验对北京
而言具有十分重要的现实意义。

---

* 罗力卓，中国联通研究院咨询师，主要研究方向为数字经济、信创产业、双碳；余宗佑，中国
联通研究院研究员，主要研究方向为数字经济、数字乡村、智慧文旅；杨锦洲，中国联通研究
院数字经济研究中心总监，主要研究方向为数字经济、智慧城市、ICT标准、政企数字化转型。

一 国内城市数字经济建设进展概述

数字经济已经成为我国高质量发展的重要引擎之一。我国数字基础设施不断完善，数字产业规模增长，产业数字化转型向纵深推进，数据要素化进展加速，数字经济规模及其占 GDP 的比重不断创新高。近年来《"十四五"数字经济发展规划》、《数字中国建设整体布局规划》、"数据二十条"、"数字政府建设指导意见"等政策相继出台，各地积极开展落实行动，有序形成数字经济整体布局。各地根据自身资源禀赋及产业基础发展数字经济，各具特色，总体来看全国数字经济发展呈现以下三大特点。

第一，数字经济与绿色、低碳、协同发展越来越受到重视。数字经济和绿色、低碳发展不仅是当今世界发展的两大主题，也是相互依存、相互促进的孪生体，分别代表着新一轮产业技术革命和人类追求与自然和谐共生的可持续发展。2023 年 2 月，中共中央、国务院印发《数字中国建设整体布局规划》，明确提出建设绿色智慧的数字生态文明，将数字化与生态环境提升到人类文明的高度。中国信通院估计数字化对降碳的贡献度将达到 12%～22%，数字经济以数字技术带动传统行业绿色转型，利用数字技术构建碳中和数字化管理系统，可以实现能源利用可视化、智能化、协同化。利用数据资源可以构建产品碳足迹追踪、居民碳账户、零碳公共服务等低碳场景，提升公共治理和社会服务水平。展望未来，数字经济将有效支撑碳核查、碳核算及碳市场，助力碳达峰碳中和目标实现。

第二，数字经济在构建以数据为核心要素的现代化产业体系的同时，也对组织机制创新与变革提出了新的要求。数字经济发展模式需要对传统经济模式进行集成改革和制度重塑，针对流程、规则、功能进行升维升级，进一步优化政府—企业—公众之间的关系。通过组织机制创新，增强逆周期调节能力，使政府的调控精准有效有力。数字经济产业大脑有利于构建更有效的市场，支撑要素高质高效流动，提振经济发展。数据安全共享机制使政府、社会与企业之间的数据能够安全流动、安全使用与安全存储。2023 年 3 月，国务院机构改革方案公布，将成立国家数据局，统筹推进各领域的数字化转型，对加速数据资源管理开发利用进行集中管理。这是一次广泛而新颖的国家层面的组织创新，有利于解决数字化领域长期存在的多头管理局面，有利于全社会合规合理利用数据资源。

第三，数字经济作为经济发展的重要引擎，在促进就业、推动乡村振兴、提振消费等方面做出了突出贡献，并且在疫情冲击下保持了强大的韧性。就业是民生之本、发展之基，是推进共同富裕的重要基础。进入数字时代，数字技术快速迭代，数字经济在推动就业质量提升、就业市场扩容方面为我国宏观经济发展带来了新活力。同时数字经济还推动了消费升级，进一步创新了消费模式。从数字赋能到制度重塑，数字经济营造了开放、透明、高效和强参与感的社会治理环境，形成全社会共享数字红利的良好氛围，为经济社会高质量发展打下了良好的基础。

二 国内城市数字经济建设特色经验

（一）统筹"双碳"目标与数字经济发展的实践

1. 广东推动社会数字化绿色化转型

广东省是工业大省，也是数字经济发展大省，其节能降碳工作压力较大。广东省委、省政府积极落实中央关于"双碳"的部署，高度重视数字化降碳工作，2022年7月出台《关于完整准确全面贯彻新发展理念　推进碳达峰碳中和工作的实施意见》，明确指出要促进数字化、智能化、绿色化融合发展。省内各级行政机关积极响应，推进双化协同发展。2022年9月，由广东省节能中心（省能源局直属单位）指导组建广东省数字化节能降碳产业联盟，总结数字化节能降碳的解决方案和典型案例，打造各领域节能降碳的"工具包"，研究编制团体标准和行业规范，并在省内构建数字化节能降碳技术互补、广泛合作、互惠互赢的良好氛围。

广州市提出了建设数字经济引领型城市和国际一流智慧城市的目标，聚焦数字化、绿色化、国际化转型，激发城市新活力。《广州数字经济发展报告（2022）》指出，广州城市数字化国际化绿色化发展将交织融合、一体推进。绿色工厂、绿色园区等新需求，为广州数字经济融合应用、创新发展提供了广阔的舞台。

深圳市是世界经济发展史上的一个奇迹，但是其也面临环境承载力等问题，数字化转型则是"一剂良药"。深圳市出台了若干措施，以"真金白银"支持数字化赋能绿色转型，如加快建设"双碳"云网信息平台、建立市级碳监测与碳评价平台等，开展为企业安装碳排放在线监测设备、做好碳排放诊断、建设绿色数据中心、获得省级以上绿色称号等降碳行动，给予最高 50 万~500 万元的奖励。

2. 上海打造零碳工厂绿色智慧城市

作为特大型城市，上海现代服务业及楼宇经济占比越来越高，而传统工业逐渐纾解，公共楼宇建筑的绿色智能升级成为城市绿色低碳发展的重要一环。2022 年 6 月，上海市发布《工业和通信业节能降碳"百一"行动计划（2022—2025）》，明确提出要利用新一代信息技术赋能产业智慧化与绿色化，力争实现每年 1% 用能量的节约。上海将构建零碳目标下的绿色制造体系，加快布局新技术、新材料、新装备、新能源等绿色低碳新赛道，将产业园区作为主要抓手，促进社会绿色低碳发展。

保障措施方面，上海不仅每年举办节能宣传周等活动，还积极与金融机构合作，为有意愿开展绿色低碳技术创新、绿色化改造的企业提供金融便利。市经信委通过与 8 家银行签署备忘录，达成融资意向 800 亿元。同时依托数字化手段创新公共服务模式，搭建产业绿色发展综合服务平台，探索建立产品绿色设计数字化公共服务平台。为企业提供能源审计、能效对标、余热资源对接等公共服务，帮助企业通过数字化手段实现能效提升。

赛迪研究显示，工业碳排放占全国碳排放的比重高达 70%，其中工业园区碳排放约占全国总排放量的 31%，因此加速工业园区的低碳转型对实现"双碳"目标而言至关重要。上海施耐德公司与中国联通合作打造零碳园区的案例就颇具借鉴意义。

上海施耐德工业控制有限公司（SSIC 工厂）积极践行绿色智能制造理

念，通过工业互联网和智能制造技术，运用工业机器人、AI 视觉等手段提高生产的柔性与灵活性，实现提质增产与节能降耗。中国联通携手上海施耐德公司，实现了国内首次将 5G+PLC 柔性产线引入工业内网，目前已经推广至施耐德公司在全国 9 省的 26 个工厂园区，连接数突破 2000 个。SSIC 工厂成功被认定为零碳工厂，也被工信部评为国家级"绿色工厂"，为全国制造业企业和工业园区的数字化转型与可持续发展树立了标杆。

图 1　中国联通携手上海施耐德 SSIC 工厂打造的可移动柔性工作站

资料来源：中国联通。

3. 成都建设双化协同综合试点城市

成都市是中央网信办等五部门认定的首批开展双化协同（数字化绿色化协同）综合试点的城市之一。作为全国首个常住人口突破 2100 万的副省级城市，成都如何通过双化协同实现高质量发展也成为社会各界关注的重点。

成都市 2017 年获批低碳城市试点，先后打造了碳中和实验室、碳中和生态圈，加入了中国达峰先锋城市联盟，并正在推动国家智能社会治理实验综合基地建设。成都将绿色发展理念融入城市发展的全过程。2021 年 12 月，天府永兴实验室揭牌，作为四川省人民政府直属事业单位，致力于解决碳中和领域"卡脖子"问题。根据规划，2030 年前该实验室要攻克 3~5 项碳中和基础原创技术和数十项应用关键技术，为成都市低碳、绿色发展提供技术支撑。

促进公众广泛参与低碳行动也是成都市低碳发展的重点，2022 年率先提出"公众碳减排积分""项目碳减排量开发"双轮驱动碳普惠机制，打造

"碳惠天府"绿色公益平台。为成都市民构建涵盖出行、消费、休闲、办事等六类的低碳场景，践行绿色低碳生活理念。同时充分发挥数据要素的驱动作用，将公众减排、项目减排和碳减排量交易全线联通，让环境效益依托碳属性展现经济价值，探索生态环境保护价值化。

4.济南打造全国首个零碳服务区

目前我国已建成全球最大的高速公路网，截至 2021 年底，高速公路总里程达到 16.91 万公里，高速公路服务区数量接近 7000 个，年客流量达 400 亿人次。作为公共服务基础设施，高速公路服务区日常运营涉及大量的能源消耗和碳排放。

数字技术是助力零碳交通实现的重要手段。2022 年 6 月，山东省济南市济南东服务区先行先试零碳交通理念，打造全国首个零碳服务区。济南东服务区全方位打造四大系统，分别是用能侧的可再生能源利用系统、运营侧的零碳智慧管控系统、排放侧的污废资源化处理系统、回收侧的林业碳汇提升系统。通过全周期的四大系统碳排放管理，济南东服务区可实现每年减碳3400 吨以上，超过当前每年平均排放总量 2000 吨的水平。经权威机构评审，济南东服务区已实现"零碳"运营，并可实现"可持续碳中和"。

零碳智慧管控系统是运营侧降碳的关键。该系统由山东高速集团以及济南市属企业金云数据联合研发，包括碳排放数据分析、能源精细化管理、设备智能化控制、智能运维及数字孪生可视化展示五大模块，通过六大场景模拟，实现碳排放的实时采集分析和精准画像，助力服务区微电网、暖通空调、光伏发电等模块的智慧高效运行，预计每年节约用电超过 6 万度。① 济南东服务区的案例对于助力打造绿色交通、零碳园区、低碳新城具有借鉴意义。

（二）数字经济组织机制创新的实践

1.各地数字经济发展组织体系改革

2022 年 7 月国家出台数字经济联席会议制度之后，各级政府纷纷开展

---

① 山东高速集团：《山东高速零碳服务区白皮书》，2022 年 7 月。

对应协调机构的设立与改革。湖北省、山东省均成立了由分管副省长任组长的数字经济联席会议制度。浙江省数字经济系统建设专班由经信厅厅长担任组长。福建省互联网经济联席会议制度，由省发改委牵头负责数字经济发展与管理。地市级层面，江苏南京、山东日照、江西樟树等地制定了市级联席会议制度。区县级层面，四川眉山市彭山区和天津市河北区率先成立了县级以数字经济命名的政府机构，浙江嘉善、青海乐都等地工信局也加挂了数字经济局的牌子。

2022年10月28日，国家发改委主任何立峰在全国人大常委会会议上代表国务院做了关于数字经济发展情况的报告。值得注意的是，国务院向全国人大做的报告极少是关于具体产业发展的，本次报告也彰显了数字经济的重要程度。何立峰同志作为联席会议召集人，在报告中多次强调组织机制变革，如完善跨部门协调机制、强化部门间协同监管等。2023年两会批复了国务院机构改革方案，正式组建国家数据局，统筹推进各领域数字化转型，改变数字化领域长期多头管理的局面，有利于全社会合规合理利用数据资源。

2. 浙江省建设数字经济"产业大脑"

浙江省2020年创建国家数字经济创新发展试验区，在发达的工业体系以及数字技术巨头企业的赋能下，浙江数字经济发展水平稳居全国前列。进入新发展阶段，浙江多地的"城市大脑""数字大脑"正在升级升维为"产业大脑"。浙江省创新解构数字化改革概念，将数字经济概念界定为"现代化经济体系的数字化表现"，主要发展思路可以抽象为"产业大脑+未来工厂"。

"产业大脑"整合各方数据，整合工艺技术、运营管理、行业知识与模型等，汇聚形成知识库和能力中心。而未来工厂则是面向新型现代化组织。数字技术使数据互联互通互融，推动产业生产流程再造、资源要素重组、组织结构重塑，基于新型产业组织单元实现绿色协同高效发展，表现形式包括未来工厂、数字工厂、未来农场、未来市场等。该模式的核心即"产业大脑"驱动供求关系循环优化，未来工厂在"产业大脑"的支撑下重构组织模式（见图2）。

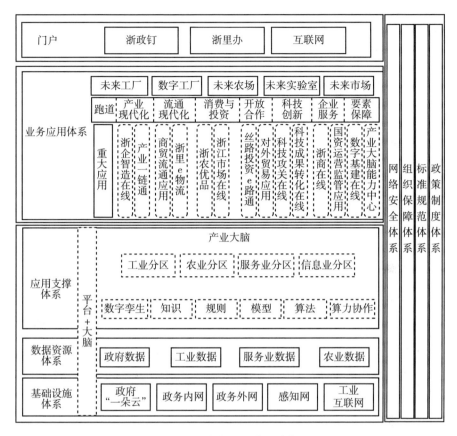

图2 浙江省数字经济系统构架

资料来源:《数字化改革概论》。

　　浙江省特别关注涉企机关的多跨协同问题,积极制定产业数据融合应用政策,促进政企数据融合开放,通过"工业碳效码""企业码"应用,实现多跨协同。企业码直接联通产业数据仓,实现跨市县跨部门数据归集和互通。为实现"产业大脑"的高质量发展,浙江充分发挥产业数据价值化的撬动作用,积极探索开发交易机制,出台《能力开放中心组件建设工作指南》,制定服务质量、合规性审查标准,健全组件市场规制体系,并开展分领域组件交易试点。浙江省积极鼓励各市先行先试,建设凸显各地特色的分大脑,包括数字安防产业大脑、生物医药产业大脑、五金产业大脑等,成为

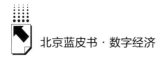
各地通过数字化改革迈向现代化、引领现代化的生动范例。

3.广东省数字政府运营机制创新

广东省高度重视数字政府体制机制和建设运营模式创新。在政策先行方面，出台《广东"数字政府"改革建设方案》和《广东省"数字政府"建设总体规划（2018—2020年）》等，从统筹管理角度，基于省信息中心，调整撤并全省44个省直部门信息中心，组建广东省政务服务数据管理局，并在市县两级设立政务服务数据管理局，初步实现全省政务信息化工作的统筹管理。

在建设和运营机制创新方面，广东省秉持"政企合作、管运分离"原则，基于互联网企业和电信运营商在技术、服务方面的能力沉淀，由中电子、腾讯等与省财政共同出资组建数字广东网络建设有限公司（数字广东公司），承担省级建设运营中心职责，并在省内21个地级市设立分公司。各地级市也参照省级模式，与数字广东公司地市分公司合作，为当地提供数字政府建设运营服务。

广东省从数据要素、体制机制、产业生态等角度形成了数字政府"12345+N"工作业务体系。"1"是牵头推进数据要素市场发展。"2"是加快出台《广东省数据条例》《广东省政务服务条例》。"3"是构建体制机制、一体化基础设施和整体安全三大支撑。"4"是四个主攻方向：一网通办、一网统管、一网协同、一网共享。"5"是指信创产业联盟、数字政府建设产业联盟、数据发展联盟、数字政府网络安全产业联盟和省电子政务协会，N是"粤系列"平台等系列建设成果。广东省成立了由54个省级单位组成的省级政务数据共享协调小组，推动政务数据共享以及数据要素市场化配置，健全数据安全工作协调机制，推进数据领域国家安全体系和能力现代化。

4.上海市打造算力公共服务平台

2023年2月20日，上海市人工智能公共算力服务平台正式揭牌。该平台依托于上海超算中心运营，将算力资源整合融通，实现了统一调度，高效满足客户在不同场景下的算力需求。上海市的做法说明算力可以作为基础设

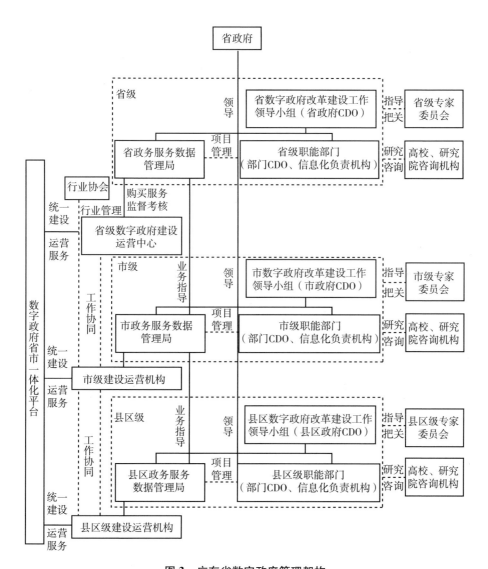

图3 广东省数字政府管理架构

资料来源:《广东省数据要素市场化配置改革白皮书(2022)》。

施和公共服务推向社会,可以说是数字经济组织机制创新的又一里程碑事件。上海市将不断推进算力网络相关的关键共性技术突破和创新,构建开放、包容的创新生态,全面支撑各领域全方位数字化转型。

算力产业已成为数字产业化的核心构成和产业数字化的赋能关键。算力服务平台的投用标志着上海"1+N"算网体系初步形成。腾讯、阿里云、商汤科技、有孚等行业巨头的数据中心均已被纳入平台体系。上海市经信委负责人表示，公共算力服务平台将重构算力调度模式，更好满足中小微企业以及科研机构的算力需求。尽管公共算力平台的算力与超算中心的高性能计算在量级上不一样，但基于公共平台的算力使用将如同水、电等基础公共服务一样便利可及。①

（三）数字经济助力稳经济促就业的实践

1. 数字经济相关职业成为高质量就业选择

数字经济发展有利于扩大就业。数字经济打破了时间和空间的界限，形成了新的就业形态，创造了工业互联网工程技术人员、智能制造工程技术人员等与数字产业发展密切相关且得到"官方认证"的新职业，数字经济就业规模持续扩大。② 2023年2月，人社部发布的《中华人民共和国职业分类大典（2022年版）》中新增了158个新职业，其中首次标注了97个数字职业。人社部积极举办全国新职业技术技能大赛，培养选拔更多高素质技能人才，进一步改善新职业人才供给质量，为数字经济高质量发展提供人才保障（见图4）。

图4 全国新职业技术技能大赛上海赛区比赛项目

资料来源：浙江省政府网站。

---

① 宋薇萍：《全面支撑城市数字化转型 上海算力领域有新布局》，《上海证券报》2023年2月21日。

② 孙坚、曹允春：《以数字经济提升就业质量》，《中国社会科学报》2022年8月10日。

新技术可以极大地提高生产效率，产品市场需求增加也拉动了企业的用工需求，进而带动数字经济相关岗位具有较强的薪酬竞争力。对比 2021 年和 2022 年的《北京市人力资源市场薪酬大数据报告》，行业岗位薪酬中位值排名前五位的依次为货币金融服务、资本市场服务、互联网和相关服务、新闻和出版业、保险业（见图 5）。可见，近两年金融和数字经济产业的岗位具有较强的薪酬竞争力，值得一提的是数字经济相关的互联网行业在疫情期间薪酬涨幅仍达 14%，超过其他排名前五的行业，成长韧性尤为突出。

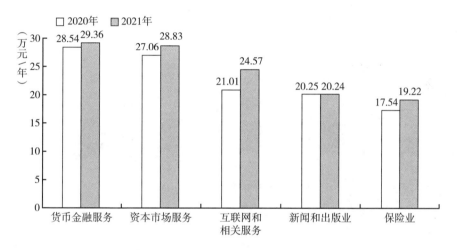

图 5 北京 2020~2021 年薪酬中位值前五位对比

资料来源：北京市人力资源和社会保障局。

2. 数字用工平台激发就业市场新活力

新冠疫情期间，就业方式呈现线上化、远程化、灵活化特征，平台经济为劳动者提供了灵活就业的新选择，不仅个人的自由度提升，也促进了区域均衡与社会公平。《数字平台经济促就业助脱贫行动方案》《关于支持新业态新模式健康发展 激活消费市场带动扩大就业的意见》等相关政策陆续出台，数字经济对就业市场的促进作用进一步彰显。

通过数字化手段，劳动者可以更便捷地获得就业机会。2023 年 2 月，浙江嘉善长三角零工市场和"嘉善零工"微信小程序正式启动（见图 6）。

图 6　"嘉善零工"微信小程序

资料来源：小程序截图。

"嘉善零工"平台提供 24 小时全天候的就业对接服务。目前，嘉善县灵活就业人员超过 10 万人，力争到 2023 年底前实现通过零工平台就业 2 万人次以上、人均增收 5000 元以上的目标。通过统一线上签署合同，求职者可享受企业提供的 10 万~80 万元的保险额度，真正实现了安全用工。

农村居民同样通过数字经济发展实现了高质量就业。2022 年中国联通在山东济南西李村、青岛平度仁兆镇、日照车家村落地了数字乡村服务云平台（以下简称"联通数村"）。针对村级劳务用工，提供"乡村服务应用"，通过信息化手段规范村级劳务用工，涵盖政府、企业和个人用工等多种方式，拓宽用工渠道。同时平台也保障了农业的高质量发展。及时制定了政府支持农业发展、提高农民经济收入和生活水平、推动农村可持续发展的各类支持政策，让农户可及时查询各类政策补贴情况。联通数村内嵌"乡村经济应用"，提供农技在线、农资流通和农产品电商服务，为农民提供农药、肥料、农膜、种子种苗、植保技术等相关农业知识与信息化手段，推动农业技术推广，保障农业生产所需的各类物资的直供，促进农业生产，提高农民收入。

3. 数字化消费场景提振释放消费信心

数字经济在释放消费活力、推动消费升级、创新消费模式方面发挥着越来越重要的作用。我国电子商务发展规模连续多年居世界第一，商品质量和服务水平不断提高，金融、餐饮、文旅、教育、医疗、社交等消费服务行业加速网络化，线上交易成本下降，线上线下商贸业态融合，推动了社会消费的持续增长。[①]

许多城市已经看到数字消费的潜力，大力支持相关新业态发展。宁波市紧紧围绕数字经济"一号工程"，依托信息消费实现了新发展。在 2021 年举办的信息消费体验日活动中，宁波市展示了信息通信、医疗健康、休闲娱乐等 27 个数字消费场景，并发布了 13 个市级信息消费体验中心，培育引导市民数字消费。宁波获评 2021 年度全国十大优秀信息消费示范城市，数字菜场、智能家居、5G+教育等项目被列为示范项目。

河南龙门景区依托 5G+文旅，不断提升消费品质和游客体验，提供"龙门·联通无人驾驶车"微公交服务（见图 7）。游客可以乘坐无人驾驶车辆欣赏伊河两岸的石窟，在领略精彩的古代艺术与现代数字技术融合交错所带来的新奇与震撼的同时，也解决了交通摆渡需求。无人驾驶车是国内景区里程最长、半开放路段的 5G 无人驾驶摆渡车。此项目是河南首个交旅融合项目，为国内景区智慧建设起到示范和引领作用。无人驾驶车已经成为当地热门的网红打卡地，为景区实现年接待游客数超 1000 万人次、人均消费超 1000 元的目标做出了重要贡献。

三　启示与借鉴意义

近年来，数字经济与"双碳"、组织机制创新、助力稳经济促就业的实

---

① 曾梦宁：《数字经济这十年：全"数"前进　汇聚更大动能》，《中国金融家》2022 年 8 月。

图 7　"龙门·联通无人驾驶车"

资料来源：央视新闻。

践证明，数字经济对产业发展而言具有提质增效的作用，也有利于经济社会高质量发展。应不断总结各地的实践经验，让数字经济发挥更大效能。

"双碳"方面，需要加强组织协调和统筹推进，加快重大项目的实施。如加强顶层设计和政策引领，尽可能地将数字化与低碳发展融入各个领域的发展；积极响应"东数西算"行动，鼓励本市企业在西部省份建立灾备或冷存储数据中心；积极在京筹建全国统一的碳排放交易市场等，整体考虑数字经济对减少碳排放的促进作用，积极探索建立碳排放指标体系，依据项目对 GDP 增长和社会降碳的贡献进行评价。同时，"双碳"也是一场系统性变革，从个人的角度，要选择低碳的生活方式，通过共享服务、二手交易服务提高各类资源和产品的利用效率。作为首善之都和国际交往中心，北京应该加强在国际碳市场、数字丝路等方面的合作，向全球展示数字化绿色化协同发展的"北京方案"。

组织机制创新方面，需要开展与数字经济发展水平相匹配的社会治理模式创新，"击穿"组织边界，重构价值创造和价值分配的逻辑，实现从"三城一区"到京津冀协同联动的多级跃迁。一要不断深化供给侧结构性改革，以科技创新赋能产业发展，建立深度协同的科技创新合作机制，打通"政学产研用"生态闭环，不断支持基础研究和应用研究；二要推动运营主体多元化，鼓励多元主体参与智慧城市的运营，建立起覆盖基础设施、数据资产、智慧应用、信息安全等运营对象的智慧城市运营生态圈；三要充分发挥政府和市场的作用，政府发挥组织引导和调节作用，企业发挥创新作用，共同推动数字经济规则、功能和生态优化，不断完善数据基础制度体系和数据资源流通机制，推动数据要素市场可持续发展。

助力稳经济促就业方面，数字经济带来的消费模式变革和工业互联网发展促进了劳动力向数字化相关行业流动。作为首善之都，北京更应提出完善的数字职业体系培育方案与数字技术应用场景推广方案。如加强校企合作，动态调整人才培养方案，强化数字技能培训，增加仿真技术投入，创建虚拟技术、云计算、大数据等通用技术平台，通过多样化的途径来提升学生的数字能力；加快建设职业制度与劳动保障体系，按照《关于维护新就业形态劳动者保护权益的指导意见》，进一步健全制度，加快推进关于数字新职业的国家职业标准和技能等级认定工作，提升职业规范和标准化管理水平；通过数字技术与金融产业的融合提升融资效率，推动数字技术与实体行业生产运营的整合，并以减税降费等形式"真金白银"地扶持中小企业应用数字化技术，打造数字化场景，引领数字消费趋势。

当下，在全国各地稳经济一揽子政策中数字经济被赋予保经济的重要使命。新的数字化应用和数字经济项目在全国各地纷纷落地。数字经济规模稳健增长且保持了良好的韧性，应持续加强数字经济基础设施建设、数字经济核心技术攻关及应用创新，为增强经济发展的韧性提供有力支撑。

参考文献

广东省政务服务数据管理局：《广东省数据要素市场化配置改革白皮书（2022）》，2022 年 12 月。

孙坚、曹允春：《以数字经济提升就业质量》，《中国社会科学报》2022 年 8 月 10 日。

王婧媛：《推进数字化绿色化协同转型发展》，《河北日报》2023 年 2 月 17 日。

展 望 篇
Report on Prospect

B.14
全球数字经济标杆城市建设
未来形势与展望

何 伟 汪明珠 郑安琪 郭良涛*

摘 要: 当前,新一轮科技革命和产业变革正在引发经济社会各领域的
"数字蝶变",以人工智能、大数据、物联网、云计算、边缘计
算等为核心的数字经济蓬勃发展,各国联系更加紧密。数字经济
标杆城市建设为各国带来新的发展机遇,成为打造数字经济新动
能、重塑城市新优势的重要抓手。全球数字经济标杆城市建设向
创新化、人文化、绿色化方向发展。

关键词: 数字经济 标杆城市 数字产业化 产业数字化

---

* 何伟,中国信息通信研究院副总工程师,正高级工程师,研究方向为信息通信产业、数字经
济与治理等;汪明珠,博士,中国信息通信研究院政策与经济研究所数字经济研究部副主
任,高级工程师,研究方向为数字经济、数字技术与实体经济融合、数据要素等;郑安琪,
中国信息通信研究院政策与经济研究所数字经济研究部高级工程师,研究方向为数字经济、
核心产业运行;郭良涛,中国信息通信研究院政策与经济研究所数字经济研究部工程师,研
究方向为数字经济、数字产业、数据价值化等。

一　全球数字经济发展环境

全球经济衰退趋势仍在持续，全球政治经济形势的不稳定性、不确定性增加，国际关系、国际秩序重构，数字经济发展面临更加复杂多变的国际环境和更加严峻的挑战。

（一）世界经济复苏乏力，或将再次进入衰退期

国际形势日趋复杂，不稳定性、不确定性明显增加。2022 年，俄乌战争、全球疫情、通胀飙升、债务紧缩，以及能源、粮食、气候危机等一系列不稳定因素，使世界经济遭受重创。美国、欧盟等发达经济体增长势头明显减弱，其不利影响蔓延至其他国家。多重危机交汇导致世界经济前景暗淡且存在不确定性。在此背景下，联合国发布的《2023 年世界经济形势与展望》预测，2023 年全球经济增速为 1.9%，成为数十年来增速最低的年份之一。世界银行对 2023 年经济形势也做出了悲观预测，《全球经济展望》预测，2023 年全球经济增长 1.7%，较六个月之前的预测值下调了 1.3 个百分点。2023 年发达经济体的经济增长将从 2022 年的 2.5% 降至 0.5%。世行表示，如果出现为遏制高于预期的通胀而大幅加息、新冠大流行卷土重来或地缘政治紧张局势升级等新的不利因素，全球经济可能将出现在同一个十年期内发生第二次衰退。

（二）全球产业链深度调整，全球化进程停滞或逆向发展

高速发展的全球化近年来呈现出停滞或逆向的势头，与之相伴的则是全球产业投资和贸易格局的重构。重构的驱动力一方面来自本轮经济全球化自身发展到一定阶段后产生的产业链调整要求，另一方面则来自地缘政治变化格局及政府引导下跨国企业对产业链由"效率导向"向"安全导向"的战略转变。

在数字经济时代，数字技术深度赋能全球价值链各环节，提高全球价值

链分工效率，同时为部分链主国缩短全球价值链、回流价值链部分环节提供了可能，进一步强化了技术来源国和"链主国"的先发优势。因此，一些发展中国家和处于全球价值链低端的国家面临"分工陷阱"和回流带来的"挤压"风险。比如，半导体全球产业链正在因美国的行政手段而向以美国为中心的经济体回流，大大限制其他大国的半导体行业发展。半导体被誉为"制造业的大脑"，随着数字经济在国民经济中的重要性持续提升，半导体产业的重要地位还会进一步攀升。又如，美国拜登政府推动出台《芯片与科学法》，意图推动芯片制造"回流"美国本土。首先，将向半导体行业提供约527亿美元的资金支持，为企业提供价值240亿美元的投资税收抵免，鼓励企业在美国开发和制造芯片；其次，在未来将提供约2000亿美元的科研经费支持，重点支持人工智能、机器人、量子计算等前沿技术。

（三）数字经济为新兴国家带来发展机遇

在全球格局调整的背景下，新兴经济体发展数字经济的潜力巨大。数字经济可以为具有传统制造业基础的新兴国家，带来实现产业升级和经济转型的重大机遇，更有机会实现弯道超车或使本国经济发展出现重大飞跃。新兴经济体应把握数字经济发展大势，加快布局数字经济发展，成为数字经济赛道中的重要成员。

马来西亚分三个阶段、以三大策略和六大主轴方案来发展数字经济。2021～2022 年，马来西亚发布"马来西亚数字经济蓝图"、《马来西亚数字计划》（My Digital），涉及推动公共服务领域数字化转型、通过数字化提高经济竞争力、开发数字基础设施、强化数字技能、建设数字社会以及营造数字环境等，致力于在 2025 年创造 50 万个数字经济就业机会，吸引超 230 亿新元的国内外数字经济领域的投资，为 GDP 增长做出 22.6%的贡献。印度尼西亚加速促进经济、金融、教育、医疗、交通等领域的数字化转型。2021年，印度尼西亚发布《2021～2024 年印度尼西亚数字路线图》，包括 6 个战略方向、10 个重点领域，涵盖至少 100 项举措，涉及数字旅游、数字贸易、数字金融服务、数字媒体和娱乐、数字农业和渔业、数字城市、数字教育、数字健康、行业数字化和政府机构数字化等内容，以实现数字经济的包容性发展。印度尼西亚自 2016 年起发展金融科技，新冠疫情期间居民和企业对金融科技的接受程度提高。印度尼西亚发布《银行业数字化转型蓝图》，加快金融领域的数字化发展。越南将数字经济、数字社会和数字政府作为建设数字化国家的三大支柱。2020 年，越南发布《至 2025 年国家数字化转型计划及 2030 年发展方向》，在发展数字政府、数字经济、数字社会的同时，打造具有全球竞争力的数字技术企业。印度凭借区位优势大力发展数字海事。印度背靠欧亚板块又深嵌印度洋，拥有东西两侧长达 7000 多公里的海岸线，但面临港口物流效率较低等问题，基于此，印度发布《印度海事 2030 年愿景》，将使用人工智能、机器学习等技术，简化主要港口流程，提高港口物流效率。依托金融科技发展，加速金融领域的数字化转型。

二　全球主要数字经济标杆城市建设特色

当今，全球主要国家和地区积极进行数字经济标杆城市建设。其中，美国、欧洲等国家和地区走在世界前列；中国、日本、韩国、东南亚等国家和地区也在积极布局建设数字经济标杆城市。本部分从综合实力、理念探索、发展特色等方面，对全球重点数字经济标杆城市建设情况进行介绍。

（一）一体化综合推进数字经济标杆城市建设

纽约、伦敦等城市从顶层设计入手，一体化推进数字经济标杆城市建设，强化执行效率，从而实现综合发展。

1. 纽约：将最大限度地实现"公平"作为城市"智慧"的标志

美国是较早探索建设数字经济标杆城市的国家，数字经济标杆城市建设水平长期处于世界前列。美国在数字经济标杆城市建设过程中逐渐改变了以技术为中心的思想，确立了"以人为本"理念，建立无所不在的社会服务

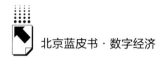

环境。

纽约的数字经济标杆城市建设可以被理解为"一个纽约：繁荣和公平的城市发展计划"实施内容的组成部分。在纽约政府官网的"智慧城市"一栏中明确表示，"对于纽约市来说，最大程度上实现'公平'是城市'智慧'的象征"。

纽约制定了"智慧城市，公平城市"科技发展创新战略，明确将从四个方面改善城市居民的生活：一是制定关于各类联网设备和物联网设施的建设原则和战略框架；二是负责协调新技术和物联网设施在全市的部署；三是与学术机构、民营企业开展创新合作试点；四是与世界其他大都市政府和相关组织合作，分享先进的实践经验，传播技术进步的有益效果。这四个方面构成了纽约智能行动的总体框架。

在社会公共服务应用方面，2005年纽约市启动电子健康记录系统，并于2009年由美国联邦政府与纽约市健康和心理卫生局共同推进该系统的升级。在城市建设管理应用方面，包括纽约智慧交通、集成的311代理呼叫热线解决方案、先进城市报警系统、全市下水道电子地图、"纽约市规划"等，力争将纽约建设成为更加绿色、更加美好的城市。在电子政务应用方面，纽约市通过《开放数据法案》，对公众开放的数据将被纳入统一网络，主动发掘数据价值。

2. 伦敦：将数字经济规划与其他领域战略规划同步开展

伦敦金融城发布的智慧伦敦计划要求33个地方政府和医疗服务等40多个公共服务部门在数据和数字技术方面开展更深入的合作，帮助实现七项战略——交通、环境、医疗、住房、文化、经济发展和伦敦规划。伦敦金融城希望数据创新能够在服务市民方面起到引领作用。伦敦提出"共创智慧伦敦"，主要围绕为用户服务、数据共享、网络连接和智慧街道等提高数据引领能力，增进城市内部的合作。在伦敦各级政府和国家医疗服务部门的领导下，让数据和数字技术创新造福伦敦市民。

一是以人为核心的数字经济城市规划。无论是"智慧伦敦计划"还是"共创智慧伦敦"，伦敦市政府都奉行"以人为本"，并由此制定了全景数字计划。数据从在线支付延伸到工作生活的方方面面，如儿童服务、反欺诈、自动化、众筹、无家可归者收容所、民意调查、市长选举等。通过数据分析，寻找应对公共部门面临的挑战的解决方案。此外，市政府重建了数据平台——对话伦敦（Dialogue London）和伦敦数据存储（London Data Storage），并投入 150 万英镑用于支持公共创新，鼓励人们参与决策和共享数据，从而推动智慧伦敦建设。

二是以数据为导向，着力打造数字经济标杆城市。2017 年，伦敦数字经济基准城市委员会任命第一位首席数字官，负责智慧伦敦的数字转换和数据库等工作，并帮助开展数据服务创新。成立于 2019 年的技术与创新办公室是伦敦第一家公共服务创新机构，倡导数据先于决策。例如，不断更新的数字地图为住房建设和城市规划提供了有力的决策支持。这种以行动为导向的方式可以实现高层管理者、服务管理者及其数据团队之间更好地交流，从而实现数据共享，优化伦敦的公共服务。

（二）以智慧城市建设为重要基础

新加坡、首尔等城市拥有建设智慧城市的良好基础和宝贵经验，即以智慧城市建设提升政府数字化水平，从而有效提升城市治理水平，推动城市各领域的数字化发展。

1. 新加坡：全面提升城市（国家）智慧化管理水平

作为城市国家，新加坡将智能城市建设计划升级为智慧国家战略。新加坡公布了"智慧国家 2025"十年计划，致力于将坚实、可靠的数字基础设施和广泛包容的国民文化作为智慧国家基础，通过构建经济、政府和社会三大支柱，落实智慧国家新方案。

新加坡"智慧城市"建设的主要做法。第一，贯彻"以人为本"理念。新加坡政府提出"民众始终是智慧政府建设中的核心"，并出台一系列举措践行"以人为本"理念。一是建立民生服务平台。围绕智慧交通、智慧文化、智慧医疗、智慧家政服务等领域，提供"一站式"便民服务。二是全面推行邻里警局制。邻里警局制度以邻里警局、邻里警岗为依托，为社会提供便捷、高效的服务。第二，创新行政管理制度。制定政府首席信息官（GCIO）制度。一是设立 GCIO 是新加坡推进政府信息化过程中的一项独特做法。该制度有助于明晰各职能部门的信息化建设思路，减少"智慧城市"建设中的阻碍。二是成立智慧国及数码政府工作团，加强新加坡政府各方面的运作，更高效地推动"智慧国家 2025"实施。第三，建设智慧基础设施。新加坡"智慧国家 2025"围绕"连接"（Connect）、"收集"（Collect）和"理解"（Comprehend）"3C"核心理念，积极建设智慧政府基础设施。一是建设城市数据库系统。这一举措有利于消除数据提供者和用户之间的接口障碍，促进数据共享和多领域发展。二是搭建"虚拟新加坡"平台。使用不同公共部门收集的数据，"虚拟新加坡"用户可以创建丰富的视觉模型，并大规模模拟新加坡的真实场景。三是广泛布局智能传感设备。新加坡是世界上第一个采用"传感器通信骨干"技术的国家。第四，立足于居民需求，动员社会力量参与城市建设。成立灵活的市镇理事会制度，充分发挥社会组织的协调作用。

新加坡通过政府推动制度创新、积极布局智慧基础设施、贯彻"以人为本"理念、动员社会力量参与等举措持续推进智慧城市建设，成为全球数字城市建设中成效卓著的国家之一，树立了典型的数字经济标杆城市。

2. 首尔：通过智慧城市建设提升全球数字经济竞争力

作为韩国的首都，首尔一直以来被视为韩国数字政府改革与数字经济标杆城市建设的一面旗帜。首尔市希望通过实施"全球数字首尔 2020"计划，确立在高度互联的数字时代的全球领先地位，并增进市民福祉。首尔市政府发布的《全球首尔数字经济标杆城市：首尔电子政府》提出了首尔建设数字经济标杆城市的方向与目标——从"Smart City"到"3S City"（Sustainable Seoul Smart City），即从智慧城市到可持续的智慧首尔。

从首尔对未来城市的建设理念、规划与推进路径来看，以下值得引起注意。一是首尔的智慧城市建设，得益于韩国在数字政府建设领域的不断投入，从 20 世纪实行的政府管理数字化到朴槿惠政府的"政府 3.0"再到文在寅政府的"数字强国"，其本质是推动政府治理与服务走向"以公众为中心",为城市管理数字化和公共服务数字化打下扎实的基础。二是首尔积极拥抱第四次工业革命,积极应用区块链、人工智能、物联网等新技术为城市运营和治理服务带来数字红利,倡导"人人享有第四次工业革命"。三是首尔在设计未来城市发展愿景时不断优化战略,从"网络首尔""智能首尔""智慧首尔"到"全球数字首尔",这也从侧面证明了未来城市的竞争是面向社会创新、产业链及人才流动的全球化竞争。

首尔市强调社会价值和发展目标,包括社会城市、数字社会创新、数字经济和全球数字领袖四个支柱。当城市在治理、服务数字化领域占据主导地位时,数字经济标杆城市建设路线图将不仅服务于城市自身发展,而且可成为一种可供出口的智慧产品。首尔数字经济标杆城市建设主要基于三个方面。第一,数字经济标杆城市建设处于智能的数字生态系统,城市中的人、物、事都处于超链接状态。第二,在数字经济标杆城市建设中,从"以用户为导向"向"以公民为主导"转变,需要围绕新的模式、体验与界面来为公民提供服务,围绕政府部门信息化的"政企合作"成为主流。第三,从政策的角度,首尔市最重要的战略目标之一就是成为"世界上最具竞争力的五大城市之一"。因此,"全球数字首尔 2020"计划是新的数字经济标杆城市建设战略,以提高全球竞争力为目标。

(三)以数字经济福利效应作为重要目标

柏林、巴塞罗那等城市将增强人文关怀、加强绿色发展等数字经济福利效应作为重要目标,推动数字经济标杆城市建设。

1. 柏林、法兰克福:建设改善人民生活质量的数字经济标杆城市

德国数字经济标杆城市建设一般集中体现在节能、环保、交通等领域。德国对"数字经济标杆城市"的理解是务实的。德国并不认为"数字经济基准城市"有统一的模式,在建设数字经济基准城市的过程中,并没有过多甚至几乎没有使用人们所熟知的物联网、云计算等新兴信息技术。只要能促进市民生活质量的提高和城市竞争力的提升,就可以视为有助于建成数字经济标杆城市。

柏林数字经济标杆城市建设工作主要由柏林合作公司承担。推进数字经济标杆城市建设中要注重节能。全力推广电动交通和节能住宅。法兰克福数字经济标杆城市建设工作主要由法兰克福环保局负责。与其他城市相比，法兰克福更注重绿色发展，其目标是建设绿色城市。德国数字经济标杆城市建设有以下经验。一是专门机构。德国城市在打造数字经济标杆城市的过程中，有专门的机构。二是政企合作。为了更好地打造数字经济标杆城市，德国城市普遍选择PPP模式，即政企合作模式。三是多方投资。在德国数字经济标杆城市建设中，德国根据不同的目标会有不同的资金来源，如来自欧盟、联邦政府、州政府、市政府及相关企业等。四是因地制宜。数字经济标杆城市建设是一项复杂的系统工程。虽然德国各城市的数字经济标杆城市建设大多集中体现在节能环保领域，但在具体项目上不同城市有所差异。五是求实效。德国不认为数字经济标杆城市建设有统一的模式，对物联网、云计算等信息技术的运用较少。只要能提高市民的生活质量、提升城市的竞争力，就可以视为有助于建成数字经济标杆城市。六是以人为本。在德国建设数字经济标杆城市的过程中，柏林、法兰克福等城市充分践行了"以人为本"的理念。

2. 巴塞罗那：建设绿色环保智能的数字经济标杆城市

西班牙巴塞罗那是绿色、环保、智能城市的典范，曾多次被列为全球领先的数字经济标杆城市。巴塞罗那拥有大量致力于低碳绿色环境发展的措施。根据英国研究机构的报告，综合考虑城市交通、基础设施、能源、科技和城市治理等指标，巴塞罗那在"智慧城市"榜单中排名第三。近十年，巴塞罗那积极推进城市数字化进程，取得了积极成果。

巴塞罗那数字经济标杆城市的概念主要包括：第一，完善市政基础设施，根据现有的城市基础进行规划。第二，以知识产业集群为基础，促进政府与居民之间的社会网络形成。第三，形成社会、居民和企业的良性互动，实现共赢。巴塞罗那在建设数字经济标杆城市的过程中，采取了一系列创新举措，如城市范围内免费WiFi服务的覆盖，包括公共空间、公园、交通设施等；启动巴塞罗那开放式政府应用程序；在交通设施方面，倡导绿色出行，提供公共自行车、建立新型公交网络、推广新能源车辆、配置智能交通信号灯等。在环保方面，自动垃圾处理与回收系统体现了高效环保的特点。

三　全球数字经济标杆城市发展展望

当前，新一轮科技革命和产业变革正在引发经济社会各领域的"数字蝶变"，以人工智能、大数据、物联网、云计算、边缘计算等为核心的数字经济蓬勃发展，各国更加紧密相连。数字经济标杆城市建设为各国带来新的发展机遇，成为打造数字经济新动能、重塑城市新优势的重要抓手。

（一）标杆城市建设向一体化、绿色化、人文化方向发展

全球数字经济标杆城市建设理念是不断演变的，各国结合自身具体实际呈现出不同的发展特色。纵览各国典型案例，可以看出全球数字经济标杆城市建设理念和实践正向创新化、人文化、绿色化方向发展。

一是更加注重政府一体化布局和推进。标杆城市建设是智慧城市建设的新阶段。政府在城市管理理念和模式上的改革是一项长期工程，只有起点，没有终点。只有做好顶层设计，才能推进系统工程。标杆城市建设涉及政府、企业和居民，政府的行政风格、思路引导至关重要，政府的顶层设计、一体化推进是强大执行力的保障。二是更加强调绿色化、可持续发展。实现可持续发展，需要创造新的生产方式、提高能源效率等以解决经济和环境难题。促进绿色经济与数字产业深度融合发展成为推动可持续发展的重要途径。标杆城市是未来城市形态，是绿色智能、自我进化的超级"智慧体"。三是更加突出"以人为本"的理念。一方面，数字经济标杆城市是为了给生活在城市中的人提供更美好的生活体验。标杆城市建设的出发点和落脚点都应当是服务于人、依托于人，是人使城市变得智慧。另一方面，市民是城市生活的直接参与者，也是智慧城市的受益者。市民参与是构建以人为本的智慧城市的前提。

（二）标杆城市数字技术创新向多技术融合、跨界创新方向发展

在全球数字经济标杆城市建设中，在数字技术创新方面出现了以多学科融合、多环节交叉为基本特征，以开放式创新为关键模式，以创新联合体为重要依托的新动向和新趋势。不同国家结合各自实际形成了差异化的建设模式，但大都遵循政府统筹协同、多方资源联动、加快推进标杆城市创新建设等。一是数字技术的融合创新。从集成电路、互联网到物联网、云计算、大数据、5G、人工智能等，通过重组和延伸不断打造新的应用场景，形成庞大且交叉的技术簇群，创造巨大的经济和社会价值。二是数字技术赋能实体经济，激发跨界创新。数字技术进入深度扩散阶段，跨学科、跨行业合作愈加频繁，融合研究成为促进科学技术发展的新范式。比特与原子的碰撞、交叉和融合释放着巨大的创新空间，成为诞生新技术、新产品、新模式的"竞技场"，如数字孪生、人工智能、元宇宙等，将为数字政府、数字医疗、数字交通等标杆城市建设激发跨界创新。

（三）标杆城市的基础设施将走向模式创新引领

模式创新将引领数字经济标杆城市建设中基础设施和公共配套的优化方向。一方面，普遍、安全和负担得起的网络连接是建设数字经济标杆城市的基础，也是包容性增长、创新和可持续发展的重要推动力量。发展以5G、人工智能、工业互联网、物联网等为代表的数字基础设施，建设光纤宽带、窄带物联网等新一代网络，以及大数据中心、云计算中心等基础设施，是未来各国新型基础设施建设的方向。另一方面，在国外的众多数字经济标杆城市建设案例中，政府积极与相关企业合作，给予政策支持，并引入竞争机制。政府自建自营模式已不能满足投资需求，将市场机制引入智慧城市建设成为必然选择。借助民间资本的力量，将市场机制和经营理念引入城市管理，建立政府、产业、行业间合理的合作模式，是未来实现共赢乃至多赢的必然趋势。

（四）数字经济标杆城市建设向价值创造方向变革和拓展

在数字经济标杆城市建设中离不开传统企业的数字化转型。一是企业应利用新一代数字技术提升智能制造水平，实现供需精准高效匹配，推动制造业发展模式和企业形态发生根本性变化，推动数字技术和制造业深度融合发展，主动向价值链上游和基础型环节布局，进一步推动制造与服务全方位、宽领域、深层次融合发展，为制造业高质量发展提供新动能。二是随着数字化转型的深入，提升产业链价值成为更重要的方向。从协同范围来看，设备、系统、企业、产业基于连接形成高效协同。从企业内部来看，数字化转型通过底层的组织转型、中间层的运营转型、上层的业务转型，使得企业内部达到协同，从而催生商业创新、智能服务、智能产品、智能生产、智能研发等高价值业务。三是当前大部分的数字化转型探索聚焦企业，关注生产和管理优化、效率提升。业务和商业模式创新成为新的探索方向。数字化对产业资源配置的优化作用不断显现。

（五）数字经济标杆城市建设的新规则将更互利有序

全球数字经济标杆城市建设在实践中的创新对现有国际规则带来新的挑战，国际规则亟待重塑。各国应在充分尊重各自主权与发展利益的基础上，共同协商构建技术产品和服务相关的国际标准。一是探索制定关于数据安全的国际规则。围绕隐私保护、数据安全、数据确认、数字税务、数据法治等，加强交流，增进共识，共同推动制定切实可行的国际规则，让数据流更好地推动技术进步，更好地服务数字经济标杆城市建设。二是加强网络安全国际合作。借助多双边合作框架，推动各国在网络安全标准制定、技术研发、产品开发等方面开展合作。全面提升在关键信息基础设施、网络数据和个人信息安全方面的保障能力，提升融合领域的安全防护能力，积极应对新型网络安全风险。三是在标杆城市建设中探索构建网络安全新框架。当前，全球数字鸿沟依然存在，推动新型基础设施建设是各国建设数字经济标杆城市中的重要工作。许多国家之间在开展新型基础设施共建共享方面已有一定

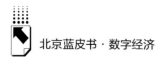

的经验。未来，各国将继续顺应全球合作潮流，通过新型基础设施共建共享促进各国信息互联互通、弥合数字鸿沟。

（六）数字经济标杆城市建设的新环境将更包容开放

良好的发展环境是建设数字经济标杆城市的重要助力。各国应扩大开放、深化合作，推动数字经济标杆城市建设朝包容开放的方向发展。一是国际合作将持续深入。打造互信互利、包容、创新、共赢的数字经济标杆城市，建设合作伙伴关系，加强在智慧城市典型案例经验转化、前沿数字技术合作研发、智慧城市未来项目等方面的合作。二是发展中国家间可实现互利共赢。依托全球各类国际组织和平台，满足发展中国家采用数字技术助力数字经济标杆城市建设的需求，将先进建设样板、经验等应用于基础设施援建、典型项目转化应用、关键技术开发等，发达国家的政府、企业、技术机构等要主动"走出去"参与数字经济标杆城市建设，实现互利共赢。三是合作机制将更加多样。在全球数字经济标杆城市建设中，政府、企业、科研机构等各方的合作机制将更加多样。可加强各国在数字经济标杆城市建设方面的政策制定和立法等的经验交流、分享典型案例。联合国工业发展组织、经济合作与发展组织、国际电信联盟和其他国际组织等可在促进数字经济标杆城市建设方面的合作中发挥重要作用。

参考文献

中国信息通信研究院：《全球数字经济白皮书（2022年）》，2022年7月。

中国信息通信研究院：《G20国家数字经济发展研究报告（2018）》，2018年12月。

杨红艳：《"智慧城市"的建设策略：对全球优秀实践的分析与思考》，《电子政务》2012年第1期。

朱春奎、王彦冰：《美国智慧城市建设的发展战略与启示》，《地方治理研究》2021年第4期。

郑明媚、梁泽华：《德国绿色智慧城市发展的启示》，《中国经贸导刊》2019年

12 月。

岳宇君、仲云云:《日韩智慧城市建设经验及对我国的启示》,《城市观察》2018 年第 4 期。

李芒蒙、李珍珍、刘陈慧、林兴:《欧洲国家智慧城市建设的现状分析》,《科教文汇》2021 年第 8 期。

颜欢、许海林:《西班牙巴塞罗那推进智慧城市建设》,《人民日报》2022 年 12 月 1 日。

附　　录
Appendices

B.15
国家和北京经济主要新政策

附表1　国家数字经济主要政策一览

发布时间	政策名称	主要内容
2021年12月	《制造业质量管理数字化实施指南（试行）》	第一章明确了"一条主线、三大转变、四项原则"总体要求，强化方向指引。第二章从三个层面提出制造业质量管理数字化的关键场景，引导企业将场景建设作为推进质量管理数字化的切入点。第三至第五章突出企业主体，从工作机制、增强能力、数据开发等方面提出实施要求。引导企业完善工作机制，夯实推进质量数字化的管理基础；聚焦能力建设主线，从"人、机、料、法、环、测"等方面全面强化质量管理数字化能力；加强全生命周期质量数据开发利用，提升数据驱动作用。第六章引导相关方创新质量管理数字化公共服务，提升服务供给水平。第七章坚持多措并举，引导相关方完善政策保障和支撑环境
2021年12月	《"十四五"数字经济发展规划》	到2025年，数字经济迈向全面扩展期，数字经济核心产业增加值占GDP比重达到10%，数字化创新引领发展能力大幅提升，智能化水平明显增强，数字技术与实体经济融合取得显著成效，数字经济治理体系更加完善，我国数字经济竞争力和影响力稳步提升。对优化升级数字基础设施、充分发挥数据要素作用、大力推进产业数字化转型、加快推动数字产业化、持续提升公共服务数字化水平、健全完善数字经济治理体系、着力强化数字经济安全体系和有效拓展数字经济国际合作等方面制定具体发展规划

续表

发布时间	政策名称	主要内容
2021年12月	《关于推动平台经济规范健康持续发展的若干意见》	从构筑国家竞争新优势的战略高度出发,坚持发展和规范并重,坚持"两个毫不动摇",遵循市场规律,着眼长远、兼顾当前,补齐短板、强化弱项,适应平台经济发展规律,建立健全规则制度,优化平台经济发展环境。从健全完善规则制度、提升监管能力和水平、优化发展环境、增强创新发展能力、赋能经济转型发展和保障措施等六方面,提出19条意见
2021年12月	《"十四五"推进国家政务信息化规划》	主要目标:提出到2025年,政务信息化建设总体迈入以数据赋能、协同治理、智慧决策、优质服务为主要特征的融慧治理新阶段,跨部门、跨地区、跨层级的技术融合、数据融合、业务融合成为政务信息化创新的主要路径,逐步形成平台化协同、在线化服务、数据化决策、智能化监管的新型数字政府治理模式,经济调节、市场监管、社会治理、公共服务和生态环境等领域的数字治理能力显著提升,网络安全保障能力进一步增强,有力支撑国家治理体系和治理能力现代化;数据资源赋能新动力,协同治理形成新模式,政务服务得到新提升,共建共享形成新局面,安全保障达到新水平。提出三个方面的主要任务:一是深度开发利用政务大数据;二是发展壮大融合创新大平台;三是统筹建设协同治理大系统
2022年1月	《关于促进云网融合 加快中小城市信息基础设施建设的通知》	到2025年,东部地区和中西部及东北大部分地区基本建成覆盖中小城市的云网基础设施,实现"千城千兆"和"千城千池"建设目标,即千兆接入能力和云资源池覆盖超过1000个中小城市。重点任务包括加快完善中小城市网络基础设施、有序布局中小城市应用基础设施、积极推动中小城市云网技术融合创新、大力培育基于云网基础设施的融合应用和提升经济社会数字化转型支撑能力
2022年1月	《工业和信息化部关于大众消费领域北斗推广应用的若干意见》	到"十四五"末,突破一批关键技术和产品,健全覆盖芯片、模块、终端、软件、应用等上下游各环节的北斗产业生态,培育20家以上专精特新"小巨人"企业及若干家制造业单项冠军企业,树立一批应用典型样板,建设一批融合应用示范工程,形成大众消费领域好用易用的北斗时空服务体系。提出提升产业基础能力、繁荣北斗大众消费市场、健全完善产业生态和加强组织保障等几个方面的12项意见

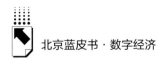

续表

发布时间	政策名称	主要内容
2022 年 2 月	《车联网网络安全和数据安全标准体系建设指南》	到 2023 年底,初步构建起车联网网络安全和数据安全标准体系。重点研究基础共性、终端与设施网络安全、网联通信安全、数据安全、应用服务安全、安全保障与支撑等标准,完成 50 项以上急需标准的研制。到 2025 年,形成较为完善的车联网网络安全和数据安全标准体系。完成 100 项以上标准的研制,提升标准对细分领域的覆盖程度,加强标准服务能力,提高标准应用水平,支撑车联网产业安全健康发展。包括标准体系框架图和重点领域及方向两大主要内容
2022 年 5 月	《关于推进实施国家文化数字化战略的意见》	到"十四五"时期末,基本建成文化数字化基础设施和服务平台,形成线上线下融合互动、立体覆盖的文化服务供给体系。到 2035 年,建成物理分布、逻辑关联、快速链接、高效搜索、全面共享、重点集成的国家文化大数据体系,中华文化全景呈现,中华文化数字化成果全民共享。提出 8 项重点任务:关联形成中华文化数据库、夯实文化数字化基础设施、搭建文化数据服务平台、促进文化机构数字化转型升级、发展数字化文化消费新场景、提升公共文化服务数字化水平、加快文化产业数字化布局和构建文化数字化治理体系
2022 年 7 月	《数字经济发展部际联席会议制度》	明确数字经济发展部际联席会议的主要职责、成员单位、工作规则和工作要求等,并列出参加会议成员名单
2022 年 10 月	《国务院关于数字经济发展情况的报告——2022 年 10 月 28 日在第十三届全国人民代表大会常务委员会第三十七次会议上》	到 2025 年,数字经济迈向全面扩展期,数字化创新引领发展能力大幅提升,智能化水平明显增强,数字技术与实体经济深度融合取得显著成效,具有国际竞争力的数字产业集群初步形成,数字经济治理体系更加完善,我国数字经济竞争力和影响力稳步提升。展望 2035 年,数字经济迈向繁荣成熟期,力争形成统一公平、竞争有序、成熟完备的数字经济现代市场体系,数字经济发展基础、产业体系发展水平位居世界前列
2022 年 10 月	《全国一体化政务大数据体系建设指南》	2023 年底前,全国一体化政务大数据体系初步形成,基本具备数据目录管理、数据归集、数据治理、大数据分析、安全防护等能力,数据共享和开放能力显著增强,政务数据管理服务水平明显提升。到 2025 年,全国一体化政务大数据体系更加完备,政务数据管理更加高效,政务数据资源全部纳入目录管理。政务数据质量显著提升,"一数一源、多源校核"等数据治理机制基本形成,政务数据标准规范、安全保障制度更加健全。明确总体构架和八大主要任务

续表

发布时间	政策名称	主要内容
2022 年 10 月	《网络产品安全漏洞收集平台备案管理办法》	漏洞收集平台备案通过工业和信息化部网络安全威胁和漏洞信息共享平台开展,采用网上备案方式进行。办法所称网络产品安全漏洞收集平台,是指相关组织或者个人设立的收集非自身网络产品安全漏洞的公共互联网平台,仅用于修补自身网络产品、网络和系统安全漏洞用途的除外。办法明确,拟设立漏洞收集平台的组织或个人,应当通过工业和信息化部网络安全威胁和漏洞信息共享平台如实填报网络产品安全漏洞收集平台备案登记信息
2022 年 10 月	《虚拟现实与行业应用融合发展行动计划(2022—2026 年)》	到 2026 年,虚拟现实在经济社会重要行业领域实现规模化应用,形成若干具有较强国际竞争力的骨干企业和产业集群。我国虚拟现实产业总体规模(含相关硬件、软件、应用等)超过 3500 亿元,虚拟现实终端销量超过 2500 万台。明确推进关键技术融合创新、提升全产业链条供给能力、加速多行业多场景应用落地、加强产业公共服务平台建设和构建融合应用标准体系等五项重点任务
2022 年 12 月	《工业和信息化领域数据安全管理办法(试行)》	界定工业和信息化领域数据和数据处理者概念,明确监管范围和监管职责;确定数据分类分级管理、重要数据识别与备案相关要求;针对不同级别的数据,围绕数据收集、存储、加工、传输、提供、公开、销毁、出境、转移、委托处理等环节,提出相应安全管理和保护要求等
2022 年 12 月	《中国软件名城管理办法》	加强中国软件名城管理工作,发挥示范带动效应,促进我国软件和信息技术服务业高质量发展,推动制造强国、网络强国、数字中国建设。界定中国软件名城定义,制定中国软件名城申请条件及程序、创建要求、评审授予、发展提升和动态管理等办法
2022 年 12 月	《关于完善工业和信息化领域科技成果评价机制的实施方案(试行)》	到 2027 年,形成一套工业和信息化领域的科技成果评价规范,培育遴选一批水平高、能力强、信誉好的科技成果评价和转移转化机构,健全工业和信息化领域科技成果项目库,形成一套推广应用模式,评价或转化一批高质量科技成果,各类创新主体参与评价的行为更加科学规范、科技成果的数量和质量显著提升、推广应用成效大幅增强、产业技术进步的速度明显加快。提出全面准确评价、健全评价体系和加速成果产业化三大主要任务及 11 项具体任务
2022 年 12 月	《中共中央 国务院关于构建数据基础制度更好发挥数据要素作用的意见》	建立保障权益、合规使用的数据产权制度,建立合规高效、场内外结合的数据要素流通和交易制度,建立体现效率、促进公平的数据要素收益分配制度和建立安全可控、弹性包容的数据要素治理制度等相关意见

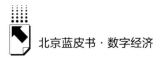

发布时间	政策名称	主要内容
2023 年 1 月	《关于促进数据安全产业发展的指导意见》	到 2025 年,数据安全产业基础能力和综合实力明显增强;到 2035 年,数据安全产业进入繁荣成熟期。分两个层面明确促进数据安全产业发展的七项重点任务,一个层面是围绕产业本身要做什么,明确了提升产业创新能力、壮大数据安全服务、推进标准体系建设和推广技术产品应用四项重点任务;另一个层面围绕以什么为抓手,明确了构建产业繁荣生态、强化人才供给保障和深化国际合作交流三项重点任务
2023 年 2 月	《数字中国建设整体布局规划》	到 2025 年,基本形成横向打通、纵向贯通、协调有力的一体化推进格局,数字中国建设取得重要进展。数字基础设施高效联通,数据资源规模和质量加快提升,数据要素价值有效释放,数字经济发展质量效益大幅增强,政务数字化智能化水平明显提升,数字文化建设跃上新台阶,数字社会精准化、普惠化、便捷化取得显著成效,数字生态文明建设取得积极进展,数字技术创新实现重大突破,应用创新全球领先,数字安全保障能力全面提升,数字治理体系更加完善,数字领域国际合作打开新局面。到 2035 年,数字化发展水平进入世界前列,数字中国建设取得重大成就。数字中国建设体系化布局更加科学完备,经济、政治、文化、社会、生态文明建设各领域数字化发展更加协调充分,有力支撑全面建设社会主义现代化国家。数字中国建设按照"2522"的整体框架进行布局,即夯实数字基础设施和数据资源体系"两大基础",推进数字技术与经济、政治、文化、社会、生态文明建设"五位一体"深度融合,强化数字技术创新体系和数字安全屏障"两大能力",优化数字化发展国内国际"两个环境"
2023 年 3 月	《关于加快推进能源数字化智能化发展的若干意见》	到 2030 年,能源系统各环节数字化智能化创新应用体系初步构筑、数据要素潜能充分激活,一批制约能源数字化智能化发展的共性关键技术取得突破,能源系统智能感知与智能调控体系加快形成,能源数字化智能化新模式新业态持续涌现,能源系统运行与管理模式向全面标准化、深度数字化和高度智能化加速转变,能源行业网络与信息安全保障能力明显增强,能源系统效率、可靠性、包容性稳步提高,能源生产和供应多元化加速拓展、质量效益加速提升,数字技术与能源产业融合发展对能源行业提质增效与碳排放强度和总量"双控"的支撑作用全面显现。并从加快行业转型升级、推进应用试点示范、推动共性技术突破、健全发展支撑体系和加大组织保障力度等方面提出具体意见

附表2　北京市数字经济主要政策一览

发布时间	政策名称	主要内容
2022年3月	《中国(北京)自由贸易试验区条例》	在自贸试验区推进建立数据确权、数据资产、数据服务等交易标准,以及数据交易流通的定价、结算、质量认证等服务体系,规范交易行为。高标准建设国际大数据交易所,建立健全数据交易规则、技术实现路径和商业模式,提供面向全球的数据价值发现、数据资产交易服务
2022年3月	《关于支持发展高端仪器装备和传感器产业的若干政策措施实施细则》	针对高端仪器装备和传感器领域的企业和研发机构,从鼓励应用基础研究、加快成果转化应用等六方面进行政策支持,将促进高端仪器装备和传感器产业创新要素集聚,推动产业生态体系建成
2022年5月	《北京市数字经济全产业链开放发展行动方案》	利用2~3年时间,制定一批数据要素团体标准和地方标准,开放一批数据创新应用的特色示范场景,推动一批数字经济国家试点任务率先落地,出台一批数字经济产业政策和制度规范,加快孵化一批高成长性的数据服务企业,形成一批可复制可推广的经验做法,在全国率先建成活跃有序的数据要素市场体系,数据要素赋能经济高质量发展作用显著发挥,将北京打造成为数字经济全产业链开放发展和创新高地。提出六项主要措施,即加速数据要素化进程、推动要素市场化改革突破、打造数字技术新优势、赋能重点产业创新发展、加强数字经济治理、增强数字经济发展支撑
2022年6月	《北京市数字消费能级提升工作方案》	2022年,力争实现全市5G基站新增6000个,千兆光网用户新增10万户,信息内容消费实现收入超过3500亿元,直播电商成交额达到1万亿元,培育或引进10家龙头直播电商专业服务机构。到2025年,信息内容消费实现收入超过5000亿元,直播电商成交额翻一番,选取2~3个区打造高质量直播电商基地,力争培育10个具有国际影响力的直播电商平台或直播电商企业,推出30个线上线下融合的直播示范场景,孵化40个网络直播新消费品牌,培育或引进一批具有示范引领作用的高端直播电商运营服务机构与专业人才。提出推动直播电商产业集聚升级、推进跨境直播电商创新发展、构建直播电商专业人才体系、提升数字内容服务供给能力、深化新兴数字技术赋能效应、培育多元化数字消费新业态、创新科技监管强化标准引领和营造数字消费良好发展环境
2022年7月	《关于促进本市新型基础设施投资中新技术新产品推广应用的若干措施》	界定本措施新基建内容范围,提出加大新基建项目谋划和建设力度、支持新基建创新攻关和新主体新平台培育、加强新基建全生命周期关键节点的差异化支持和拓展投融资渠道支持新基建项目等四项措施及十项具体措施

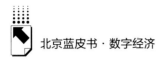

续表

发布时间	政策名称	主要内容
2022 年 7 月	《北京市推动软件和信息服务业高质量发展的若干政策措施》	鼓励产品研发应用、夯实产业数字基础、促进产业集聚发展和优化产业发展环境等四个方面的 12 项政策措施,如支持新技术新产品研发,实施"产业筑基工程",通过"揭榜挂帅"等方式支持一批关键软件产品研发,单个项目补助最高 3000 万元。鼓励金融机构提供固定资产贷款、研发贷等中长期贷款产品,对符合条件的给予不超过 2% 的贴息支持,每家企业年度最高 1000 万元
2022 年 8 月	《北京市促进数字人产业创新发展行动计划(2022—2025 年)》	到 2025 年,全市数字人产业规模突破 500 亿元。培育 1~2 家营收超 50 亿元的头部数字人企业、10 家营收超 10 亿元的重点数字人企业。突破一批关键领域核心技术,建成 10 家校企共建实验室和企业技术创新中心。在云端渲染、交互驱动、智能计算、数据开放、数字资产流通等领域打造 5 家以上共性技术平台。在文旅、金融、政务等领域培育 20 个数字人应用标杆项目。建成 2 家以上特色数字人园区和基地。初步形成具有互联网 3.0 特征的技术体系、商业模式和治理机制,成为全国数字人产业创新高地。并提出三大主要任务及 12 项分任务,三大主要任务为:创新引领,构建数字人全链条技术体系;场景驱动,培育标杆应用项;服务提升,优化数字人产业生态
2022 年 9 月	《关于促进先进制造业和软件信息服务业中小企业升规稳规创新发展的若干措施(2023—2025 年)》	界定本措施升规企业,提出加强企业升规稳规指导、支持企业升规及高质量发展、培育壮大骨干高精尖稳规企业、鼓励企业持续保持创新强度和加强综合协调服务保障等五项措施
2022 年 11 月	《关于推进北京市数据专区建设的指导意见》	利用 2~3 年时间,建立健全数据专区配套管理制度和标准规范,形成一套科学完备且可操作性强的专区管理制度体系,为数据专区健康、安全、稳定、高效运营提供制度保障;鼓励和引导各类市场主体或科研机构积极参与数据专区先行先试,不断推进和深化金融、交通、位置、空间、信用等数据专区建设和应用,创新政务数据共享授权运营模式,积累一批典型的政企数据融合应用场景和可复制可推广的经验做法,构建"多元主体参与、多方合作共赢"新机制,培育数字经济产业发展新生态。在建立健全组织管理体系、完善专区数据供给机制、提升专区运营服务能力、加强专区数据使用管控、强化专区安全管理能力和保障措施等方面提出具体指导意见

发布时间	政策名称	主要内容
2022年11月	《北京市数字化车间与智能工厂认定管理办法》	引导和鼓励北京市制造业数字化、网络化、智能化转型升级。办法包括数字化车间与智能工厂的申请条件、认定程序、支持措施和管理服务,并细化了两项认定的技术要求和创新技术要求等建设关键要素
2022年12月	《北京市数字经济促进条例》	共九章58条,包括总则、数字基础设施、数据资源、数字产业化、产业数字化、智慧城市建设、数字经济安全、保障措施、附则等内容

Abstract

Today, the world is in a critical period of a new round of technological revolution and deep-seated industrial transformation. With the continuous advancement of industrial digitization in China, the digital economy has entered a new round of rapid development, and the digital economy has become an important driving force in China's national economy. The 20th National Congress of the Communist Party of China emphasized "accelerating the development of the digital economy, promoting the deep integration of the digital economy and the real economy, and building a digital industry cluster with international competitiveness", clarifying the development focus and direction of future digital technology, digital economy, and the real economy. The rise and prosperity of the digital economy have given new impetus to China's economic and social development. In February 2023, the Central Committee of the Communist Party of China and the State Council issued the "Overall Layout Plan for the Construction of Digital China", outlining a development blueprint for China's economic and social digitization as a whole. The construction of "Digital China" stands at the height of overall planning for the great rejuvenation strategy of the Chinese nation, and in the digital environment, utilizes the digital economy and digital platforms to achieve the "two centenary" goals of the Chinese nation, Contribute an important force to achieving high-quality development.

Beijing, as an important political and economic center in China, has a solid economic foundation and strong innovation power. The digital economy has become a key driving force supporting Beijing's economic growth. In recent years, Beijing has firmly grasped the strategic positioning of the capital city, vigorously strengthened the functional construction of the "four centers" and improved the level of the "four services". Focusing on building a global digital economy benchmark city. In May 2022, in order to fully implement the work deployment requirements of the Beijing Municipal Party Committee and Government on accelerating the construction of a global digital economy benchmark city and the construction of the "two districts" with open development and full reform of the entire industry chain, the Beijing Municipal Bureau of Economy and Information Technology issued the "Beijing Digital Economy Full Industry Chain Open Development Action Plan", which focuses on promoting the open development of the entire digital economy industry chain in Beijing and fully unleashing the value of data elements, Stimulate the vitality of the digital economy. In August 2022, the "Implementation Plan for Accelerating the Construction of a Global Digital Economy Benchmark City in Beijing" was released at the 2021 Global Digital Economy Conference, which identified eight main tasks to form an open and leading new digital social ecology, take the lead in building a future-oriented digital economy new system, integrate the "five sub" linkage into the new development pattern, and form a modern economic system with the characteristics of the capital. In January 2023, the Beijing Digital Economy Promotion Regulations were officially implemented, focusing on the "three elements" of digital economy development, strengthening digital infrastructure construction, improving digital economy governance, and promoting high-quality development of the digital economy.

Therefore, in order to systematically assess the current trend of digital economy development, timely display the achievements of Beijing's digital economy development, summarize and extract Beijing's excellent experience in building a global digital economy benchmark city, dynamically evaluate the current level of digital economy development in Beijing, comprehensively organize the development laws and characteristics of Beijing's digital economy, and collect successful cases of domestic and international digital economy development, Systematically analyze the development direction and specific path of deepening the digital economy in Beijing in the future. The Beijing Academy of Social Sciences takes the lead in organizing the preparation of the "Beijing Digital Economy Development Report (2022–2023)".

The annual theme of the Beijing Digital Economy Development Report（2022－2023）is："Creating New Advantages in the Digital Economy and Accelerating the Construction of a Global Digital Economy Benchmark City". It is divided into six parts：viewpoint, evaluation, special topic, comparison, outlook, and appendix.

The opinion section puts forward views on China's current data infrastructure system and data governance, deeply explores the role of China's current data factor market reform in accelerating the construction of a new development pattern, and gives effective methods and path suggestions for the integration of data and reality to help the high-quality development of the industry. The evaluation section is based on an international perspective, focusing on the "six characteristics" of global digital economy benchmark cities. It horizontally compares the current development status of global digital economy benchmark cities, summarizes and summarizes the current status of digital economy development in Beijing, and provides policy basis for the subsequent establishment and improvement of top-level design. The special topic invites several well-known scholars from the industry to conduct in-depth research on the key research areas of the future layout planning of Beijing's digital economy benchmark city. The analysis presents the new progress in the construction of the eight major tasks of Beijing's digital economy benchmark city in 2022, the progress in the implementation of the six leading projects, and the progress in Beijing's digital technology innovation and major breakthrough achievements and applications in 2022 Case analysis of four key digital economy benchmark enterprises in Beijing, and the development of digital talents in Beijing, focusing on accelerating the layout of digital talents in the digital economy industry and connecting the entire industrial chain of the digital economy. From an international perspective, the comparative section selects countries and regions with mature digital economy development such as the United States, South Korea, the United Kingdom, Singapore, Canada, Italy, and Spain, as well as leading provinces and cities in the digital economy industry development such as Shanghai, Guangdong, and Chengdu in China. It summarizes the new practices of global digital city economic development and deeply analyzes the practices and inspirations of digital economy innovation and development actions in various regions of China. The outlook section is mainly based on in-depth reflection on the "digital butterfly transformation" in various fields of society triggered by the current new round of technological revolution and industrial transformation, with a focus on evaluating the future situation of global digital economy benchmark city construction. The appendix collects and organizes relevant policies in the field of digital economy in Beijing.

Continue to promote industrial Digital transformation, realize the deep integration of digital economy and real economy, improve the digital economy system and legislative protection, and gather cutting-edge digital technology will become the key direction of China's digital economy development in the future. This book aims to provide theoretical support and scientific decision-making for the development of Beijing's digital economy, and assist in the high-quality development of China's digital economy.

Keywords: Digital Economy; Beijing; Benchmark City; Benchmark Enterprise; Digital Economy Talent

Contents

I General Report

B.1 Research on the Construction and Development of Beijing
as a Global Digital Economy Benchmark City in 2022

Research Group / 001

Abstract: Digital power has become a strategic measure of the Chinese government, and Beijing is positioned based on the "four centers" function, actively integrating into the overall situation of digital China construction, and promoting a new leap in the digital economy. This section focuses on the new trends presented by the global digital economy development, summarizes and reviews the new progress of Beijing's digital economy benchmark city construction in the past year, deeply analyzes the new problems that urgently need to be solved in the current development process, and proposes seven major promotion paradigms around key elements such as organization, projects, systems, and standards, providing path references for future global digital economy benchmark city construction.

Keywords: Digital Economy; Benchmark City; Beijing

II   Evaluation Subjects

B.2   The Monitoring and Evaluation Report on the Global Digital
Economy Benchmark City in 2023

Ge Hongling, Li Bo, Zhang Ling and Li Huixuan / 027

Abstract: The global digital economy benchmark city is most important
strategic move for improving the core competitiveness of digital economy. With a
view to the issue of " big six characteristics " in the perspective of
internationalization, namely the infrastructure of digital intelligence, the
allocation of data elements, the leading of digital industry, the source of digital
innovation, the priority of digital governance, and the openness and corporation
in digital domain, this thesis evaluate the development of digital economy across
the key global cities and analyze the progress of the project on the construction of
the global digital economy benchmark city in Beijing. The findings show that the
San Francisco take the first place in the field of digital economy across the global
key cities with the score recorded as 0.801, and Beijing is the second only to
San Francisco in terms of the development of digital economy with the score
rescored as 0.691. The performance in both the digital governance and the
openness and corporation in digital domain in Beijing is not ideal, which is the
perceived weakness for the construction of the global digital economy benchmark
city. This study provides the policy basis for the top-level design in the
construction of the global digital economy benchmark city.

Keywords: The Global Digital Economy Benchmark City; The Monitoring
and Evaluation; Data Elements

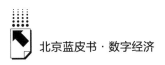

Ⅲ Theoretical Subjects

B . 3 Data Governance and Data Infrastructure System

Construction

Meng Qingguo , Zhang Teng / 060

Abstract: In the digital age, data is not only a strategic resource related to national construction and development, but also a new type of key production factor to promote high-quality economic and social development. Governments of various countries continue to improve their data governance capabilities and focus on the development of the digital economy. On the basis of rich practice, this article clarifies the concept of data governance and proposes a data governance system around the three levels of system-technology-market. Based on the current situation and analysis of the fundamental institution of data governance in our country, it is believed that building an institutional system with data as a new type of factor of production is a key way to solve the current new challenges faced by data governance and fully release the value of data elements. Combining foreign data governance models and policy comparisons, starting from the dimensions of institution, ability, mechanism, etc. , to make suggestions for improving the construction of the fundamental institution of data governance in our country.

Keywords: Data Governance; Data Factor; Fundamental Institution of Data; Digital Economy

B . 4 The Method and Path of Digital Real Integration to Assist

High Quality Industrial Development

Zhu Yan , Luo Pei / 079

Abstract: The integration of data and reality is a process of industrial restructuring and innovation, and an important engine for promoting high-quality industrial development. The integration of data and reality is based on digital technology and data elements to transform the basic rules of the real economy, creating a new digital operation ecosystem for the real economy. By cultivating a large number of new industries, new formats, and new models, it creates a new civilization, new order, and new wealth for humanity. The integration of data and reality is the product of the matching development of digital productivity and digital relations of production. Building a digital economy system requires four basic elements: digital infrastructure, digital supply, digital demand, and digital governance. The integration of data and reality will promote the revolutionary restructuring of industries, helping enterprises transform from production factors to development space and then to value assets. Facing the future, it is necessary to explore a new path of deep integration of data and reality based on innovation theory.

Keywords: Integration of Data and Reality; Digital Economy; Digital Technology; Data Elements; High-quality Development

B.5   Reflections and Suggestions on the Construction of a
Data Trading Market System

Huang Yiping, Shen Yan and Zhang Junni / 093

Abstract: China's data output is large but trading volume is low, which seriously restricts the development potential of the digital economy. With the recent release of the property rights operation system of "three rights separation" for data resource ownership, data processing and usage rights, and data product management rights proposed in the "Twenty Data Articles", how to promote the construction of data trading markets has become an urgent task. This article attempts to analyze the main obstacles and promotion strategies for data trading in China, and finally proposes three suggestions for the construction of a data trading market system. Firstly, data trading should achieve full regulatory coverage; Secondly, using public data sharing as a breakthrough to promote the construction of a data trading market system; Thirdly, promoting data trading should be gradual, with those suitable for on the market doing on the spot and those suitable for off the market completing off the market.

Keywords: Data Trading Market; Trading System; Data Trading Infrastructure; Public Data Openness

Ⅳ   Special Report

B.6   Progress Report on the Eight Major Tasks of Beijing's
Digital Economy Benchmark City in 2022

Meng Fanxin, Wang Jing / 109

Abstract: With the continuous implementation of Beijing's plan to build a global digital economy benchmark city, Beijing is accelerating its efforts to promote the digital economy benchmark city, and new progress has been made in the construction of key tasks. This article focuses on the eight clear tasks of the implementation plan, conduct in-depth analysis and summary from aspects such as infrastructure, data aggregation, factor markets, digital technology, benchmark industries, digital ecology, openness to the outside world, and measurement systems, The construction of the eight major tasks has continued to advance, creating new support, new platforms, new potential energy, new momentum, new space, and new norms for the development of Beijing's digital economy, and is promoting the formation of a new system of digital economy oriented towards the future.

Keywords: Digital Infrastructure; Data Element Market; Benchmarking Industry; Digital Technology; Digital Ecology

Abstract: The gradual implementation of the six leading projects of Beijing's digital economy benchmark city is the staged development achievement of Beijing's construction of global digital economy benchmarking city, and it is also an important practice of accelerating the digitization and digital industrialization of Beijing's digital economy industry. By analyzing the construction of digital city operating system creation project, urban supercomputing center project, Beijing international big data exchange project, high-level automatic driving full scene operation demonstration project, cross system digital medical demonstration center construction project and digital community construction project, this report summarizes the practical experience of the construction of six leading projects in building a benchmark city of digital economy in Beijing. It discusses the future construction and development direction of the project. It is expected to broaden ideas for accelerating the high-quality development of digital economy, and provide "Beijing experience" for other cities to promote the construction of urban digital economy.

Keywords: Digital Economy; Benchmarking City; Leading Project

Abstract: The R & D of cutting-edge technologies in the digital industry is the core of digital economy's high-quality development. Based on the general layout of Beijing's digital economy development, this report firstly conducted an overall study of Beijing's digital frontier technology innovation and R & D work. Then,

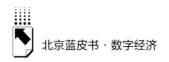
we compared the main achievements in recent years in terms of core technology innovation, industrialization application, and transformation of results. Further, its successful experiences are summarized to provide reference ideas for frontier technology development of Beijing and the whole nation. Finally, we put forward constructive suggestions for the future development of Beijing's digital technology, and made constructive suggestions for Beijing's future development of digital technology.

Keywords: Digital Economy; Digital Technology; Innovation R&D; Achievement Transformation

B.9　Report on the Development of Beijing's Key Digital Economy Benchmark Companies in Four Categories

Li Mao, Dong Lili / 163

Abstract: Digital economy benchmark enterprises are important for Beijing to build a global digital economy benchmark city. Also, it is a major engine for the high-quality economic development of Beijing. This paper analyses four types of digital economy benchmark enterprises, which are mainly small and medium-sized enterprises. The author points out the enterprises' common characteristics, which generally have strong independent innovation capabilities and are more concentrated in terms of distribution. This paper analyses their development characteristics and core strengths categorically. This paper proposes the main paths for Beijing to promote the high-quality development of benchmark enterprises: improving the discovery mechanism and evaluation criteria, establishing a sound long-term mechanism for cultivating them, conducting in-depth research, continuously strengthening the supply of talents and making efforts to create a good ecology, building a demonstration platform for digital economy innovation and application, strengthening the construction of industry self-regulation.

Keywords: Digital Economy; Benchmark Enterprises; Beijing

Contents ⬑⟩

B . 10   2022 Beijing Digital Economy Talent Development Report

Yan Shengwen, Luo Zhi and Li Zhibin / 175

Abstract: The digital talent market in Beijing is booming and the digital economy industry talent team is growing steadily. However, the gap between the supply and demand of such talents is deepening, universities' digital economy talents cultivation has shortcomings, and transformation of traditional human resources system has not yet completed, so it is necessary to enhance the leadership in the digital economy urgently. The digital talent new career is conductive to driving talent demands, and bringing dynamic labor relations, growth thinking and professionalism. Beijing should continue to build a globally influential source of digital innovation, comprehensively consolidate the development foundation of the digital industry, and build a high-level digital talent highland. We should further build and improve the multi-level talent cultivation system of the digital economy; promote the growth of corporate digital talent through high standard projects such as digital government; improve business environment and other soft measures to promote entrepreneurship in the digital industry and promote the development of digital talent; strengthen the talent exchange mechanism and expand approaches to introducing global digital talents.

Keywords: Digital Economy Talent; Digital Industry; Talent Cultivation; Talent Introduction; Business Environment

B . 11   New Progress in the Opening Up of the Entire Digital
Economy Industry Chain in Beijing

Li Jiangtao, Wu Xiangyang / 195

Abstract: In order to promote the development of Beijing's digital economy and create a global benchmark city for the digital economy, opening up the entire digital economy industry chain has become an important way and means. Beijing has formulated and implemented the "Beijing Digital Economy Whole Industry Chain Opening Action Plan" to break through the blockages in the digital economy industry chain and enhance the competitiveness of Beijing's digital economy. This article elaborates on the theoretical basis, content, implementation, and latest progress of the full industry chain openness of Beijing's digital economy.

Keywords: Digital Economy; Opening up the Entire Industrial Chain; Beijing

Ⅴ　Subjects for Comparison

B.12　New Practice of Digital Economy Development in
　　　　Global City

Yin Limei, Chen Gengyu / 207

Abstract: Digital technologies such as 5G, data centers, cloud computing, artificial intelligence, the Internet of Things, and blockchain are reshaping the world's economic development model, providing impetus for new practices in the economic development of cities around the world. Cities such as New York in the United States have implemented new strategic plans; cities such as Barcelona in Spain have focused on building digital talent cities; cities such as Seoul in South Korea have embraced digital industry frontiers such as the metauniverse; cities such as London in the United Kingdom have formed a good atmosphere to support the development of start-ups, promote the formation of industrial innovation clusters, and promote the Digital transformation of SMEs. Singapore, Toronto, Canada, Milan, Italy, and other cities optimize their digital services with a people-centered approach. The new practices of urban digital economy development worldwide have formed new experiences, providing relevant references and references for Beijing to build a global digital economy benchmark city.

Abstract: Last year, domestic regions in China have been accelerating the construction of digital economy, and there are many highlights. Firstly, it explains the promotion between the development of the digital economy and the implementation of the "dual carbon" target, and then analyzes that organizational innovation can solve the endogenous problems of digital economy development from the supply side, and also emphasizes that the digital economy is a vital engine for stabilizing the economy, promoting employment, and preserving people's livelihood in a time of unprecedented global changes and the once-in-a-century pandemic. It also introduces the outstanding practice and typical experiences in Guangdong, Shanghai, and Chengdu as references for the digital economy to help Beijing's high-quality development.

Keywords: Digital Economy; Carbon Peaking and Carbon Neutrality; Organizational Mechanism; Stabilizing the Economy; Promoting Employment

Ⅵ　Report on Prospect

Abstract: At present, a new round of scientific and technological revolution

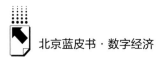

and industrial transformation is triggering "digital butterfly changes" in various fields of economy and society, and the digital economy with artificial intelligence, big data, Internet of Things, cloud computing, edge computing, etc. as the core is booming, and the interests of all countries are more closely linked. The construction of digital economy benchmark cities has brought new development opportunities to all countries, and has become and will continue to be an important starting point for building new momentum of digital economy and reshaping new advantages of cities. The development concept and construction practice of the global digital economy benchmark city are developing in the direction of innovation, human culture and greening.

Keywords: Digital Economy; Benchmark City; Digital Industrialization; Digitization of Industry

社会科学文献出版社

皮 书

智库成果出版与传播平台

❖ 皮书定义 ❖

皮书是对中国与世界发展状况和热点问题进行年度监测，以专业的角度、专家的视野和实证研究方法，针对某一领域或区域现状与发展态势展开分析和预测，具备前沿性、原创性、实证性、连续性、时效性等特点的公开出版物，由一系列权威研究报告组成。

❖ 皮书作者 ❖

皮书系列报告作者以国内外一流研究机构、知名高校等重点智库的研究人员为主，多为相关领域一流专家学者，他们的观点代表了当下学界对中国与世界的现实和未来最高水平的解读与分析。截至 2022 年底，皮书研创机构逾千家，报告作者累计超过 10 万人。

❖ 皮书荣誉 ❖

皮书作为中国社会科学院基础理论研究与应用对策研究融合发展的代表性成果，不仅是哲学社会科学工作者服务中国特色社会主义现代化建设的重要成果，更是助力中国特色新型智库建设、构建中国特色哲学社会科学"三大体系"的重要平台。皮书系列先后被列入"十二五""十三五""十四五"时期国家重点出版物出版专项规划项目；2013~2023 年，重点皮书列入中国社会科学院国家哲学社会科学创新工程项目。

皮书网

（网址：www.pishu.cn）

发布皮书研创资讯，传播皮书精彩内容
引领皮书出版潮流，打造皮书服务平台

栏目设置

◆ **关于皮书**

何谓皮书、皮书分类、皮书大事记、
皮书荣誉、皮书出版第一人、皮书编辑部

◆ **最新资讯**

通知公告、新闻动态、媒体聚焦、
网站专题、视频直播、下载专区

◆ **皮书研创**

皮书规范、皮书选题、皮书出版、
皮书研究、研创团队

◆ **皮书评奖评价**

指标体系、皮书评价、皮书评奖

◆ **皮书研究院理事会**

理事会章程、理事单位、个人理事、高级
研究员、理事会秘书处、入会指南

所获荣誉

◆ 2008 年、2011 年、2014 年，皮书网均
在全国新闻出版业网站荣誉评选中获得
"最具商业价值网站"称号；
◆ 2012 年，获得"出版业网站百强"称号。

网库合一

2014 年，皮书网与皮书数据库端口合
一，实现资源共享，搭建智库成果融合创
新平台。

皮书网

"皮书说"
微信公众号

皮书微博

权威报告·连续出版·独家资源

皮书数据库
ANNUAL REPORT(YEARBOOK)
DATABASE

分析解读当下中国发展变迁的高端智库平台

所获荣誉

- 2020年，入选全国新闻出版深度融合发展创新案例
- 2019年，入选国家新闻出版署数字出版精品遴选推荐计划
- 2016年，入选"十三五"国家重点电子出版物出版规划骨干工程
- 2013年，荣获"中国出版政府奖·网络出版物奖"提名奖
- 连续多年荣获中国数字出版博览会"数字出版·优秀品牌"奖

皮书数据库

"社科数托邦"
微信公众号

成为用户

　　登录网址www.pishu.com.cn访问皮书数据库网站或下载皮书数据库APP，通过手机号码验证或邮箱验证即可成为皮书数据库用户。

用户福利

- 已注册用户购书后可免费获赠100元皮书数据库充值卡。刮开充值卡涂层获取充值密码，登录并进入"会员中心"—"在线充值"—"充值卡充值"，充值成功即可购买和查看数据库内容。
- 用户福利最终解释权归社会科学文献出版社所有。

数据库服务热线：400-008-6695
数据库服务QQ：2475522410
数据库服务邮箱：database@ssap.cn
图书销售热线：010-59367070/7028
图书服务QQ：1265056568
图书服务邮箱：duzhe@ssap.cn

社会科学文献出版社 皮书系列
SOCIAL SCIENCES ACADEMIC PRESS (CHINA)

卡号：276272666935
密码：

基本子库
SUB DATABASE

中国社会发展数据库（下设 12 个专题子库）

　　紧扣人口、政治、外交、法律、教育、医疗卫生、资源环境等 12 个社会发展领域的前沿和热点，全面整合专业著作、智库报告、学术资讯、调研数据等类型资源，帮助用户追踪中国社会发展动态、研究社会发展战略与政策、了解社会热点问题、分析社会发展趋势。

中国经济发展数据库（下设 12 专题子库）

　　内容涵盖宏观经济、产业经济、工业经济、农业经济、财政金融、房地产经济、城市经济、商业贸易等 12 个重点经济领域，为把握经济运行态势、洞察经济发展规律、研判经济发展趋势、进行经济调控决策提供参考和依据。

中国行业发展数据库（下设 17 个专题子库）

　　以中国国民经济行业分类为依据，覆盖金融业、旅游业、交通运输业、能源矿产业、制造业等 100 多个行业，跟踪分析国民经济相关行业市场运行状况和政策导向，汇集行业发展前沿资讯，为投资、从业及各种经济决策提供理论支撑和实践指导。

中国区域发展数据库（下设 4 个专题子库）

　　对中国特定区域内的经济、社会、文化等领域现状与发展情况进行深度分析和预测，涉及省级行政区、城市群、城市、农村等不同维度，研究层级至县及县以下行政区，为学者研究地方经济社会宏观态势、经验模式、发展案例提供支撑，为地方政府决策提供参考。

中国文化传媒数据库（下设 18 个专题子库）

　　内容覆盖文化产业、新闻传播、电影娱乐、文学艺术、群众文化、图书情报等 18 个重点研究领域，聚焦文化传媒领域发展前沿、热点话题、行业实践，服务用户的教学科研、文化投资、企业规划等需要。

世界经济与国际关系数据库（下设 6 个专题子库）

　　整合世界经济、国际政治、世界文化与科技、全球性问题、国际组织与国际法、区域研究 6 大领域研究成果，对世界经济形势、国际形势进行连续性深度分析，对年度热点问题进行专题解读，为研判全球发展趋势提供事实和数据支持。

法律声明

"皮书系列"（含蓝皮书、绿皮书、黄皮书）之品牌由社会科学文献出版社最早使用并持续至今，现已被中国图书行业所熟知。"皮书系列"的相关商标已在国家商标管理部门商标局注册，包括但不限于LOGO（▧）、皮书、Pishu、经济蓝皮书、社会蓝皮书等。"皮书系列"图书的注册商标专用权及封面设计、版式设计的著作权均为社会科学文献出版社所有。未经社会科学文献出版社书面授权许可，任何使用与"皮书系列"图书注册商标、封面设计、版式设计相同或者近似的文字、图形或其组合的行为均系侵权行为。

经作者授权，本书的专有出版权及信息网络传播权等为社会科学文献出版社享有。未经社会科学文献出版社书面授权许可，任何就本书内容的复制、发行或以数字形式进行网络传播的行为均系侵权行为。

社会科学文献出版社将通过法律途径追究上述侵权行为的法律责任，维护自身合法权益。

欢迎社会各界人士对侵犯社会科学文献出版社上述权利的侵权行为进行举报。电话：010-59367121，电子邮箱：fawubu@ssap.cn。

社会科学文献出版社